381张图片定格游戏瞬间，51条视频还原游戏过程，
30个案例助你观察有方、解读得法、支持有据

观察

解读与支持幼儿的自主游戏

周丛笑　裴珊珊　张　静◎主编

中国轻工业出版社

图书在版编目（CIP）数据

观察：解读与支持幼儿的自主游戏／周丛笑，裴珊珊，张静主编. -- 北京：中国轻工业出版社，2025. 10.
ISBN 978-7-5184-5423-5

Ⅰ. G613.7

中国国家版本馆CIP数据核字第202578Y7W7号

责任编辑：李芳芳　　责任终审：吴　红
策划编辑：高　君　　责任校对：刘志颖　　责任监印：吴维斌

出版发行：中国轻工业出版社（北京鲁谷东街5号，邮编：100040）
印　　刷：中国电影出版社印刷厂
经　　销：各地新华书店
版　　次：2025年10月第1版第1次印刷
开　　本：787 × 1092　1/16　印张：21.75
字　　数：386千字
书　　号：ISBN 978-7-5184-5423-5　定价：88.00元
读者热线：010-65181109
发行电话：010-85119832　010-85119912
网　　址：http://www.chlip.com.cn　http://www.wqedu.com
电子信箱：1012305542@qq.com

如发现图书残缺请拨打读者热线联系调换
232398Y1X101ZBW

首届湖南省基础教育教学改革研究重点项目

“指向自主游戏观察与支持能力提升的幼儿园教师研训实践研究”

（项目编号：Z2023022）阶段性成果

编者名单

主　　编：周丛笑　裴珊珊　张　静

副 主 编：喻　秋　蔡龄锋　周钟毓

参编人员：陈　丹　陈　芬　杜周雯妮　高文慧　黄慧群　江珺泽
江　玉　李凯利　廖　苗　刘　洁　刘　露　刘　庆
龙　凤　罗佳佳　沈　琦　苏慧敏　谭意芳　唐慧萍
王重阳　王文君　王　毓　吴　斌　伍　盈　张诗笛
周　畅　周惠林　周双仪　周鑫玉　周　羽　朱亚男
邹　红

（按姓氏音序排列）

前　言

教育兴，必先教师兴。教师是教育发展的“第一资源”，是提高教育质量的动力源泉。《中共中央 国务院关于全面深化新时代教师队伍建设改革的意见》提出，要“不断提升教师专业素质能力”。回顾学前教育领域近年来的一系列政策文件，在幼儿园教师队伍建设方面，国家已经意识到“观察、解读和支持幼儿”的重要意义，并据此进行了战略性布局与调整。《幼儿园教师专业标准（试行）》《幼儿园保育教育质量评估指南》《中小学幼儿园教师培训课程指导标准》都强调了教师对幼儿的观察、理解和支持的重要性。“对幼儿的观察、解读和支持”已成为衡量教师专业素养的重要指标，是今后一段时间内我国幼儿园教师队伍建设的重要“风向标”，也是学前教育保教质量提高的关键因素和学前教育改革的必然要求。

《教育部 2021 年工作要点》明确提出“实施‘安吉游戏’推广计划”，全国各地积极探索并推动游戏改革，自主游戏成为幼儿园最重要的游戏形式之一。自主游戏要求教师“把游戏还给儿童”，对幼儿的游戏行为进行深入细致的观察、分析和研究，并以此为基础提供适宜的教育支持。但在实践与探索过程中发现，教师观察、解读和支持幼儿的能力有待提高，观察、解读和支持自主游戏的现状更是堪忧。这些让自主游戏在实施过程中遇到了重大阻力，也使幼儿园教师群体在专业成长的道路上遇到了现实瓶颈。

鉴于此，从学前教育改革发展的全局高度认识教师自主游戏观察、解读和支持能力的战略价值，关注并支持教师尽快提高对自主游戏的观察、解读和支持能力，促进自主游戏在幼儿园的有效实施，是当前学前教育研究与实践领域亟须解决的重点问题，也是每次调研视导中教师关注最多的热点与难点问题。因此，我们以省级重点教改项目为依托，在持续的理论研究与实践探索的基础上编写了本书，旨在帮助教师提高观察、解读和支持幼儿的能力，改善自主游戏现状，提升幼儿的自主游戏水平，促进幼儿高质量的学习与探究。

本书共分为五部分，分别是导言、小班自主游戏、中班自主游戏、大班自主游戏及混龄自主游戏，涵盖自主游戏的观察、基于观察的自主游戏解读、基于解读的自主游戏支持等理论阐释，以及30个小、中、大班自主游戏及混龄自主游戏的观察、解读和支持案例。每一个案例都配有大量照片，真实、生动地记录了不同年龄班及混龄自主游戏过程中的“寻常时刻”“高光时刻”“哇哦时刻”。有些案例还配有视频，还原了游戏生发、发展、深化的过程和情景。读者可以通过扫描书中的二维码，观看案例视频，更直观地了解游戏现场，更深入地学习、反思与研究自主游戏的观察、解读和支持方法。

本书旨在为广大幼儿教师提供观察、解读和支持幼儿自主游戏的实践抓手，让教师对幼儿的自主游戏观察有方、解读得法、支持有据。阅读本书，读者不仅可以了解幼儿在自主游戏中多样的学习与发展，看到幼儿表现出来的认真专注、不怕困难、敢于探究和尝试、乐于想象和创造等宝贵的学习品质，还能看到教师对幼儿游戏行为的关注与观察，对幼儿的游戏经验、幼儿在游戏中遇到的问题与需求的针对性解读，并了解教师如何据此提供即时或延时、隐性或显性的多维度支持。当然，本书还强调了对幼儿游戏的独特价值的珍视。

本书由周丛笑、裴珊珊、张静担任主编，喻秋、蔡龄锋、周钟毓担任副主编，参编人员有湖南大学幼儿园、湖南省军区幼儿园、湖南省水利厅幼儿园、湖南省人民政府直属机关第一幼儿院、湖南省文化和旅游厅幼儿院、湖南省人民政府直属机关第三幼儿院、国防科技大学一号园区幼儿园、湖南省人民政府机关幼儿园、长沙师范学院附属经开区幼儿园、长沙市人民政府机关第二幼儿园、长沙市开福区教育局北城首府幼儿园、长沙市开福区教育局北辰第一幼儿园、长沙高新区中心幼儿园、长沙市芙蓉区教育局火炬幼儿园、长沙市雨花区教育局第一幼儿园、永州市第一幼儿园、常德市第一幼儿园、益阳市中心幼儿园、株洲市芦淞教育幼稚园、株洲市荷塘区钻石幼儿园、岳阳市平江县幼儿教育中心第二幼儿园、岳阳市汨罗市幼儿园、怀化市新晃侗族自治县幼儿园、湘潭市韶山市第一幼儿园、湘潭市韶山市韶山乡全城幼儿园、湘西土家族苗族自治州幼儿园、张家界市慈利县粮食幼儿园、娄底市直机关幼儿园、邵阳市直属机关幼儿园、衡阳市常宁市第二幼儿园、郴州市直属机关幼儿园等30余所湖南省幼儿园的教师和园长。其中，导言由喻秋、周丛笑撰写；小、中、大班自主游戏及混龄自主游戏案例分别由30余所幼儿园的教师撰写。全书由裴珊珊负责初次统稿、审校；张静、蔡龄锋负责第二次统稿、审校；周钟毓负责所有照片、视频的整理、审核与把关；周丛笑负责确定全书编写思路，拟定编写方案、各章目录与编写体例，以及对全书进行最终统稿、审校。

本书为首届湖南省基础教育教学改革研究重点项目“指向自主游戏观察与支持能力提升的幼儿园教师研训实践研究”（项目编号：Z2023022）的阶段性成果。在撰写过程中，我们参考了众多文献与专家观点，并进行了三年多的自主游戏试点实践。在此，谨向专家、学者以及一线试点实践者致谢！因我们才疏学浅，书中难免有疏漏之处，敬请读者指正并赐教！

周丛笑

2024年12月于长沙

目　录

大班自主游戏

混龄自主游戏

导 言

自主游戏的观察、解读与支持

“观察”“解读”与“支持”是幼儿园教师并不陌生的三个词语。国内外的一系列政策文件都强调了教师观察、解读与支持幼儿游戏的重要性。美国幼儿教育协会（National Association for the Education of Young Children，NAEYC）在《NAEYC专业预备标准》中指出，幼儿教师要“知道并理解儿童的个性和需要”。我国《幼儿园教师专业标准（试行）》《幼儿园保育教育质量评估指南》（以下简称《评估指南》）也特别强调教师作为观察者和支持者的责任。可见，“观察、解读与支持能力”不仅是对幼儿教师的专业要求，也是幼儿园日常工作的重中之重。

《教育部2021年工作要点》明确提出“实施‘安吉游戏’推广计划”，全国各地积极探索并推动游戏改革，自主游戏成为幼儿园最重要的游戏形式之一，其对幼儿发展的价值被广泛认可与接受。为落实《3—6岁儿童学习与发展指南》（以下简称《指南》）提出的“要充分理解和尊重幼儿发展进程中的个别差异，支持和引导他们从原有水平向更高水平发展”的要求，在自主游戏中，教师最重要的任务就是观察、解读与支持幼儿的游戏。而在实践中，教师看到的更多是幼儿游戏中的“高光时刻”“哇哦时刻”，那么，如何看见游戏中的“寻常小事”？如何洞悉幼儿在游戏中的学习与发展？如何助推幼儿在游戏中进一步发展？这些成了决定幼儿园能否深入推进自主游戏的关键问题。

从看见到洞悉，再到助推，实质上就是循序渐进地对自主游戏进行观察、解读与支持的过程。观察是“起点”，教师通过发现并记录幼儿的游戏行为，为解读搜集素材，为支持提供依据。解读是“支点”，教师依据政策、理论和事实，分析幼儿在游戏中的经验、问题和需求；解读的信息越客观、精准、翔实，支持的有效性就越高。支持是观察与解读的“落点”，从时间维度来说，分为即时支持和延时支持，而这两类支持又都包括隐性和显性两种形式。

如何才能更好地对幼儿的自主游戏进行观察、解读与支持呢？过去，我们常思考的是“怎样指导孩子玩？”。在倡导“把游戏还给孩子”的今天，我们更应思考“孩子如何玩？如何让他们更好地玩？”。来吧，让我们一起从自主游戏出发，深入探讨自主游戏的观察、解读与支持；通过实例解析，尝试将理论与实践融会贯通，在观察、解读与支持的专业实践中体验作为一名幼儿教师的价值与幸福。

一、自主游戏的内涵

目前很多教师在实施自主游戏时感到为难或困惑，原因在于没有真正理解自主游戏，因此，明晰自主游戏的内涵、把握其特点是根本，其他问题将随之迎刃而解。

（一）自主游戏的含义

关于游戏的论述，最早可见于柏拉图在《理想国》中借苏格拉底之口所述：“请不要强迫孩子们学习，要用游戏的方式。”[①]游戏是儿童的天性，是除生活活动等之外发生率最高、幼儿参与时间最长的一种活动。“儿童在游戏活动中的言行表现和作为依托的情境条件、玩具材料及其所反映出的游戏主题、情节、角色、规则等，都是构成游戏活动的形式要素。”[②]

在当前追求学前教育高质量发展、落实《评估指南》的背景下，幼儿园摒弃“上课”这一提法，弱化“集体教学”组织形式，强调“以游戏为基本活动”的教育理念。但在实践中还是会出现偏差：教师不自觉地将幼儿的游戏向预设的方向引导，幼儿用高结构化的材料“玩”预设性过强的游戏，游戏反映的更多是教学目标而非幼儿的兴趣。

如果教师能将“玩什么”“怎么玩”“和谁玩”的自主权交还给幼儿，逐步学会信任幼儿和放手，并为幼儿提供自主创造、设计和控制游戏的机会与环境，幼儿的游戏就更容易展现出自愿自觉、自主控制、愉悦体验等特征。安吉游戏创始人程学琴认为：真游戏是让儿童与真实世界相处；真游戏是儿童对真知的追求，是儿童的真学

---

① 王振宇，程洁．什么是游戏——儿童发展与游戏理论探析［J］．学前教育，2016（9）：3-7．
② 丁海东．游戏的教育价值及其在幼儿园课程中的实现路径［J］．学前教育研究，2006（12）：32-34．

习；真游戏是真自由。[1]这体现了对幼儿天性的尊重，对幼儿主体性的认可，而自主游戏正是基于这样的游戏理念。

那到底什么是自主游戏？其实，它不需要一个定义，只要是幼儿自愿选择、自由支配、自主控制的游戏就是自主游戏。在自主游戏中，幼儿按照自己的意愿自主选择游戏场地、材料和伙伴，自主把握游戏的内容、方式和进程，教师的责任就是观察、解读与支持，以帮助幼儿实现游戏愿望，促进幼儿的学习与发展。

（二）自主游戏的特点

自主游戏是幼儿自主自愿的活动。自主游戏不是教师预先设置好游戏目标的工具性游戏，而是幼儿自主、自发的本体性游戏，是幼儿的兴趣和天性需求得到满足的表现。因此，幼儿自主、自愿应成为自主游戏的首要特征。另外，自主游戏不需要教师的强行安排，关于"玩什么""怎么玩""和谁玩"等问题，幼儿拥有最大限度的自主权。

自主游戏是具有创造性的活动。试想一下，孩子需要教师教才会玩的游戏算自主游戏吗？自主游戏必定不是"整齐划一"的活动。随着游戏进程的推进，幼儿会根据自身的活动需求"由着性子"玩，会通过不断调整场地、空间、环境挖掘新元素，创造性地操作游戏材料，从而获得不同的经验和感受。

自主游戏是幼儿已有生活经验的表征。苏联心理学家列夫·维果茨基（Lev Vygotsky）指出："当在发展的过程中出现大量的、超出幼儿实际能力的、不能立即实现的愿望的时候，就发生了游戏。"[2]因此，表征是幼儿游戏最本质的特点。幼儿通过假想在游戏中感知生活，通过虚拟情景再现或迁移已有生活经验，不断丰富对周围世界的认识，提高生活能力。

自主游戏伴随着积极的情绪情感体验。自主游戏是幼儿主动发起的，符合幼儿"最近发展区"的需要和水平，且除了游戏本身之外没有任何外在的目标。因而，幼儿能控制所处的游戏环境，能与游戏同伴产生互动，从成功和创造中获得愉悦的感受。幼儿在游戏中表现出的大笑、投入、专注、好奇、安静、严肃及适当的紧张等，都是积极的情绪表现。

---

① 程学琴. 放手游戏 发现儿童［M］. 上海：华东师范大学出版社，2019：19.

② 吕晓，龙薇. 维果茨基游戏理论述评［J］. 学前教育研究，2006（6）：53-55.

（三）自主游戏的价值

幼儿的学习与发展是衡量自主游戏质量的关键指标，自主游戏的根本价值在于更好地促进幼儿的全面发展。

自主游戏有助于促进幼儿的身体发育和动作协调。自主游戏蕴含大量身体运动及动作练习的机会。幼儿不仅能通过拼插、涂鸦等游戏发展手眼协调能力、动作的灵巧性等，也能通过跑、跳、攀爬、骑行、躲避、投掷等发展动作的协调性、灵敏度等，促进小肌肉群和大肌肉群的发展，以及身体的健康发育与成长。

自主游戏对幼儿的认知发展具有积极影响。在自主游戏中，幼儿可以通过亲身实践和探索，了解物体的性质、特点和功能，发现事物间的联系和规律，形成相应的概念和认识，推动认知的发展。同时，游戏中的问题解决和角色扮演等活动蕴含大量假想和表征的机会，有助于激发幼儿的思维活动，培养他们的观察力、注意力、记忆力等认知能力。

自主游戏能促进幼儿的社会性发展。自主游戏为幼儿提供了促进他们的社会性发展的“绝佳机会”。在自主游戏中，幼儿需要主动地与同伴交流游戏过程、探讨学习经验，在彼此交流与互动的过程中“去自我中心”，不断调整自身的游戏行为，掌握分工协商、合作分享、遵守规则、解决冲突等社交技能。

自主游戏对幼儿的情感发展具有重要意义。对幼儿来说，自主游戏是一种有意义的体验，幼儿可以自由地表达自己的情感和想法，释放情绪和压力；游戏中的角色扮演、情景模拟等环节，有助于幼儿理解他人的情感和需求，培养他们的同情心和同理心。同时，游戏中或成功或失败的体验，也有助于幼儿培养自信心和抗挫折能力。

二、观察：连接游戏中最真实的幼儿

《评估指南》指出，要“相信每一个幼儿都是积极主动、有能力的学习者”“坚持以游戏为基本活动，珍视生活和游戏的独特教育价值”。对于一线教师而言：何谓相信幼儿？怎样才是积极主动、有能力的学习者？如何看待和实现游戏的价值？让我们从观察开始，努力成长为有观察能力的幼儿教师，在观察自主游戏的过程中连接最真实的幼儿。

观察在学前教育领域具有举足轻重的意义和地位。观察有助于教师了解幼儿，促进教师的专业成长，也可以为幼儿园开展高质量的游戏活动提供保障。当我们讨论何谓观察时，我们就已经开始从更专业的视角进行有意义的思考了。

（一）什么是自主游戏观察

观察是指观察者运用感觉器官能动地对自然或社会现象进行感知和描述，从而获得有关的事实资料。① 专业的观察包含四个要素：一是注意，即将感官和思考集中在某一对象上；二是对象和背景，注意指向的事物就是对象，而同时出现但没有被引起注意的就是背景；三是主动参与，即观察者具有内在动机，并在观察活动中进行了情感参与；四是判断和结论，即根据客观事实和主观想法，赋予客观现象以意义。

自主游戏观察，指教师有目标地借助于多种感官、仪器或工具获取幼儿在自主游戏中的动作、语言、表情等行为信息，并对其进行思考。它具体包括：确立观察目标，并始终围绕目标进行观察；运用多种感官、仪器等收集资料与信息；客观记录幼儿在游戏中的动作、语言、表情等行为信息。

（二）如何理解自主游戏观察

自主游戏观察是有目的、有计划、有准备的研究方式。“有目的地观察”可以帮助观察者避免遗漏重要部分，“过滤”无关信息，引导教师将目光投向“具体关注点”。在自主游戏观察前，观察者应对观察时间、目的、对象、仪器、记录方法和材料等预先安排和准备，以提高观察的效率和质量。

自主游戏观察是一个积极的思维过程。观察不是一种简单的感知活动，而是一种知觉活动，必须依赖观察者本人的理性思考与推断。因此，观察过程会伴随教师深度连接已有经验、积极思考和判断游戏行为等思维过程。教师要注意尽可能地将观察到的事实与自己的推断分开。

自主游戏观察需要通过多感官、多渠道、多途径收集资料。为尽可能让观察到的信息保持真实、客观、翔实，观察者除了要调用多种感官来收集资料之外，还可以运用各种仪器设备或工具通过多种渠道来收集资料。

---

① 陈向明．质的研究方法与社会科学研究［M］．北京：教育科学出版社，2000：28.

（三）为什么要进行自主游戏观察

观察是解读和支持幼儿的前提和基础。观察幼儿的游戏行为是获取幼儿最真实的行为及状态的有效途径。在自主游戏中，幼儿通过亲身实践、探索与互动来建构自己的知识体系，而教师能够在观察中捕捉到幼儿的语言、表情、动作等“信息”，发现幼儿在游戏中的兴趣点、面临的挑战和取得的成就，从而更深入地理解幼儿，更准确地评估幼儿的发展水平，并提供更有针对性的支持和引导。

观察是促进教师专业发展的基本通道。观察能力是教师的专业能力之一。教师在具备了观察理念并尝试进行观察时，会自然而然地放慢脚步，站在“以儿童为中心”的立场，尝试以更专业的姿态发现幼儿的游戏，并促使自身不断思考其行为的意义。因此，观察能促使教师成为不断发现、反思并进步的专业实践者。

观察是开展高质量游戏活动的重要保障。高质量的游戏活动一定源于幼儿的兴趣和需要。那么，如何发现幼儿的兴趣和需要呢？唯有观察。通过观察，教师可以判断游戏环境是否适宜、材料是否充足且多样等，并据此及时调整和完善，以更好地满足幼儿的游戏需求和发展需要。这种基于观察的优化过程有助于提高自主游戏活动质量，使其更加符合幼儿的身心发展特点。

（四）如何观察自主游戏

幼儿园似乎无时无刻不在强调自主游戏观察。如何让观察落到实处？让我们一起探析自主游戏观察的方法、实施步骤及记录方式，从而提高自主游戏观察能力。

1. 自主游戏观察的方法

定人观察。定人观察是指教师将游戏中的某一个或某一组幼儿作为观察对象，对其进行持续跟踪观察，以此了解观察对象的游戏状态及变化的一种观察方法。通过定人观察，教师可获得幼儿在游戏中如何解决问题，如何与同伴、材料互动，如何调整游戏难度等信息，进而对幼儿在游戏中表现出的知情意行有一个全面的了解和把握。因此，定人观察是进行个别化教育的最佳途径。

定事观察。定事观察是指教师以游戏中的某一事件为观察对象，观察事件的来龙去脉的一种方法。教师可在幼儿自主游戏的自然情境中，通过对某一特定事件或行为从开始到结束的全过程进行深入观察，获得具有连续性、自然性和翔实性的样本资料，以此分析事件发生的频率、持续时间和因果关系。但一线教师在运用此观察方法时，往往受限于观察时间而被迫中止。

定物观察。定物观察是指教师通过观察幼儿与工具、设施等游戏材料的互动方式、频次等，了解幼儿对游戏材料的喜爱程度、需求、创造性、想象力等信息，进而对幼儿的行为产生新的理解和认识的一种游戏观察方法。教师通过定物观察，为后续调整游戏材料结构、确定投放材料的时间等提供事实依据。

定时观察。定时观察是指教师在某一固定的游戏时间内观察幼儿的某一特定行为是否出现及出现次数的一种方法。当教师想要了解幼儿在游戏中的某一外显行为发生的时间和频率时可采用此方法，教师必须事先确定所要观察的具体目标行为、时间间隔及记录方式等。该方法的重点是注意行为发生的时间间隔，缺点是对行为及其发生原因或结果的描述不足，因此，教师在用此方法解读幼儿的游戏时可能会产生偏差。

定区观察。定区观察是指教师对某一游戏区内的活动进行全范围、全过程观察的方法，涉及游戏区内的所有游戏及从游戏开始到结束的全过程。通过定区观察，教师可以获取该区域中的游戏类型、游戏玩法、所用游戏材料以及幼儿游戏情况等丰富的信息。因此，这种方法适合在对某一区域进行全方位调整的情况下使用。

整体观察。整体观察是指教师对整个游戏场域进行全面、快速观察的方法。因为幼儿之间、各游戏区之间是紧密相连，而非孤立的，所以教师有时需要采取整体观察的方式。使用该方法时，观察者应按照一定的路线对各游戏区内的游戏情况进行观察。整体观察有助于观察者了解各游戏区域内的游戏氛围和幼儿状态，但不适用于观察者捕捉个别孩子在游戏中的具体行为细节。

2. 自主游戏观察的实施

实践中，教师要对自主游戏观察的操作程序或实施步骤进行全面了解。

确定观察目的。观察目的即观察意图，是对观察活动要达成什么目的的一种表述。在正式观察前，教师要将观察目的转化为具体可操作的问题，以清晰表达想要了解的信息，增强观察的有效性。

明确观察内容。为达成观察目的，在自主游戏观察现场，教师要基于游戏中的寻常时刻和寻常行为，将最基本的“是哪些幼儿、去了哪里、玩了什么、持续多长时间、发生了什么”等信息作为基本的观察内容，围绕“谁、何地、何时、何事、如何、为何”六个要点架构起观察的重点内容。

"谁"是指观察对象。教师需要确定观察对象是一个、几个、一组幼儿，还是全体幼儿，并明确观察对象有没有扮演角色。如果有，其扮演的角色是什么；该游戏中谁是游戏的主导者，谁是追随者；等等。教师要尽量保证在一定周期内本班所有幼儿都被关注到。

"何地"是指游戏发生的地点。教师需要观察游戏在哪里发生，这个地方有什么特点，以及这些特点对幼儿的游戏行为、游戏进程、游戏结果产生了什么影响。

"何时"是指游戏发生和持续的时间，具体包括：某个主题的游戏是从什么时候开始的？持续了多长时间？持续多久后幼儿的兴趣发生了转移或者主题产生了变化？这些信息都能帮助教师有针对性地做好现场观察。

"何事"包括游戏主题、游戏内容、影响游戏推进的关键事件以及在游戏过程中幼儿的行为表现，如动作、语言、材料的使用情况、同伴之间的互动行为等。此外，教师还可以针对"幼儿在游戏过程中有没有挖掘出游戏材料的其他功能？幼儿有没有以物代物的行为？当材料不足的时候，幼儿采用了哪些办法？"等问题进行深入观察。

"如何"指的是游戏的生成与推进过程，例如游戏情节是怎样生成的——是由材料引发的，还是由幼儿遇到的问题引发的。教师站在游戏现场时，就要有意识地关注游戏的发起、进行、结束过程。

"为何"是指在观察中，教师要思考"促使游戏中各种现象发生的原因是什么？""每个幼儿对此有什么看法？""他们的行为目的、动机和态度是什么？"等问题。

总之，观察时，教师要有意识地捕捉关键信息，从而对游戏做出进一步的分析与解读。

了解注意事项。第一，教师要根据不同的游戏类型来适时调整自己的"观察位置"，例如：对于涂鸦游戏、造型游戏等偏静态的游戏，教师可站在某一固定位置进行观察；有的游戏过程中幼儿的移动范围较大，为保证观察的全面性和连贯性，教师应及时调整"观察位置"。第二，教师要做好观察所需要的准备工作。观察前，可拟定观察提纲，包括观察的时间、地点、对象、方法、目标等，准备好观察时要使用的记录材料及信息设备等；同时，在自主游戏观察时要巧用具有录音、录像等功能的现代信息技术设备，以记录幼儿游戏行为中各种有价值的信息。第三，要明确每个幼儿都有观察的价值，用专业的、发展的眼光看待幼儿的学习与表现，避免给幼儿"贴标签”。

3. 自主游戏观察记录

在自主游戏观察中，还有一个绕不开的话题，那就是如何做观察记录。记录是观察的痕迹，也是观察的证据。以下三种观察记录方法可以为教师提供借鉴。

逸事记录法。逸事记录法是指观察者将自己感兴趣且认为有价值、有意义的幼儿行为和反应，以及可表现幼儿个性的行为事件，用叙述性的语言随时记录下来的方法。一篇逸事记录就是一个故事，教师在记录时要注意以下方面。

首先，要抓住有“典型意义”的事件进行记录。教师应结合观察对象及目的，选取有典型意义的事件进行记录。同时，记录尽量不要脱离事件发生的场地、时间等情境要素，教师可以重点记录能反映游戏特点或儿童发展特点的关键信息。

其次，尽可能具体、客观、完整地记录。记录时，教师应将幼儿的言语、语气、动作、神态等细节具体地记录下来，且坚持“只记不释”的原则，不用主观的评语和结论。同时，记录中应包含对整个游戏过程的描述。

最后，可借助于信息设备辅助观察与记录。许多教师通常在事情发生之后，甚至隔了一段时间通过回忆进行记录，难免有所遗漏。借助于相机等设备进行拍照、录像，方便教师事后回看幼儿的游戏。

教师在运用逸事记录法时，可参考表 1.1。

表 1.1　幼儿自主游戏观察记录表 1

<table>
<tr><td>日期：</td><td>班级：</td><td>幼儿姓名：</td></tr>
<tr><td>时间：</td><td>观察地点：</td><td>观察者：</td></tr>
<tr><td colspan="3">游戏背景：</td></tr>
<tr><td colspan="3">幼儿游戏行为实录：</td></tr>
<tr><td colspan="3">教师解读及支持：</td></tr>
</table>

逸事记录有利于形成幼儿游戏活动方面的资料，并且便于长期保存，以呈现幼儿的发展轨迹，但应避免因观察者的偏见影响记录的客观性。

行为检核法。行为检核法是指将一系列行为项目排序成清单式的表格，以核查该行为是否出现的一种观察记录方法，常用于记录幼儿某一方面的游戏行为能力。一般来说，该记录方法采用二选一的方式，即勾选“是”或“否”。采用行为检核法的关键在于确定幼儿游戏行为检核表，教师可从以下三种路径确定检核表。一是，参考具有良好的信度与效度、成熟且规范的量表。二是，根据幼儿行为发展常模确定检核的游戏行为目标。《指南》对幼儿在各领域各年龄阶段的发展水平提出了合理期望，教师可据此设计相应的幼儿游戏行为检核表。例如，如果想观察“小班幼儿在游戏中的人际交往发展水平”，可借鉴表 1.2。三是，教师可根据自己的知识和经验，从了解幼儿游戏行为前因后果的角度来确定游戏行为指标。

表 1.2 幼儿自主游戏观察记录表 2

日期：	班级：	幼儿姓名：	
时间：	观察地点：	观察者：	
游戏行为表现		是	否
愿意与人交往	愿意和小朋友一起游戏		
	愿意与熟悉的长辈一起活动		
与同伴友好相处	想加入同伴的游戏时，能友好地提出请求		
	在成人的指导下，不争抢、不独霸玩具		
	与同伴发生冲突时，能听从成人的劝解		
具有自尊、自信、自主的表现	能根据自己的兴趣选择游戏或其他活动		
	为自己的正确行为或活动成果感到高兴		
	对于自己能做的事情愿意自己做		
	喜欢承担一些小任务		
关心、尊重他人	长辈讲话时能认真听，并能听从长辈的要求		
	身边的人生病或不开心时表示同情		
	在提醒下能做到不打扰别人		

行为检核法能快速有效地记录幼儿的行为是否出现，操作简便易行；记录的内容既可以用来判断幼儿身心发展各方面的状况，也可以用来衡量教育指导的效果。但由于该记录方法只能记录幼儿的行为呈现与否，缺乏详细的情节和背景资料，因此教师在使用时可结合其他观察方法，以增强观察效果。

等级评定法。等级评定法是指在观察前确定观察的行为及其标准，并形成记录表，然后在观察时于记录表中标注该行为所达到的水平的一种记录方法。它与行为检核法有相似之处，即都关注特定行为并予以记录；但等级评定法能对幼儿的游戏行为水平予以评定，为教师提供有关幼儿游戏行为质量高低的判断依据。

等级评定法能反映幼儿的游戏水平，并且操作简单、易学易用，但需要教师具备较高的专业素养，否则容易出错或做出“不靠谱”的判断。因此，教师可以结合逸事记录法这种描述性的评价方法一起使用，表 1.3 可供参考。

表 1.3　幼儿自主游戏观察记录表 3

<table>
<tr><td colspan="4">日期：</td><td colspan="4">班级：</td><td colspan="4">幼儿姓名：</td></tr>
<tr><td colspan="4">时间：</td><td colspan="4">观察地点：</td><td colspan="4">观察者：</td></tr>
<tr><td colspan="12">幼儿游戏行为实录：</td></tr>
<tr><td colspan="12">教师分析</td></tr>
<tr><td colspan="3">认知发展</td><td colspan="3">动作技能发展</td><td colspan="3">情感发展</td><td colspan="3">社会性发展</td></tr>
<tr><td>I</td><td>II</td><td>III</td><td>I</td><td>II</td><td>III</td><td>I</td><td>II</td><td>III</td><td>I</td><td>II</td><td>III</td></tr>
<tr><td></td><td></td><td></td><td></td><td></td><td></td><td></td><td></td><td></td><td></td><td></td><td></td></tr>
</table>

“幼儿游戏行为实录”部分可用于记录幼儿的游戏行为，“教师分析”部分可用于对幼儿的发展水平及游戏水平进行等级评价。表 1.3 既可用于对幼儿的游戏行为进行描述性记录，也能反映某个游戏片段中幼儿的各种发展水平；但需要教师有较高的专业能力，并且不能过于注重幼儿游戏行为的结果。

三、基于观察的自主游戏解读：探寻幼儿游戏的意义与价值

对幼儿教师来说，观察幼儿在游戏中的表现并描述游戏过程并不难，难点在于对

游戏中幼儿的发展水平、兴趣爱好、动机需求等进行专业分析，进而深入理解，也就是对自主游戏进行解读。其实，自主游戏解读并不是一种高深的、不可掌握的方法，只要教师找到“解读依据”，找准“解读向度”，就能通过分析与思考发现幼儿游戏的“秘密”。

（一）何谓解读：概念与价值探索

1. 什么是自主游戏解读

在汉语中，解，意为懂得、明白或理解；读，意为看着文字并理解意义。①“解读”在《现代汉语词典》中有三种含义：“一是阅读解释；二是分析、研究；三是理解、体会。”②

从心理学的视角看，对人的行为解读意味着使观察到的行为变得清晰易懂，而这意味着解读不仅要关注个体当下的行为，还要为这些行为赋予内涵或意义。由此可见，“解读试图走进现象的背后，用现象以外的事物说明该现象的原因。”③

教师对幼儿行为的解读是其专业性的重要体现。自主游戏解读是指教师通过观察与记录，对自主游戏中的幼儿行为进行客观分析与研究，以了解幼儿行为所反映的发展水平、存在的问题及背后的动机、原因与需求等。

2. 为什么要进行自主游戏解读

解读可促进幼儿的学习与发展。自主游戏的最终目标是促进幼儿的学习与发展，而自主游戏解读本身就是一种针对幼儿学习与发展的过程性评估手段。在解读幼儿的游戏行为时，教师不仅要解释和分析幼儿的游戏行为表现，了解幼儿间发生了怎样的互动、冲突，实现了怎样的学习和成长，还应结合幼儿的同伴关系、亲子关系等多角度理解幼儿的游戏行为表现。因此，基于多种情境的解读能帮助教师关注幼儿游戏的过程，发现幼儿学习与发展的“轨迹”，以更好地追随幼儿的发展水平，帮助幼儿在游戏中获得整合的经验。

解读能助推教师的反思性行为与实践。自主游戏解读作为一种关注幼儿的游戏行

---

① 曹先擢，苏培成．新华多功能字典［M］．北京：商务印书馆，2005：164-352．

② 中国社会科学院语言研究所词典编辑室．现代汉语词典［M］．7版．北京：商务印书馆，2016：669．

③ 本特森．观察儿童：儿童行为观察记录指南［M］．于开莲，王银玲，译．北京：人民教育出版社，2009：6．

为与发展的教师行为，要求教师必须要掌握足够的关于幼儿学习与发展的相关知识和理论。教师只有综合分析幼儿的游戏行为，才能准确判断幼儿到底表现出了何种学习行为，展现了怎样的学习品质，以及现阶段仍需解决哪些问题等。因此，自主游戏解读不仅是一种理解幼儿的手段，也是教师对其教育行为与实践的反思，可以帮助教师从多个视角有意识地对幼儿的游戏行为、游戏情境进行分析和探究，帮助教师增长教育实践智慧，实现专业成长。

解读为自主游戏支持提供重要依据。通过解读，教师可以明确幼儿在游戏中所处的发展水平以及将要达到的发展水平，增强了自己所提供的“鹰架”的有效性。同时，教师可以对解读后得到的信息进行分析，提出相应的支持策略，并对其进行整合应用，使解读的结果转化为幼儿的经验，支持幼儿进一步的学习与发展。

（二）自主游戏解读依据：理论与实践的交汇

我们可以依据政策、理论及事实来解读幼儿的自主游戏，以提升解读的方向性、前瞻性、学理性及针对性。

1. 政策依据：自主游戏的方向体现

通过回顾和分析我国学前教育相关政策法规，不难发现其中愈加强烈的“游戏化”导向及儿童观、教育观的变革。这些政策文件是自主游戏发展的重要“风向标”。因此，教师在解读自主游戏时要重点关注和把握以下政策文件精神。

《指南》提出了3—6岁各年龄段儿童学习与发展的目标、典型表现和相应的教育建议。在解读自主游戏时，教师既要关注不同领域的学习与发展目标，把握3—4岁、4—5岁、5—6岁三个年龄段末期幼儿应该知道什么、能做什么以及大致可以达到什么发展水平，也要分析幼儿在自主游戏中习得的学习品质，如积极主动、认真专注、不怕困难、敢于探究和尝试、乐于想象和创造等。

《幼儿园入学准备教育指导要点》（以下简称《指导要点》）围绕幼儿入学所需具备的关键素质，提出了身心准备、生活准备、社会准备和学习准备四个方面的内容。每个方面的内容均列出了发展目标、具体表现和教育建议。教师可以重点关注幼儿在自主游戏中获得了哪些与入学准备关系最密切的关键素质，达到了哪些合理期望等。

《评估指南》将“教育过程”作为评估的重点内容，将“师幼互动”纳入评估教育过程质量的关键指标，将幼儿“自主游戏”列为考查教育过程质量的要点，并进一步强调“幼儿每天有充分的自主游戏时间”“支持幼儿自主选择游戏材料、同伴和玩法”“重视幼儿通过绘画、讲述等方式对自己经历过的游戏、阅读图画书、观察等活动进行表达表征”。这些要求应引起教师对自主游戏中师幼互动等方面的重视，并促使其深入思考。

培养孩子面向未来的核心素养是教育的共同追求。因此，幼儿教师要站在全域视角关注相关教育政策给自主游戏解读带来的新思路。

《未来学校：为第四次工业革命定义新的教育模式》中提出了教育 4.0 全球框架，重新定义了新经济中“优质学习”的学习内容和经验的八个关键特征，即全球公民技能、创新和创造技能、技术技能、人际关系技能、可及性和包容性学习、基于问题和协作的学习、个性化和自定进度的学习、终身学习和自驱动的学习。

“21 世纪核心素养 5C 模型”包括文化理解与传承（Cultural Competency）、审辩思维（Critical Thinking）、创新（Creativity）、沟通（Communication）、合作（Collaboration），这五项素养的英文首字母均为 C，故称为核心素养的 5C 模型。每个素养又包括三四个二级维度，从不同角度刻画了 21 世纪人才必备的核心素养。

作为新时代的幼儿教师，在解读自主游戏时，应积极回应政策文件的要求，思考游戏的方向和过程是否符合政策文件精神及基本的规范和要求、是否符合国家对人才的需求、能否让幼儿获得可持续发展的能力等。

2. 理论依据：自主游戏的价值体现

教师应将学前教育相关理论与自主游戏解读紧密结合，基于理论分析幼儿的游戏行为，做到“知其然，知其所以然”，进而提高自身解读自主游戏的专业性及运用理论的自觉性。以下将介绍四种较有影响力的理论。

儿童发展理论。儿童发展理论（如建构主义理论、认知主义理论和精神分析理论）关注儿童从出生到成熟的发展过程，揭示了儿童在认知、情感、社会性和身体等方面的发展规律，为自主游戏的解读提供了重要的理论框架。基于儿童发展理论，教师可以更好地探索和解释幼儿在自主游戏中是如何行动、思考及学习的。

建构主义理论：儿童通过与环境和同伴的互动来建构知识及经验。在自主游戏中，儿童通过操作游戏材料、与同伴交流和解决问题等方式，主动地建构自己的认知结构。建构主义理论为自主游戏的解读提供了重要的视角，它强调了儿童在游戏中的主动性和创造性，以及游戏对儿童认知发展的促进作用。

认知主义理论：瑞士心理学家让·皮亚杰（Jean Piaget）认为，儿童行为与思维的发展存在密切联系。他将儿童的认知发展分为四个阶段：感知运动阶段（0—2岁）、前运算阶段（2—7岁）、具体运算阶段（7—11岁）、形式运算阶段（11—15岁）。幼儿园应重点关注前运算阶段，此阶段的幼儿逐渐出现符号思维，开始喜欢象征性游戏和假扮游戏。因此，幼儿可根据自己的想法，创造性地使用材料。

精神分析理论：奥地利心理学家西格蒙德·弗洛伊德（Sigmund Freud）的精神分析理论，为教师理解儿童在自主游戏中表现出的各种情绪和行为提供了切入点。该理论关注儿童内在的心理过程，认为游戏是儿童内心世界的一种表达方式。通过游戏，儿童能够宣泄情感、满足欲望和解决内心冲突等。

图式理论。英国的克莉丝·艾希（Chris Athey）将幼儿的图式分为八种类型（覆盖—容纳、动态旋转、动态垂直、来回、左右、在上方或下方穿过、围绕边线运动、穿越边线），并认为图式运作分为四种水平（运动、符号表征、功能依赖关系和思维）①。图式理论能帮助教师从幼儿的学习方式、学习策略及学习经验三个角度解读幼儿的思维，并指导教师从积极的角度评价和解释幼儿的学习行为。例如，幼儿喜欢将手中的材料举高又放下，对此，图式理论做出了解释：原来，幼儿举高又放下的过程是在研究物体的高度，体验下坠的感觉，这是“动态垂直”图式的典型表现。又如，幼儿为什么不停地把沙子舀到小桶里压实、倒掉？这是“覆盖－容纳”图式的反映，表现了幼儿对空间概念的兴趣和理解。

深度学习理论。深度学习是学习者以发展高阶思维和解决实际问题为目标，以整合的知识为内容，积极主动、批判性地学习新的知识和思想，并将它们融入原有的认知结构中，将已有的知识迁移到新的情境中的一种学习。②幼儿在游戏中的深度学习行为除了表现在认知和能力水平以外，还体现在思维、态度等方面，具体表现为“六度”③，教师在解读幼儿游戏时可据此分析。

专注度：出于“内在冲动”或“精神饥渴”，幼儿在一定时间内对某一事物或活

① 艾希．扩展幼儿的思维：父母与教师的合作［M］．潘月娟，刘焱，译．北京：北京师范大学出版社，2010．

② 王小英，刘思源．幼儿深度学习的基本特质与逻辑架构［J］．学前教育研究，2020（1）：3-10．

③ 吴秀平，赵咏梅，凌静思．幼儿游戏深度学习行为的支持体系建构［J］．教育科学论坛，2024（2）：63-66．

动全身心投入；包括兴趣动机、好奇心、持久性三要素。

情感体验度：幼儿在游戏中表现出积极主动、敢于探究、勇于质疑、不怕挫折等学习品质，呈现游戏的“心智”和“态度”；包括情绪状态、情感投入、随机变化三要素。

关系交互度：幼儿在游戏中与人、环境、材料、资源等互动，在合作中学习展示和分享交流；包括人际互动、与物互动、合作展学三要素。

问题实现度：幼儿通过实际操作、联想建构、经验迁移，不断尝试用一种或多种方法解决生活中的问题且获得的效果良好；主要包括情境操作、过程思维、问题解决三要素。

经验习得度：幼儿的经验不是通过一次探究就能习得的，而是需要通过在不同情境中反复感知、体验方可习得；主要包括关键经验、整合运用、发展水平三要素。

元认知激发度：元认知是对认知的认知，是批判性思维和创造性思维的基础；所有的深度学习都是从问题开始，从对话、操作、提出新问题到形成元认知；主要包括自我认知、自我体验、自我调节三要素。

高阶思维理论。美国教育心理学家本杰明·布卢姆（Benjamin Bloom）依据人的认知能力的差异，将人的思维过程分为六个层次：记忆、理解、应用、分析、评价和创造。[①] 其中，记忆、理解、应用被认为是低阶思维；分析、评价、创造被认为是高阶思维。高阶思维实际上就是进行知识的深度建构、实现知识经验的迁移运用，并解决实际情境中复杂问题的综合思维过程，主要表现为创造性思维、问题解决、批判性思维三种重要的能力。[②] 因此，教师解读时要根据幼儿的行为和表现，分析幼儿游戏时的思维发展水平。

当然，教师还可以关注儿童卫生学、儿童游戏理论、有效学习特征理论、可持续性共享思维理论等，以便对幼儿的游戏进行全方位、多视角地解读。

3. 事实依据：自主游戏的现实体现

在解读自主游戏时，教师要注重从个体实际出发，要能基于事实深入理解幼儿的

---

① 安德森，等．布卢姆教育目标分类学：分类学视野下的学与教及其测评：完整版：修订版［M］．蒋小平，张琴美，罗晶晶，译．北京：外语教学与研究出版社，2009．

② 段茂君，郑鸿颖．基于深度学习的高阶思维培养模型研究［J］．现代教育技术，2021，31（3）：5-11．

游戏行为和需求。教师在解读自主游戏时应重点关注以下方面。

幼儿的游戏表现。通过观察，教师可以获得大量的事实依据。观察幼儿在游戏主题的选择、游戏情节的推进、游戏角色的扮演、游戏材料的选择和使用、游戏中的交往水平、游戏规则的理解和遵守、游戏的持续时间等方面的情况，可以帮助教师深入了解幼儿的游戏需求和兴趣，发现幼儿在游戏中遇到的困难和挑战，分析幼儿的发展水平，进而提供更有针对性的支持。

幼儿的最近发展区。维果茨基提出，儿童的发展有两种水平：一种是目前已经具备的，可以独立解决某些问题的水平；另一种是在他人的指导或帮助下可以解决某些问题、具有潜在能力的水平，这两种水平之间的差距就是“最近发展区”。教师在解读幼儿的游戏时应分析幼儿独立解决某些问题的水平及幼儿潜在能力的水平，从而思考促使幼儿进一步学习和发展的机会与可能性。

游戏的类型和特点。想要深入解读幼儿的游戏，教师还需要围绕不同类型游戏的特点和功能分析幼儿发展的关键经验。基于幼儿在游戏中的体验存在的差异，以游戏为本体的活动一般可划分为三种类型。[①]

自发性游戏：也称象征性游戏，指在幼儿自主活动的情境下，侧重于幼儿主观的情趣、愿望、想象与表达的游戏，虚构的假装性是这类游戏最突出的特点。

探索性游戏：在开放、自主的活动情境下发生，但更侧重于为在活动过程中所遇到的问题寻求解决的策略，围绕随境而生的任务探讨完成的方法等。

规则性游戏：是具有固定的规则或特定的玩法要求的游戏。这种游戏需要至少两个人一起玩，并且具有竞争性。幼儿的体验主要聚焦于一种游戏玩法和竞争性的练习。

当然，教师还需要结合幼儿的年龄特征、已有经验、当下发展水平、成长背景等事实，对他们的游戏进行客观、综合的解读。

（三）自主游戏解读向度：从多维视角进行诠释

解读就是将通过观察获得的丰富素材进行梳理和整合，以把握幼儿游戏行为背后的意义。那么解读应从哪些维度着手呢？幼儿教师应始终明确自主游戏解读的立场，

---

① 丁海东. 幼儿园优秀游戏活动案例：意义、类别、体例与特点［J］. 福建教育，2019（42）：7-10+26.

即分析幼儿在自主游戏中的经验、问题及需求，以挖掘每个孩子的“生长点”。

1. 从经验解读中看见幼儿的发展

经验解读是指教师基于相关依据分析幼儿的游戏行为，识别幼儿在游戏中获得的经验，从而看见幼儿的发展。

政策依据能为教师提供解读的“支架”。这些政策依据包括《指南》中幼儿学习与发展目标及各年龄段的典型表现，《指导要点》中“四准备”的发展目标、具体表现，21 世纪的核心素养等。教师在实践中可以直接以这些发展目标为参考，发现幼儿在游戏中的成长。

同时，游戏解读作为一种专业判断的过程，其中的经验解读自然也绕不开相关理论依据的支撑。例如：基于儿童发展理论解读幼儿在动作、语言、情感、认知和社会性等维度所获得的经验；基于图式理论解读幼儿在游戏中表现出来的行为和思维模式；基于深度学习理论分析幼儿在游戏中表现出的学习品质；基于高阶思维理论分析幼儿在游戏中解决问题的能力；等等。

教师可从下列维度获得些许思路。

规则理解能力：能爱惜物品、整理玩具、使用规则解决与玩伴之间的冲突、自觉遵守游戏规则等。

问题解决能力：面对材料缺失、尝试失败等问题，能发挥创造力，尝试不同的解决方法。

批判性思维：能分析问题、评估不同的解决方案并做出决策；当同伴提出建议时，能辩证地接纳、运用。

情绪管理能力：当遭遇失败、挫折或困难时，能正确识别自己的情绪、调节情绪并适当地表达情绪。

自我管理能力：能自主选择游戏、管理游戏时间及物品、整理游戏材料等。

适应性及韧性：能适应游戏中的变化；面对失败或挫折时，能适应和调整自己的行为和态度，积极应对。

构造行为：会使用多种材料进行搭配和构造，能尝试不同的玩法，表现出一定的想象力与创造力。

表征行为：出现以物代物的行为。

合作行为：具有分工合作的行为，能通过协商分配角色与关系等。

需要注意的是，以上维度仅为教师提供了思路，不是幼儿在自主游戏中所获经验的“全部”。要精准识别幼儿在游戏中所获得的经验，教师应始终站在游戏现场基于游戏现状去分析和判断，以避免“刻板对照”。

2. 从问题解读中识别幼儿的冲突

古希腊哲学家亚里士多德提出：“思维自惊奇和疑问开始。”对幼儿来说，一个问题就是一个发展的机会。因此，教师除了要关注幼儿在游戏中的学习与发展，还要关注幼儿在游戏中的问题，识别他们遇到的冲突。

首先，教师应基于相关理论了解幼儿在游戏中存在的问题。例如：基于儿童发展理论，从认知主义的角度了解幼儿对游戏规则、游戏角色定位的理解等问题；从建构主义的角度了解幼儿在游戏中的问题解决、游戏推进过程的方法等问题；从精神分析学派的角度分析游戏中幼儿的情绪管理、同伴交往等问题。

其次，教师也可以依据政策文件来了解幼儿的发展，以发现幼儿游戏中的问题。为避免赘述，教师可以参考经验解读部分。

教师可从下列幼儿自主游戏的常见问题中获得问题解读的些许思路。

想象力与创造力缺乏：在游戏中喜欢使用固定的方式来操作游戏材料，按照既有的游戏形式来推进游戏进程。

游戏规则理解模糊：对游戏规则不理解或理解得不透彻，从而在游戏中无法有效地参与或产生破坏性行为。

沟通与合作障碍：在游戏中无法用明确的语言表达自己的想法和需求，导致同伴间产生误解或合作受阻等。

角色定位模糊：在有角色划分的游戏中，不明白自己的角色定位，导致游戏混乱或无法进行。

游戏技能不足：缺乏某些必要的游戏技能，导致游戏体验不佳。

情绪管理与压力应对能力不足：在游戏中产生伤心、愤怒等负面情绪时，无法有效管理自己的情绪。

游戏材料缺失或使用不当：材料无法满足幼儿的游戏需求、幼儿不正确地使用游戏材料、材料被损坏等，导致游戏效果不佳。

游戏中的安全问题：缺乏安全意识或自我保护意识，导致自己或他人受伤。

需要注意的是，教师应辩证地看待问题解读，避免给幼儿“找碴儿”，不过度干预幼儿的“问题”行为，并引导幼儿在解决问题的过程中积极思考，主动建构知识和经验，让自主游戏真正促进其发展。

3. 从需求解读中察觉幼儿的需要

《幼儿园教育指导纲要（试行）》（以下简称《纲要》）指出：“关注幼儿在活动中的表现和反应，敏感地察觉他们的需要，及时以适当的方式应答，形成合作探究式的师生互动。”因此，准确识别幼儿的需求也是有效解读的重要组成部分。

只有全视角看待幼儿的表现，才能全方位地支持幼儿的发展。因此，在解读时，教师要努力跟踪每个幼儿游戏需求的轨迹，既要关注幼儿游戏开展的需要，也要分析幼儿在游戏中的发展需求。游戏需求一般从实际的幼儿游戏中产生，教师解读时应更多地以事实依据为切入点。

教师可从下列幼儿在自主游戏中的常见需求中获得需求解读的些许思路。

空间需求：当幼儿开展奔跑、跳跃、爬坡、堆沙运水等自由度较高的游戏时，他们需要宽敞、开放、合理的探索空间，以增加游戏的自由度，确保游戏不受空间限制；当幼儿开展角色表演、涂鸦、拼图等类型的游戏时，他们需要相对安静、丰富、有序、多元化的游戏空间。

时间需求：“老师，我们可以自己玩了吗？”“老师，今天什么时候可以自己玩游戏？”“我们还没玩好呢！”……这是幼儿对自主游戏时间需求的典型表现。幼儿之所以产生这种游戏需求，常常源于对游戏时间的不满足以及对游戏时间的期待。

材料需求：当幼儿因游戏材料不足而需要排队等待、幼儿对材料不感兴趣或材料不够导致游戏无法进行时，幼儿可能会产生想要新材料或更丰富的材料的需求。自主游戏材料应保证低结构、可移动、可组合且数量充足，以满足幼儿的操作需求；要有不同规格、不同材质、不同层次，以满足不同年龄和发展阶段的幼儿的需求。此外，教师还需要考虑幼儿对游戏挑战性的需求，鼓励幼儿在操作材料时不断尝试新的游戏方式和解决问题的方法。

师幼互动需求：“老师，快看！”“老师，快过来！”“老师，这应该怎么做？”……这是幼儿主动向教师发起的“互动邀请”。当幼儿在游戏中出现手足无措、情绪低落等状态时，这同样是幼儿向教师发出的“互动邀请”，教师应准确识别并积极回应。

同伴互动需求：“我可以和你一起玩吗？”“我可以加入你们吗？”……这是幼儿

与同伴互动需求的典型表现。在自主游戏中，教师要分析幼儿间的交流、分享、合作等情况，以关注幼儿的同伴互动需求。

情感支持需求：主要包括成人陪伴的需求、认同与分享需求等，这说明幼儿有在游戏中获得关注、认可等归属感的需要。

认知技能需求：主要表现为幼儿参与游戏以获得新体验的需求，如幼儿变化游戏玩法、结交新的游戏同伴等。

四、基于解读的自主游戏支持：助推幼儿高质量的学习与成长

仅仅理解幼儿还不够，自主游戏的发展离不开教师的支持。基于解读的自主游戏支持是指教师根据观察与解读幼儿的自主游戏所获得的信息，支持幼儿进行经验建构以及获得进一步的发展。许多一线教师在支持幼儿的自主游戏方面需要帮助：面对不断变化的游戏现场、随时更替的游戏情境、发展水平各异的幼儿，教师常常觉得茫然而不知所措，不知道何时介入、如何为幼儿提供支持。其实，一般情况下，自主游戏过程中教师不需要介入和指导，但当幼儿需要教师引导、帮助和支持时，教师可从即时支持和延时支持两种时机中选择，通过隐性支持或显性支持的形式推动幼儿的游戏。

（一）何谓自主游戏支持：概念与价值探索

1. 什么是自主游戏支持

“支持”有“支撑、给以鼓励或赞助”的意思。[①]“游戏支持”最初被称为“游戏指导”“游戏干预”。随着《指南》的颁布，学者们普遍认为自主游戏是儿童自由、自主、自发的活动，游戏中幼儿是主体，教师应从支持者的角度来促进幼儿的游戏，而不是直接指挥或支配。因此，“游戏支持”这一提法逐渐被广泛认可。

由原先教师单向的、高控的自上而下的指导、干预，转变为师幼双方平等互动的、基于观察的自主游戏支持。这不仅仅是字面的转变，更体现了师幼关系中儿童地位的提升，体现了教师观念的转变，也体现了“相信儿童是有能力的学习者”这一理念的真正落地。

① 中国社会科学院语言研究所词典编辑室．现代汉语词典［M］．7版．北京：商务印书馆，2016：1676．

自主游戏支持是指教师为了实现自主游戏对幼儿发展的独特价值，促进自主游戏向更高水平发展，基于观察和解读所采取的支持性措施，包括时间、材料、经验、场地等方面的支持。从支持时机来分，自主游戏支持可分为即时支持和延时支持；从支持的表现形式来分，自主游戏支持可分为隐性支持和显性支持。

2. 为什么要进行自主游戏支持

支持能助推幼儿高质量的学习与探索。教师基于对幼儿自主游戏水平的细致观察和解读提供的支持，是在充分尊重幼儿、遵循他们身心发展的自然规律的前提下，以满足幼儿的实际需求为出发点的教育实践行为，是对幼儿学习的深入引导和积极干预。教师有针对性地在材料、情境、经验、方法等方面精心搭建支架，能助力幼儿的游戏水平迈向新的高度，实现高质量的学习与探索。

支持能丰富教师的实践智慧。教师在给幼儿的自主游戏提供支持和帮助的过程中，需要不断反思支持的必要性、时机和方式方法，根据幼儿在游戏中的行为反馈不断调整和完善自己的支持策略，以确保每一次的支持行为都能最大限度地促进幼儿的发展。这种不断地调整和完善，正是教师的实践智慧得以锤炼与提升的过程。同时，当教师看到自己的支持行为能够帮助幼儿在游戏中获得成长时，职业幸福感也会进一步增强。

支持能营造和谐的教育环境。教师支持的核心在于提供能够激发幼儿主动学习的方式和手段。因此，自主游戏中的教师支持对营造良好的教育氛围具有至关重要的作用。教师通过提供有效的支持，不仅可以为幼儿提供一个充满爱与关怀、鼓励与支持的成长环境，也可以使教师与幼儿之间的互动更为融洽、自然。

（二）即时支持：自主游戏支持的现场智慧

自主游戏即时支持，即教师通过观察解读到幼儿需要教师引导、帮助和支持时，在游戏现场立即进行干预的一种策略，包含隐性支持和显性支持两种形式。

1. 即时支持中的隐性策略

在自主游戏中，教师若过多地使用直接指导的方式，会使幼儿失去游戏自主性，令幼儿感到索然无味，那么游戏的意义也就随之消失。因此，在即时支持策略中，教师可以首先考虑采用隐性支持这种“无为”支持的形式，将支持隐含在游戏之中，采用间接的方式对游戏活动进行说明、介入和回应，以最大限度地支持幼儿独立思考与试误，从而更好地引导幼儿在游戏中自主体验与发展。这种隐性支持包括：轻松、愉悦的氛围支持，充足的时间支持，适宜的材料支持，多样的同伴支持，“无痕”的游戏介入。

轻松、愉悦的氛围支持。我们经常可以在自主游戏现场看到幼儿在游戏中玩得不那么尽兴，有时还会有畏难的情绪。如何激发幼儿自在、大胆、积极、愉悦的状态呢？做一位相信幼儿的教师吧！

“我相信你，请你慢慢说！”教师要善于倾听，以理解与共情的姿态允许幼儿发表自己的想法和见解，耐心地倾听幼儿，与幼儿进行对话，及时识别、捕捉有价值的游戏关键点，鼓励他们持续游戏、探索与学习。

“我相信你的选择。”关于幼儿想去哪里玩、想怎样玩、想和谁玩等问题，教师要学会放手，让幼儿在宽松自由的环境里实现全面发展。当发现幼儿在游戏中遇到困难时，教师不要急着去干预他们，而是退后一步在一旁静静观察，并给予幼儿试误的机会。

必要时，教师还可以配合使用肢体语言表达对幼儿的信任。温柔的语言，加上点头、注视、抚摩、拥抱等身体动作，有助于教师拉近与幼儿的距离。总之，教师要学会放手，让幼儿自己制定游戏规则、创造游戏内容、动手操作、勇敢探索，在宽松自由的环境里通过深度学习实现全面发展。

充足的时间支持。“老师，我还想再玩会儿。”“老师，我的这个作品还没完成呢。”在自主游戏中，经常会出现幼儿还没来得及进入想象、合作、表征、问题解决等过程，就被教师强制要求“收场”的现象。

从自主游戏的特性来看，游戏的发起者是幼儿，游戏进程的调控者也是幼儿。因此，给予幼儿足够的“被允许”的游戏时间是发挥自主游戏价值的关键。在幼儿提出多给一些游戏时间的“请求”时，如果教师能够即刻“应许”幼儿——“你再玩会儿吧！”，那么这会是对幼儿自主游戏的最大支持。

充足的自主游戏时间能支持幼儿持续探索。那么，教师如何在不对游戏时间进行“大改动”的情况下，给予幼儿隐性的时间支持呢？一方面，教师要延长游戏的“持续时间”。当规定的游戏时间结束时，如果发现幼儿有继续游戏的愿望和需求，教师不要急于结束游戏，而是可以顺势通过延长游戏时间，保证游戏时间的弹性化。另一方面，教师要发挥教育智慧，灵活调整游戏活动组织环节，“盘活”过渡环节和等待环节浪费的“隐性时间”，延长自主游戏的“有效时间”。

适宜的材料支持。游戏材料是自主游戏的重要组成部分，是激发幼儿的游戏意图、延伸幼儿的游戏想法、丰富幼儿的游戏经验最重要的支持媒介之一。在自主游戏中，教师可以通过对游戏材料的投放数量进行灵活变通，达到即时支持幼儿自主游戏的目的。

第一种方式是让材料“多”起来。当游戏停滞不前时，当幼儿因争抢材料发生矛盾时，或当幼儿表现出对新材料的渴望时，教师可在游戏材料方面予以回应。通常情况下，及时添加游戏材料是关键。教师既可以再次投放材料，增加游戏材料的数量，又可以打通不同游戏区之间的流通性，从而增强游戏间的材料共享度。

第二种方式是让材料“少”起来。当幼儿对“琳琅满目”的游戏材料感到格外兴奋时，当幼儿更倾向于独自游戏或平行游戏而导致同伴交往的机会较少时，教师可以考虑是否需要适当减少材料。教师可根据游戏的实际情况暂时撤走过量的、重复的、利用程度不高的或者对幼儿的游戏有负面影响的材料，以激发幼儿的合作意识，从而使其专注于游戏情节的生发。

第三种方式是让材料“活”起来。自主游戏中存在大量可拆分、组合的低结构材料，而用一个物体来代替另一个物体的象征性游戏正是幼儿所喜爱的。因此，在材料无法即时获得的情况下，教师可鼓励幼儿大胆想象、不断创新，指导幼儿拓展材料的功能和玩法。

多样的同伴支持。相关研究表明，同伴教导的结果和教师教导的结果一样好，甚至更好；即使是很棒的教师，也无法发挥同伴的作用。在自主游戏中，同伴间的相互交流，为同伴支持带来了可能。而将这种可能转化为现实则需要教师恰如其分的专业引导。第一，在幼儿自主选择同伴时，教师可根据幼儿的实际需要，鼓励和引导幼儿选择比自己游戏能力强或者自己可以为其提供帮助的同伴，在游戏组内形成“以强带弱”的同伴组合，支持幼儿在同伴的影响下，形成相互鼓励、共同探究的游戏氛围。第二，教师可以多树榜样，及时肯定幼儿在游戏中出现的合作、互助、整理材料、遵守规则等亲社会行为，鼓励幼儿自主观察和模仿学习，实现同伴间相互模仿学习、相互影响的目的。

“无痕”的游戏介入。在实践中，教师常会不自觉地以引导者的身份介入游戏，这不仅会忽视幼儿的游戏意愿，还会影响其游戏节奏，给幼儿带来消极的游戏体验。那么，教师在自主游戏中该以怎样的身份和姿态“隐性”介入呢？把自己想象成一个孩子加入游戏吧！

当幼儿对某个游戏材料不熟悉时，教师采用可以平行介入方式，即在幼儿附近玩同样的材料，通过展示材料的玩法来引起幼儿的模仿。平行介入，对幼儿有暗示、示范的作用。当幼儿在游戏中遇到争执和问题而请求教师帮忙时，“我可以和你们一起玩吗？”是教师采用交叉介入方式时对幼儿发出的加入游戏的“征询”。教师作为玩伴，与幼儿一起讨论解决问题的办法，在游戏规则判断、游戏问题解决、价值引导等方面给予幼儿支持。

2. 即时支持中的显性策略

明晰了游戏现场教师的“无为”，那么接下来的问题便是，教师该如何“有为”呢！使用即时支持中的显性策略，教师可从自身出发，借助于语言和行为给予幼儿精准的支持。

以语言支持幼儿游戏。在自主游戏中，教师可通过有效的语言互动为幼儿提供支架，引导幼儿提升游戏水平，具体包含以下五种方法。

“善”用提问式语言。教师可以在问题的带动下引导幼儿想象、探索、思考，让幼儿在自主游戏的过程中学会自主发现问题、解决问题。

“巧”用回应式语言。在回应式语言的应用中，教师可以根据幼儿的表述，选择性地做出回应，借助于语言的引导作用丰富幼儿的游戏体验。例如，在搭建时，幼儿说：“老师，你看，我搭建了一个高高的城堡。”教师听到幼儿的话后，可以回复：“你搭建了一个四层的城堡，有高高的围墙和漂亮的屋顶，还有一个美丽的花园。”幼儿听到教师的回应后，会更加详细地向他人介绍自己的城堡，无形中提高了语言表达能力。

“妙”用建议式语言。建议式语言的应用要求教师利用语言优势，向幼儿暗示一些信息，让他们能在游戏中做出正确的选择。

“活”用角色式语言。角色式语言要求教师以一个“特殊”的身份加入幼儿的游戏，通过对话、扮演角色推动游戏情节，让幼儿得到全新的学习经验。

“常”用讨论式语言。讨论式语言要求教师以平等的身份与幼儿一起讨论解决问题的办法，一起思考游戏新创意等，从而给予幼儿支持。

以行为支持幼儿游戏。在自主游戏中，教师如何通过自身行为达到支持幼儿游戏的目的呢？

首先，直接示范是教师支持的一种重要形式。幼儿天生具有模仿能力，他们通过观察教师的行为和动作来学习新的知识和技能。因此，教师在自主游戏中可以通过直接示范来展示游戏的规则和玩法，帮助幼儿理解并掌握游戏的要领。

其次，行动参与是教师支持的关键环节。教师在自主游戏中可以适时参与幼儿的游戏活动，与幼儿一起探索、发现和解决问题。通过亲身参与，教师可以更好地了解幼儿的游戏需求和兴趣点，从而提供更有针对性的支持和引导。

最后，教师的行为支持还体现在安全保障方面。当游戏出现安全问题时，教师要及时出手。例如：当幼儿在尝试将两个箱体垒高叠放的过程中存在箱体滑落或放置不平衡的情况时，教师可采用靠近、扶住箱体等方法，保障幼儿的安全。

（三）延时支持：自主游戏支持的深度思考

仅依靠即时支持是无法完全达成“通过游戏促进幼儿学习与发展”这一目标的。如果说在游戏现场的即时支持是基于“当下”的情境和形势而产生的，是为了解决“当下”的问题，让“这一次”更好，那么延时支持则更多的是教师当下收集幼儿的信息，通过后期分析与反思，制定支持幼儿持续游戏、学习与发展的策略并在后期落实，是为了解决“未来”的问题，让“下一次”更好。

1. 延时支持中的隐性策略

《评估指南》明确指出：“重视幼儿通过绘画、讲述等方式对自己经历过的游戏、阅读图画书、观察等活动进行表达表征，教师能一对一倾听并真实记录幼儿的想法和体验。”因此，教师可以通过引导幼儿多元表征、做好一对一倾听以及创设支持性的游戏环境等策略，支持幼儿回顾游戏过程，提升游戏经验。

引导幼儿多元表征。教师应该明确，幼儿的表征方式包括语言、图画、肢体、眼神等，并不是一定要用图画记录才是表征，应允许幼儿通过一种或多种方式来表达自身需求及感受。此外，游戏结束后，教师不要急于组织幼儿开展分享和交流，而是应站在幼儿的视角，尊重、理解、鼓励幼儿采用游戏地图、游戏连环画、游戏绘本等形式，用线条、颜色以及自创的图形、符号来表征自己的游戏经历和故事，记录自己在游戏过程中的思考以及遇到的问题。

做好一对一倾听。教师可通过一对一倾听与记录，更准确地了解幼儿的游戏意愿、兴趣点以及游戏需求，并比较自身的思考和幼儿想法之间的差异，进而回忆在游戏现场存在的观察、支持“疏漏”。同时，教师应从浅层次的倾听走向深层次的倾听。

如果将倾听分为三段，那么在开始倾听时，教师要克服先入为主的观念；在听的过程中，要悬置主观判断，做到全息式倾听；在听完幼儿的讲述后，要与幼儿平等对话，或者提供鹰架，以支持幼儿学习。这样的倾听才更加有效。

创设支持性的游戏环境。固定的游戏区域布局和游戏材料无疑隐性地限制着幼儿想象力和创造力的发展。教师要从空间布局、墙面环境创设和游戏材料投放三方面着手，积极主动地创设能支持幼儿探索、推动幼儿深度学习的游戏环境。

首先是游戏空间布局。游戏空间应围绕幼儿的自主游戏需求来布置。因此，空间布局不是一成不变的，教师要秉持整体、开放的空间观，让固定的游戏区域空间变成开放、流动的游戏区域，不限定各空间的功能定位。同时，根据幼儿的想法、游戏情况及园所环境，打造可变化、能共享的空间，支持幼儿根据游戏情节的需要、游戏主题的转换来自主调适游戏空间的大小。

其次是墙面环境创设。教师可充分利用班级走廊、公共区、活动区的墙面，呈现与自主游戏相关的环境布置。针对墙面内容呈现的分散、浅显问题，教师可通过重点聚焦以下三方面内容来优化墙面的创设。一是呈现游戏进程：展示幼儿在某个游戏中的探索过程，引发幼儿和教师的持续关注，方便参与的幼儿回顾游戏，同时吸引更多幼儿参与，共同获得有益的经验。二是凸显游戏问题：以问题为导向呈现某些问题的探索过程，分为问题、猜想、验证三个板块，帮助幼儿梳理经验，培养幼儿主动发现问题、解决问题的良好品质。三是梳理游戏经验：展现一些幼儿共同讨论、提炼的游戏关键经验，以便幼儿总结方法、梳理经验、拓展思维。

最后是游戏材料投放。在投放低结构材料时，可将材料集中投放于某一游戏区域，便于形成相应的游戏场景，进一步支持幼儿深入开展游戏。在投放半结构材料或高结构材料时，要控制材料的数量和种类，避免产生单一、固定的游戏形式。

需要说明的是，虽然我们在前文已经探讨过游戏材料，但其不同之处在于：即时支持下调整材料的目的在于“活”，即激活已有材料的功能和价值；而延时支持下调整材料的目的在于“新”，即更新、创新。

2. 延时支持中的显性策略

多元分享与回顾游戏过程。幼儿自主游戏活动后，教师可组织幼儿进行游戏分享与回顾，引导幼儿梳理、提升游戏经验，为下次游戏做好准备。

就分享与回顾的形式而言，教师可以借助于游戏视频、照片、实物等，辅助幼儿进行分享与交流；也可以保留游戏场景，让幼儿在分享与回顾环节重复体验。分享与回顾形式既可以是集体分享与回顾，也可以是小组分享与回顾。

就分享与回顾的内容而言，教师可有意识地引导幼儿重点围绕某一个游戏主题，开展系列分享；可聚焦某个游戏的关键经验进行分享，以拓展或提升幼儿的游戏经验；还可聚焦游戏中的创新点或问题展开讨论，引发思维碰撞，实现共同学习、相互激发、拓展经验、提升能力的目的。

生成活动，支持幼儿深入探究。自主游戏蕴含着幼儿的真实兴趣和教育契机。教师要提高课程敏感度，将游戏延伸，生成幼儿感兴趣、有价值的课程活动。同时，教师应时刻关注幼儿的兴趣和“最近发展区”，及时判断活动内容是否适宜，把握好生成活动的延伸程度和时机。

首先，生成活动的内容更多是随机生成的，是在追随幼儿当前兴趣的基础上延伸而来的。因此，贴近幼儿需求的自主游戏可作为生成活动内容的重要来源。教师可将自主游戏中幼儿最感兴趣的、有价值的问题提炼出来，并带领幼儿展开讨论和交流，以帮助幼儿建构对世界、对他人、对自己的态度和认识，为幼儿开展自主游戏提供认知支持。

其次，生成活动的组织形式更灵活。教师可通过运用引导、追问、假设等方法鼓励幼儿开展一系列的探索活动，如观察现场、搜索分析、知识经验迁移、对比发现、深度思考等，支持幼儿“做中学”。

家园共育及社区资源的利用。《纲要》指出：“幼儿园应与家庭、社区密切合作，与小学相互衔接，综合利用各种教育资源，共同为幼儿的发展创造良好的条件。”由此可见，教师应创造良好的家园社区协同育人的环境。因此，在自主游戏中引进家庭及社区资源应成为教师支持幼儿游戏的新方向。

教师应如何鼓励家长在自主游戏中发挥更大的作用呢？其一，可引导家长一对一倾听、记录幼儿的游戏，帮助幼儿回顾、梳理游戏经验；其二，鼓励家长与幼儿一起玩耍，并引导其在过程中给予幼儿情感、动作、语言方面的支持。

同时，社区是幼儿成长的重要环境，蕴含着丰富的教育资源，因此教师应充分挖掘并运用相关资源，为幼儿的自主游戏提供丰富多样的隐性支持。一方面，要合理利用自然资源，让幼儿充分了解身边的植物、动物等；另一方面，要合理利用社会资源，让幼儿在社会实践活动中直接感知、亲身体验。

小班自主游戏

案例一　好玩的垫子

随着自主游戏的开展，幼儿园对户外游戏场地进行了改造，并秉持以幼儿为本、大量投放低结构材料、方便收纳等原则，在操场周边投放了许多新的材料。开放、自由、自主的游戏环境，大大缓解了刚入园幼儿的焦虑情绪。幼儿很快适应了幼儿园的生活，每天快乐地游戏。慢慢地，教师鼓励幼儿根据游戏需要，跨场地取用材料。很快，具有弹性的垫子引起了幼儿浓厚的兴趣，一场关于垫子的探索拉开序幕！

初探垫子——蹦蹦床

游戏观察

户外游戏时间，孩子们三三两两地骑着自行车。操场上的垫子引起了萌萌的注意。她用双手拽着垫子一角往前拖，但是垫子纹丝不动；她又走到垫子后方，用双手使劲往前推，垫子往前挪了挪，又卡住了；萌萌围着垫子转了一圈，发现了垫子中间的拉手，她拉着拉手往前拖，终于将垫子拖到了操场中间。萌萌一下扑倒在垫子上，打了个滚，随后站在垫子上反复地向上、向前跳跃，边跳还边说："老师……我的蹦床太好玩了！"其他孩子也发现了这个好玩的新材料，合作从操场周边搬来了更多的垫子。妍妍踩在垫子上，双脚并拢向上连续跳跃；晋卿从一块垫子并脚跳向另一块垫子；小宇从一块垫子跨跳向另一块垫子……他们纷纷把垫子当作蹦床玩（见图 1.1）。

图 1.1

游戏解读

经验解读

斯特拉·路易斯（Stella Louis）等认为，有效学习的特征包含三个部分：游戏和探索——参与、主动学习——动机、创造性和批判性思维——思维[①]。对垫子的探索是幼儿在与垫子互动的过程中自然、自发产生的。萌萌在发现垫子、搬运垫子以及在垫子上反复跳跃的过程中，通过操作、探索、发现，参与到新的游戏活动中。这些都体现了幼儿的深度参与与主动学习，而这种学习是有效的。

游戏中幼儿身体平衡地向上连续纵跳、双脚并拢地向前跳跃，表明他们出现了《指南》健康领域“动作发展”子领域目标 1 下 3—4 岁幼儿的典型表现。有的幼儿能够并脚向前跳，有的幼儿则已经能够跨跳，这说明个别幼儿的动作发展较好，即使是同一年龄段的孩子，他们的动作发展也存在个体差异性。

问题解读

在摆弄垫子的过程中，虽然幼儿发现了垫子柔软、富有弹性的特点，但他们的动作多停留在跳、翻、滚。幼儿处于一个无意识的游戏阶段，并没有具体的游戏计划、目标，体现了小班幼儿动作在前、思维在后的行动思维特征。

需求解读

意大利幼儿教育学家玛丽亚·蒙台梭利（Maria Montessori）曾说，孩子的注意力一旦被某个物品抓住，他就会专注地重复练习，长久地沉浸其中，这种“长久地沉浸”不但让儿童感到愉悦，更让其学会如何集中自己的精力，获得专注性[②]。幼儿反复地在垫子上跳跃，说明他们对该材料有着浓厚的探索兴趣。

游戏支持

基于幼儿喜欢多次重复同一动作的需求，教师给予幼儿欣赏和鼓励，还给予幼儿充分探索材料的时间，让幼儿在与材料的互动中了解材料的性质、探索材料的玩法。在宽松的游戏氛围中，幼儿的好奇心和兴趣得到了保护，其探究兴致更加浓厚。

二探垫子——变滑梯

游戏观察

场景一：萌萌发现了一块可以折叠的垫子，垫子的一端可以被她很轻松地抬起

① 路易斯，贝斯威克，费瑟斯通，等. 认识婴幼儿的游戏图式：图式背后的秘密［M］. 张晖，范忆，时萍，译. 北京：中国轻工业出版社，2019：84.

② 蒙台梭利. 蒙台梭利早教全书［M］. 周舒予，译. 北京：北京理工大学出版社，2013：11.

来。“我要做一个滑梯。”说完她用手、腿撑起垫子，但只要有孩子爬到垫子上，垫子就会被压下去。萌萌推了推站在垫子上的小朋友，说：“走，走，你走……”站在垫子上的妍妍停下了动作，但并没有走开。萌萌边用腿撑着垫子边扭过头向教师喊：“老师，老师……我快撑不住了！”（见图 1.2）教师帮她扶住垫子说：“你看，操场上有这么多材料，你可不可以用这些材料来帮忙呢？”萌萌把目光锁定在小朋友们正在玩的自行车上，选择了一台比较矮的三轮自行车，将垫子的一端架在三轮自行车座椅上（见图 1.3），但只要爬到垫子被架空的位置，三轮自行车就倒了（见图 1.4）。她又换了一台更高的两轮自行车，可她刚爬到垫子上，两轮自行车就滑走了（见图 1.5）。

图 1.2

图 1.3

图 1.4

图 1.5

见状，教师和孩子们一起展开了讨论：为什么自行车放在垫子下面会倒、会滑走呢？

幼 1："因为……因为自行车有轮胎，轮胎会动。"

幼 2："要放个不能动的东西（在下面）。"

幼 3："要钉个钉子！"

幼 4（边做手势边说）："放个这样（平）的。"

场景二：萌萌和妍妍合作搬来一块小的两格方形垫，萌萌对妍妍说："抬起来。"妍妍抬起大垫子一角，萌萌将方形垫推进去，"滑梯"做好了。晋卿弯膝摆手往前发力跳向架高的垫子（见图 1.6）；萌萌站在垫子最高位置屈膝跳下（见图 1.7）；小宇沿着垫子边缘往前走，在往高处走的过程中，其身体出现倾斜，他自然张开双臂以保持平衡；妍妍在垫子上前滚翻，萌萌也学着翻滚起来。

图 1.6

图 1.7

游戏解读

经验解读

《指南》科学领域"科学探究"子领域目标 2 的典型表现指出，3—4 岁幼儿"对感兴趣的事物能仔细观察，发现其明显特征；能用多种感官或动作去探索物体，关注动作产生的结果"。在抬高垫子的过程中，萌萌尝试了好几种材料，虽然不断失败，但她始终没有放弃，说明她具备敢于尝试且不害怕失败的良好品质。

在讨论环节，幼儿能针对游戏中遇到的问题，提出行之有效的解决办法，说明幼儿已初步具备独立思考和解决问题的能力，并在交流中丰富了同伴交往经验。

小宇在沿着垫子边缘行进的过程中，张开双臂保持平衡，说明他具备一定的保持身体平衡和协调的能力。

问题解读

华东师范大学张明红教授认为，小班幼儿在交往过程中的肢体语言占据了很大比重。由于小班幼儿的语言仍在发展中，往往会出现行动快于语言的现象[①]。小班幼儿的交往技能有限，故当萌萌在急着想要撑起垫子而垫子上有同伴时，她没有用恰当、完整的语言表达自己的需求，而是用肢体动作来解决冲突。用身体撑起垫子的探索过程，说明幼儿预见危险的能力较弱，自我保护和保护他人的意识不强。

需求解读

在探索过程中，萌萌刚开始用自己的身体支撑垫子，之后用不太合适的自行车支撑垫子，说明幼儿对材料有新的需求且经验有限。

在与同伴交流中，萌萌能用语言表达需求，但表达不完整，说明她有表达的欲望，但不具备完整表达的能力。教师应为幼儿创造充分表达的机会，并在幼儿因急于表达而说不清楚时，提醒幼儿不要着急、慢慢说。对于幼儿的任何表达，教师都应认真倾听并积极回应。

游戏支持

游戏中，教师充分给予幼儿与同伴交往的时间与空间。当萌萌用肢体动作解决冲突时，教师没有急于干预，而是引导幼儿进行讨论，探究自行车放在垫子下面不稳的原因。

当萌萌想要抬高垫子时，教师首先给予了萌萌充分试错的机会，保护了她积极探索的欲望。在她个人无法解决该问题时，教师并没有直接提供解决方案，而是将问题抛给了其他孩子。《指导要点》学习准备之“好奇好问”的教育建议指出：“把幼儿有浓厚兴趣的问题作为集体讨论的话题，鼓励幼儿分享自己的发现和观点，支持他们进一步的探究想法和行动。”当幼儿在讨论中提出各种解决办法时，教师没有运用自己的经验肯定或否定幼儿，而是让幼儿通过观察、讨论、同伴互助以及实践尝试去探索切实可行的解决方法。

针对幼儿想要搭建滑梯的想法，教师通过带领幼儿观察滑梯、画滑梯等方式，让幼儿感知滑梯的基本结构，丰富和完善了幼儿对滑梯的经验。

---

① 张明红．学前儿童社会学习与发展核心经验［M］．南京：南京师范大学出版社，2018：12.

三探垫子——搭小桥

游戏观察

瑾言、凯凯、木木搬来一个四方梯，将两块两格垫折叠垒高，又找来一块三格垫铺在最上方，做成一个更高的滑梯（见图 1.8）。烨彤和杨栋也跟着在旁边做了一个类似的滑梯。

烨彤说："我们把它们连起来吧！"杨栋说："好呀好呀！"烨彤搬来一块两格软垫架在两个滑梯之间。凯凯尝试从垫子上通过，可一站上去，垫子就从中间塌下去了。妍妍、萌萌、翰轩用双手拽住垫子边缘，试图把垫子撑起来，凯凯再次尝试，但垫子依然塌下去了（见图 1.9）。杨栋说："我有好办法！"他双手双膝着地，把背拱起来，用背撑起垫子，烨彤和妍妍用手压住垫子两端，几个小朋友依次爬过垫子（见图 1.10），杨栋大声喊："太重了，我撑不住啦！"

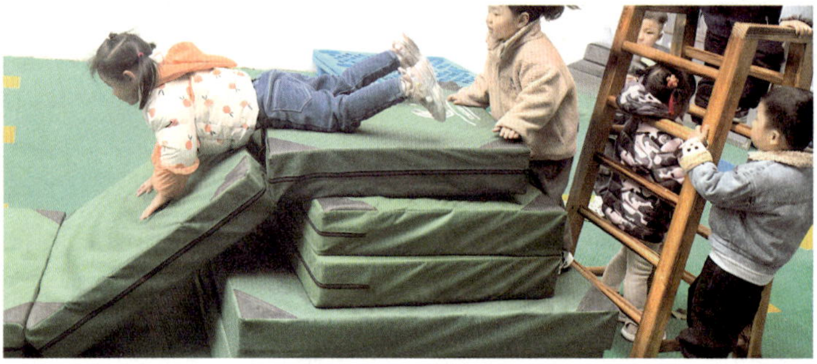

图 1.8

图 1.9

图 1.10

萌萌说："我们用别的东西吧！"萌萌和凯凯搬来更多两格垫，将垫子折叠，摆放在架空的位置（见图 1.11）。瑾言说："这好像一座桥哦！"凯凯和烨彤大声说："哇！我们搭了一座桥！"

图 1.11

游戏解读

经验解读

模仿是 3—4 岁幼儿主要的学习方式，他们往往通过模仿掌握别人的经验[①]。游戏中二探垫子的成功，让玩垫子的幼儿明显增多。当有幼儿用垫子搭建出一座滑梯时，其余幼儿也模仿着搭出类似的滑梯，他们在相互模仿中学习和成长。

亲社会行为是儿童良好的个性品德形成的基础。亲社会行为包括分享、合作、谦让、援助等[②]。当同伴遇到危险时，幼儿能主动帮助，说明他们关心他人、关爱同伴的优秀品质已经萌发。出现问题时，杨栋能主动站出来解决问题，说明他具备一定的主人翁意识。在撑垫子的过程中，烨彤和妍妍自发加入，在反复游戏中幼儿具备了初步合作意识。

问题解读

幼儿在探索过程中虽然表现出一定的独立思考能力，但由于年龄特点和经验的缺乏，无法快速判断材料的适宜性，因此在选择材料时，幼儿需要进行多次尝试。

幼儿能够迁移生活经验，从架在滑梯之间的垫子联想到生活中的桥，并能将游戏中获取的新经验运用到后续游戏中，如用垒高的方法来巩固桥面。这些都有利于幼儿今后将经验迁移到对客观世界的认识上，为概念的形成打下基础。

需求解读

随着幼儿搭建目标的不断提高，教师可以进一步丰富幼儿的相关经验，并支持幼儿习得一些基本的搭建方法，如围合、架空等。在材料方面，幼儿需要不断探索以了解材料的特点，如长度、厚度、形状、软硬等。

---

①② 陈帼眉. 学前心理学［M］. 北京：北京师范大学出版社，2015：6.

游戏支持

为了让幼儿有更多的探索机会，教师在场地周边投放了许多新材料，如木箱、长木板、梯子、轮胎等，并组织幼儿共同收集多种桥的照片来园分享，为幼儿提供适宜的材料支持。

同时，通过观看照片、视频以及与同伴分享游戏经验，幼儿对搭建技巧进行了梳理；通过画游戏故事，幼儿运用简单的符号对下一次游戏进行了构想。

游戏拓展——桥下通车

游戏观察

孩子们决定搭建一座可以通车的桥。他们搬来两个木箱，瑾言、豫承、钰萱将一块两格垫架在木箱中间，但发现手一松，垫子就会掉下来。豫承说：“垫子短了点吧？”瑾言看着场地上的其他垫子，想了想说：“那我们换块垫子吧。”（见视频“幼儿协商”）孩子们一起搬来一块三格垫，将其放在两个木箱上（见图 1.12）。瑾言走到木箱中间蹲下，看了看，说：“自行车过不去吧！”（见图 1.13）于是她走到木箱前，边拉木箱边大声说：“快来帮帮我呀！”凯凯和豫承走到木箱另一侧推，一起将木箱

幼儿协商

桥下通车

图 1.12

图 1.13

间的距离拉宽了。桥架好了，孩子们从其他场地骑来自行车，依次从桥下通过（见视频“桥下通车”）。钰萱钻到木箱里，探出头，伸出手说：“欢迎光临！”

游戏解读

经验解读

游戏中，小班幼儿能够合作搬运垫子、共同协商更换垫子，反映了他们的社会性发展。

施燕等认为，预测与推断是将外部世界内化的过程①。幼儿在实际操作中推断两格垫过短，从而想到合作更换更长的垫子；在遇到木箱之间的距离过窄时，推测自行车过不去，进而合作加宽了木箱之间的距离，这些说明幼儿具有较强的观察能力以及良好的学习品质。

钰萱的语言和行为不仅说明在搭建活动成功后，幼儿能自发地将建构游戏转化为角色游戏，也开启了一个新的垫子游戏的方向。

问题解读

在游戏中遇到困难时，幼儿能主动寻求帮助，并尝试和同伴合作应对。例如：瑾言用自己的身体去测量木箱之间的距离，当发现自行车过不去时，她向同伴请求帮忙并和同伴合作加宽了木箱间的距离。

需求解读

幼儿的兴趣已经从玩垫子转移到搭建桥梁，从探索材料转移到建构物体。教师应根据幼儿的兴趣及时调整材料，支持幼儿新的探索行为。

游戏支持

教师抓住幼儿新的兴趣点，开展了以桥梁为主题的相关活动，了解桥梁的基本结构、了解哪些材料适合搭建桥梁、和爸爸妈妈一起利用废旧物品搭建自己心目中的桥等。另外，教师还开展了游戏谈话，例如：讨论在桥梁搭建成功后，他们还可以开展什么角色游戏，游戏中可能会有哪些角色，他们之间会说些什么、做些什么。

---

① 施燕，何敏，张婕．学前儿童科学学习与发展核心经验［M］．南京：南京师范大学出版社，2021：8.

* * *

在为期两个月的时间里，幼儿在探究垫子玩法、自发形成主题、拓展升级玩法的过程中，游戏的目的性逐步增强。通过在具体游戏情境中观察反思、自然合作、多次迁移生活经验，幼儿解决问题的能力逐步提升，他们游戏水平超越了以往小班幼儿。

（作者：湖南省娄底市直机关幼儿园　邹红；指导教师：王立群，周桑）

案例二　摘桃去

7 月，小一班的孩子们来到桃花林游戏。一颗颗圆圆的桃子藏在郁郁葱葱的绿叶间，可爱极了！很快，孩子们惊喜地发现树上的桃子成熟了。他们仰着小脸蛋儿，兴奋地说：“好想吃桃子呀！”“桃子肯定好甜！”又又提议：“我们去摘桃子吧！”“好啊好啊！”一呼百应，孩子们和桃子的故事就此开启了。

第一次摘桃子，孩子们尝试了各种办法（见图 2.1）：有的爬上树摘，结果够不着；有的用力摇树枝，树叶掉了，桃子却没掉；有的用从地上捡起的小棍子打或用小桃子砸，但是怎么都打不中或砸不中；还有的小朋友用从家里带来的渔网去捞，但是发现渔网罩不住桃子……最后都没有成功。

爬上树摘　　用棍子打　　用小桃子砸　　用渔网捞

图 2.1

摘低处的桃子

游戏观察

发发在桃花林里找到了一根长长的、直直的木棍，笑着说：“这个棍子可以用来打桃子。”他拿着棍子开始爬树，但是拿棍子的手抓不住树干，于是他把棍子丢在地上，然后双手抓着树枝，右脚踩在最低的树干上，手脚并用地爬了上去，站在两根树干中间的树杈上。他站稳后喊：“奇奇，把那根棍子给我。”奇奇赶紧捡起地上的棍子递给他。只见发发左手抱着树干，右手拿着棍子，伸长胳膊去打桃子（见图 2.2），不

图 2.2

一会儿就打下来几个桃子。粽子指着地上的桃子高声说："哇，老师，你看，好大的桃子！"又又捡起一个桃子说："哈哈，我捡到了一个！"小葫芦提着桶走来说："你看，我的桶可以装好多的桃子！"不一会儿，发发说："低处已经没有桃子了，高处的打不到了。"

游戏解读

经验解读

我国著名教育家陈鹤琴先生的"活教育"课程论指出："大自然、大社会是我们的活教材。"《指南》科学领域"科学探究"子领域目标 1 的典型表现指出，3—4 岁幼儿"喜欢接触大自然，对周围的很多事物和现象感兴趣"。幼儿园桃花林的桃树充分激发了幼儿的探究兴趣，他们积极地尝试通过爬上树、摇树枝、用棍子打等多种方法摘桃子。这一系列的行为表明，他们具有好奇心和探索精神，对新事物感兴趣并努力寻找解决问题的办法；同时，体现了他们具有一定的自主性和"取高处物体"的生活经验。在探索的过程中，幼儿初步积累了摘桃子的经验，萌发了借助于身边的工具摘桃子的想法。

幼儿是有能力的学习者，游戏也为幼儿的大肌肉动作发展创造了机会。游戏中，发发为了摘到桃子，手脚协调地爬上树并稳稳地踩在树杈上击打桃子。这说明他具有良好的身体协调性和平衡感。由此可以看出，发发的大肌肉动作发展水平处于尝试复杂动作阶段。在这一阶段，儿童的大肌肉动作变得协调，有一定的力量和耐力，能尝试复杂的动作或击中、踢中移动中的较大物体[①]。

问题解读

基于维果茨基的最近发展区理论可知，新问题为幼儿创造了最近发展区，能够引导幼儿主动解决问题。针对如何摘桃子的问题，幼儿先是积极寻找身边的工具尝试摘桃子，多次尝试失败后一直没有放弃，最终找到了较长的棍子，爬上树打到桃子，解

① 读懂儿童研究院．观察儿童 解读儿童：3—6 岁儿童关键发展性指标解析 I ［M］．成都：天地出版社，2017：29．

决了问题。当发现矮处的桃子已经摘完，高处的桃子难以够到时，幼儿意识到了问题所在。他们虽然暂时没有提出解决方案，但已经展现出了对问题的识别能力，新问题的产生给他们提供了持续探索的机会。

需求解读

成功摘到桃子给幼儿带来了成就感，增强了他们的自信心和自我效能感，即使最后没有成功，过程中的每一点成就也是对他们自我能力的肯定。为了摘到高处的桃子，幼儿需要更多的工具和材料，这些工具和材料支持他们继续进行游戏探索。同时，他们需要更多时间不断地尝试和调整他们的策略，需要更多时间来观察、思考和实践。

游戏支持

程学琴在《放手游戏 发现儿童》一书中指出："教师要做到最大限度的放手，最小限度的介入。在游戏中，当儿童表现出冒险和挑战性行为时，教师应以最敏锐的反应淡定地靠近儿童。靠近是为了在有危险时能够及时保护他们，而非干涉或指导，从而最大限度地保障儿童能够接触并享受物理的、社会的、智力上的冒险。"①

当幼儿提出摘桃子的想法时，教师尊重幼儿的兴趣，放手让幼儿大胆尝试摘桃子。爬树摘桃子对于小班幼儿来说有一定的难度，且存在一定的危险，教师一直在旁关注，随时保护幼儿。在幼儿第一次想办法克服困难并成功摘到桃子时，教师及时给予肯定，让幼儿获得成就感。

游戏后，通过播放照片和视频，教师请幼儿分享自己第一次摘桃子的体验。针对幼儿遇到的问题——如何摘到高处的桃子，教师引导全班幼儿一起讨论解决策略。发发提出："要找一根好长好长的棍子。"粽子说："可以用《小猪佩奇》里面那种长长的梯子（消防梯）。""可是这些材料我们都没有啊！"嘟嘟说，"我们可以把垫子垒起来，垒得很高很高！"又又说："我们可以用那个很高的桶（油漆桶）。"孩子们觉得这些办法都可以试一试。教师及时肯定幼儿的想法，鼓励幼儿用各种材料大胆进行尝试。

① 程学琴. 放手游戏 发现儿童［M］. 上海：华东师范大学出版社，2019：123.

尝试摘高处的桃子

游戏观察

第二次摘桃子时，孩子们一起把油漆桶滚来，将其放在桃树下的缓坡上（见图2.3）。可是油漆桶太高了，孩子们怎么站上去呢？又又从西操场搬来了竹梯，将其搭在油漆桶的顶部（见图2.4），可当他往上爬时，发现竹梯会不停地摇晃。旁边的小朋友看到了，赶紧帮忙扶住竹梯（见图2.5）。又又成功地爬了上去，3分钟左右就打下了两个桃子（见图2.6）。但是，他们发现树上更高地方的桃子又打不到了。

图2.3

图2.4

图2.5

图2.6

怎样才能够着更高地方的桃子呢？发发看着垫子说：“可以在油漆桶上加一块垫子。”其他小朋友也都觉得他们可以试试这个办法，于是一起合力把垫子抬起来放到了油漆桶上（见图2.7）。发发搭了竹梯爬上垫子，周围的小朋友用力帮忙扶着垫子

（见图 2.8）。可当他站起来的时候油漆桶晃动，他很难站稳，于是大叫“危险！危险！”，并赶紧下来了。

那怎样才能更安全呢？他们找来铁架、垫子、木桩、轮胎，尝试用它们固定住油漆桶（见图 2.9），并不停地摇晃油漆桶测试，发现它还是不稳后，大家不敢往上爬了。

图 2.7

图 2.8

图 2.9

游戏解读

经验解读

游戏是幼儿积极主动地与环境相互作用的活动。在游戏中，幼儿积极主动地探索周围环境，可能会发现各种有趣的“问题”。如果我们能因势利导，支持和引导幼儿对这些问题进行探索，不仅可以丰富和扩展幼儿的知识经验，而且有助于培养幼儿的探究精神和独立意识，促进幼儿主体性的发展[①]。在整个游戏过程中，幼儿不断地发现、探究以及解决问题，体现了幼儿具备解决问题的初步能力和坚持不懈的学习品质。第一次，幼儿在遇到油漆桶太高而难以站上去的问题时，想到将竹梯作为辅助工具，爬上去并成功摘到了桃子。第二次，当需要站得更高以摘到桃子时，幼儿尝试将

① 刘焱．儿童游戏通论［M］．福州：福建人民出版社，2015：459．

垫子放在油漆桶上，这体现出他们开始认识到增加高度有助于他们达到目的，说明他们具备了一定的空间感知能力。第三次，当油漆桶摇晃时，幼儿想出了用材料固定油漆桶的办法。尽管幼儿多次尝试都没有成功，但是他们并没有轻易放弃，而是表现出了积极投入、毫不气馁的游戏状态。

克里斯滕森（Christensen）和米克尔森（Mikkelsen）认为，儿童确实会根据自我感知和自己的身体能力认真地评估风险[①]。如何通过日常生活的直接或间接体验来获取安全防范意识，习得相应的适宜行为，并逐渐形成自我保护能力，是学前儿童人生阶段的重点课题之一[②]。从游戏中可以看出，幼儿有一定的安全意识及预判危险的能力，例如：在发现竹梯不稳时能及时扶住，在油漆桶晃动时立刻意识到危险并大声警告其他小朋友。在整个过程中，幼儿共同搬运垫子并测试油漆桶的稳定性，体现了良好的团队合作精神和沟通能力；当发现竹梯不稳时，幼儿主动扶住梯子，体现了幼儿与同伴间的关心和互助。

问题解读

“爬高时，支撑物不够稳定”是幼儿遇到的主要问题。最初，幼儿使用油漆桶和竹梯组合来增加高度，但是地面坡度导致油漆桶倾斜，竹梯无法架稳。然后，幼儿在油漆桶上放了一块垫子以增加高度，但是由于底座（油漆桶）不稳，垫子也是倾斜的，因此，支撑物仍然是不稳固的。最后，他们使用铁架、木桩等来固定油漆桶，但是在爬的过程中，力的不均衡导致固定的材料晃动，无法起到稳定支撑的作用。

需求解读

幼儿想使用各种材料来增加高度，同时又要能站上去保持稳定和安全，这需要他们具备丰富的“将不同大小、形状物体进行稳固和搭高”的经验。为了达到目的，幼儿需要各种材料，如油漆桶、竹梯、垫子、铁架、木桩和轮胎等，这些都是他们构建“摘桃工具”的必要元素。但是，他们需要对这些元素进行反思，发现问题产生的原因，这样才能有针对性地提出解决办法。幼儿在游戏中遇到困难时，感受到了不安和挫败，这时，来自同伴、教师的鼓励和帮助能够为他们提供重要的情感支持，帮助他

---

① 伍兹，等．儿童发起的游戏和学习——为无限的可能性而规划［M］．叶小红，译．北京：中国轻工业出版社，2020：96．

② 柳倩，周念丽，张晔．学前儿童健康学习与发展核心经验［M］．南京：南京师范大学出版社，2016：264．

们克服困难继续尝试。

游戏支持

游戏过程中，油漆桶与竹梯的组合以及油漆桶与垫子的组合并不是很稳，存在一定的安全隐患。所以教师一直在旁关注，并在不影响幼儿游戏的前提下帮助幼儿扶住竹梯和垫子，确保幼儿安全。

《评估指南》指出，教师要“善于发现各种偶发的教育契机，能抓住活动中幼儿感兴趣或有意义的问题和情境，能识别幼儿以新的方式主动学习，及时给予有效支持”。游戏后，针对遇到的问题，教师组织全班幼儿分享与讨论：如何才能安全地摘到高处的桃子？发发说：“在树上搭个梯子。”米豆说：“我知道，把垫子放在中间就稳了。”“可是这些方法我们都试过，不行啊！”小米粒说，“我知道，再在上面放几个小垫子，垫子要摆整齐，那样它们就不会倒了。”其他幼儿也马上想到之前玩滑索的时侯同样用过垒高垫子的方法，纷纷对这个方法表示认可！

对于幼儿提出的这个方法，教师引导幼儿进行经验回顾：“我们之前玩滑索时是怎么垒高的呢？”师幼共同总结出玩滑索时稳固垫子、垒高垫子的关键经验：第一，垫子一定要叠放得很整齐；第二，垫子的大小要一样；第三，垫子要放在平地上，这样它们才会稳。小朋友们都觉得这个方法可以，于是决定再试一试。

安全摘高处的桃子

游戏观察

第三次摘桃子时，孩子们迁移运用了玩滑索时垒高垫子的经验。他们搬来很多垫子，将其放在平地上，然后合力把垫子举起来，一块一块往上叠，并把垫子摆放整齐。叠好四块垫子后，发发搭竹梯爬了上去，发现还是够不着桃子，于是下来说：“还要加一块垫子。”他们又找来一块垫子，一起将垫子举起来往上叠，可怎么都放不上去。奇奇跑过来说：“老师，那个太高了放不上去，你能帮我们抬一下垫子吗？”“好呀！”教师和他们一起把垫子垒了上去，垒起来的垫子比发发的个子还高。发发爬上去，终于成功摘到了最高处的桃子（见图 2.10）。

孩子们都哈哈笑起来。米豆和睦容捡起桃子，不停地边闻边说：“好香啊，到处

都是桃子的香味。”（见图 2.11）

图 2.10

图 2.11

游戏解读

经验解读

皮亚杰认为，当幼儿重复某一动作时，他们能够将自己的想法迁移到类似的情境中，或者形成对周围世界的早期概念①。教师要做的就是唤醒幼儿的前期经验，鼓励幼儿通过实际操作，将之前玩滑索时垒高垫子的游戏经验迁移到摘桃子的过程中，实现知识的迁移和应用。同时，幼儿也在尝试与探索中不断调整和完善先前的经验，例如，他们发现需要再加一块垫子才能摘到桃子，这也展现了他们的观察能力和问题解决能力。

2020 年 1 月，世界经济论坛发布了《未来学校：为第四次工业革命定义新的教育模式》，该报告明确提出了“基于问题和协作的学习”“自驱动的学习”“个性化和自定进度的学习”等高质量学习的关键特征。游戏创造了问题，推动着幼儿的社会性发展和肢体动作发展。在摘桃子的过程中，幼儿相互合作，共同搬运垫子，并在发现垫子太高而难以叠放时寻求成人的帮助，这显示了他们的团队合作精神和解决问题的能力。通过搬垫子、抬垫子、叠垫子、攀爬梯子等活动，可以看出他们具有良好的身体协调性和平衡感。

---

① 格里梅. 观察婴幼儿的游戏图式：支持和拓展儿童的学习［M］. 张晖，译. 北京：中国轻工业出版社，2021：VI.

问题解读

幼儿在尝试摘桃子的过程中遇到了问题，即最高处的垫子放不上去，他们通过观察和思考，主动请求教师帮忙，最终成功摘到了桃子。这显示了幼儿的沟通能力和问题解决能力。

需求解读

《指南》社会领域“人际交往”子领域目标 3 的典型表现指出，3—4 岁幼儿能“为自己的好行为或活动成果感到高兴”。幼儿成功摘到了最高处的桃子后，获得了极大的成就感，他们为自己感到自豪，需要得到肯定和鼓励，以满足他们的情感需求。

在游戏中，幼儿喜欢搬运材料，喜欢在地垫上爬上爬下，乐此不疲，这正好印证了《观察婴幼儿的游戏图式——支持和拓展儿童的学习》一书中所提到的幼儿的搬运和轨迹图式。

游戏支持

教师在幼儿摘到桃子后，第一时间祝贺了幼儿，并且积极肯定幼儿为摘桃子付出的努力，如搬垫子、扶正垫子、提醒同伴注意安全等。桃树上的桃子被摘下来了，幼儿的游戏就结束了吗？教师可以将材料保留在桃花林，继续观察幼儿和地垫、桃树之间还会发生什么故事，使幼儿充分与场地和自然资源互动。

快乐吃桃子

游戏观察

回到教室后幼儿把摘到的桃子拿出来分享（见图 2.12）。

图 2.12

发发：“大桃子很香，肯定很好吃，我们这一桌都抢大桃子。”

米豆：“老师，你看，小桃子转得快一些。”

粽子：“它们都有很多毛。”

又又指着一个小桃子说：“我们可以把它放到区域里玩。”

教师："那你们知道它们是什么桃吗？"

奇奇："我知道，大的是黄桃。"

教师："为什么呢？"

奇奇："因为它是黄色的。"

米豆："它还很香，我在家里吃过。"

最后，小朋友们一起把黄桃清洗干净，教师帮忙把黄桃切成小块，大家一起分享黄桃。小朋友都说"好好吃啊""我还要吃"，活动室里到处都是桃子的香味。

游戏解读

经验解读

《指南》科学领域指出："幼儿的科学学习是在探究具体事物和解决实际问题中，尝试发现事物间的异同和联系的过程。"我们可以看到，幼儿在分享桃子的过程中，通过直接感知、亲身体验和实际操作，观察与了解了桃子的外形特点和口味：大桃子很香、小桃子转得快、桃子上有很多毛等。他们还从桃子的颜色推断桃子的品种是黄桃，这也反映出幼儿对黄桃有初步的认识。

问题解读

幼儿在分享桃子时，出现了抢夺大桃子的行为。这表明他们对于分享的概念还不是很清晰，表现出小班幼儿以自我为中心的年龄特征。幼儿通过桃子的颜色推断"黄桃"这一概念，说明他们的认识并不全面，可以再丰富一下幼儿的认知经验。

需求解读

首先，在活动中，幼儿通过观察和比较，了解了桃子的基本特征，满足了他们的认知需求；其次，幼儿通过一起分享桃子体验到了分享和合作的乐趣，满足了他们的社交需求。

游戏支持

游戏中，教师通过提问引导幼儿思考和探索，例如，教师通过问"那你们知道它们是什么桃吗？"，激发了幼儿的好奇心和探究欲望。教师还可以和幼儿一起继续探究关于桃子的基本知识，如黄桃的结构、不同种类的桃子的区别、桃子的生长过程等，拓展幼儿的认知经验。

* * *

充满野趣的自然环境，为幼儿提供了丰富的发展机会。桃花林的桃树向上拓展了幼儿的游戏空间，使他们的探索不只停留在地面。幼儿在解决摘桃子的问题中积累了稳固垒高的经验，收获了认真专注、坚持不懈、不怕失败、勇于挑战、互助友爱的良好品质，展现出了预判危险的能力，同时提高了自我保护意识。所以在游戏中，教师可以允许幼儿玩冒险游戏，给予幼儿充分探索的机会。

（作者：湖南省人民政府机关幼儿园 刘露；指导教师：刘迎，黄娜）

案例三　灶上功夫

扮家家是幼儿最喜欢的游戏之一，他们经常在室内自主游戏时间扮演爸爸、妈妈、哥哥、姐姐、宝宝等角色，因此积累了一些初步的游戏经验。但由于班级区域面积小，娃娃家容纳的人数有限，因此，大家围绕“幼儿园里你最想去哪里玩扮家家游戏？”这一问题展开了讨论，并从多块游戏场地中投票选出了开心农场（见图 3.1）。于是，新一轮在开心农场的玩扮家家游戏便开始了。

图 3.1

灶台从哪里来

游戏观察

用轮胎代替灶台

下午，孩子们来到开心农场进行游戏。他们在材料区里找到了锅、铲子，准备“做饭”，可当他们把锅放到地上后，圆底锅总是晃动，不方便操作，于是有孩子找到教师说：“这个锅放不好，总是动来动去的。”教师问：“锅为什么会动呢？你能想想办法让锅不动吗？”雪梨马上说：“我知道了，要是有个洞，把锅放在上面，锅就可以放稳了。”涛涛也立即接话：“我家炒菜时是把锅放在灶台上的，锅就不会动来动去，而且灶台上面还可以开火。”熙熙看了看旁边，指着堆放在农场旁边的轮胎说：“我们可以用那个。”几个孩子立刻行动，开始滚轮胎做灶台（见图 3.2），

图 3.2

并将锅放在轮胎上假装做饭（见图 3.3）。

图 3.3

用砖块搭建灶台

当寅寅过去滚轮胎的时候，场地上已经没有轮胎了。他东瞧瞧西望望，最后把目光锁定在墙边的砖块上。他来回 6 次，搬来 6 块砖。他先把四块红色的砖两两叠在一起，然后把剩下的两块灰色的砖也叠在一起，做成了一个“匚”字形灶台（见图 3.4）。

图 3.4

灶台搭好以后，他将锅放到灶台上摇了摇，虽然灶台开口一侧无法固定锅，但是放在上面的锅已经不摇晃了。

方形灶台更稳固

周一，寅寅和睿睿一起组队进行游戏，他们并没有急着去搬轮胎，而是嘀咕了几秒钟后，一起搬来了砖块。寅寅一边说“我上次是这样搭的”，一边把砖块搭成“匚”字形灶台。但这次他们拿的锅较小，所以炒菜时锅总是会偏向一边。于是睿睿说：“我们把砖围起来！”接着，他又搬来两块砖，搭了一个方框形灶台（见图 3.5）。随后，他们将锅放在上面摇了摇，确定锅非常稳固了才松手。

图 3.5

睿睿说：“灶台搭好了，可是没有火呀！”寅寅说：“去找找。”睿睿在旁边找到了一些石头，将其丢进灶台里；寅寅则从地上捡了一些树叶，放进灶台。睿睿说：“好了，我们的火有了，可以炒菜了。”睿睿又到菜地里找来两根树枝当铲子，扯了一些草当菜，并接了一些水倒进去（见图 3.6），炒菜游戏继续进行。

图 3.6

游戏解读

经验解读

《指南》科学领域“科学探究”子领域目标 2 的典型表现指出，3—4 岁幼儿“对感兴趣的事物能仔细观察，发现其明显特征”。游戏中，当没有灶台时，孩子们用轮胎代替灶台；当轮胎灶台也没有了时，他们又想到了用砖块搭建灶台。这反映出他们能发现事物的特征，并能联系、迁移生活经验，解决游戏中的问题。

游戏中，幼儿还通过与同伴的交流、合作，将“匚”字形灶台调整为方框形灶台，使游戏得以继续。他们在材料的选择与同伴的选择上，体现了《指南》社会领域“人际交往”子领域目标 1 和目标 2 的典型表现，如“愿意和小朋友一起游戏”“能根据自己的兴趣选择游戏或其他活动”。

问题解读

这一阶段中，幼儿在游戏中一共遇到了四个问题：一是圆底锅在地上放不稳；二是代替灶台的轮胎没有了；三是锅比搭建的“匚”字形砖块灶台略小，放不稳；四是缺少“火”。他们分别通过用轮胎代替灶台、用砖块搭建灶台、将“匚”字形砖块灶台调整为方框形灶台、用树叶代替“火”，很好地解决了游戏中的四个问题。

需求解读

幼儿将扮家家游戏从室内更换到室外，是因为室内场地容纳的人数有限，不能同时满足更多幼儿想玩扮家家游戏的需求。在室内游戏时，材料也有一定的局限性，以塑料厨房玩具为主。在开心农场游戏时，真实的树叶、杂草、菜叶、石头等，让幼儿的游戏兴趣更浓，游戏的体验感也更强。

游戏支持

游戏前，教师关注到了幼儿都想玩扮家家游戏的需求，于是组织幼儿讨论、投票，选择新的游戏场地——户外开心农场，同时收集、投放扮家家材料。而农场里随处可见的树叶、杂草、树枝等丰富的自然材料，也可以供幼儿随时使用。在开心农场里，幼儿有了更大的游戏场地和自然、真实的游戏材料，游戏的人数也不再受限。他们积极动脑、动手，用以物代物的方法与环境、材料发生互动，通过实践解决问题。

当轮胎没有了，幼儿借助于平时在建构区积累的建构经验，想到了用砖块搭建灶台。回到教室后，师幼一同对此次游戏进行了回顾与反思，帮助幼儿提炼用砖块搭建灶台的经验，以支持幼儿下次游戏时通过调整砖块来搭建灶台。此外，在反思环节，教师也鼓励幼儿与同伴一起游戏，相互合作、相互学习，从而不断拓展经验进行游戏。

新型烧烤灶台诞生了

游戏观察

睿睿在材料区找到了新材料——用 PVC① 管搭建的架子，他将平底锅放在架子上。在移动架子时，锅掉了下来，当他捡起锅再次移动时，锅又掉落下来。他便将架子与锅分别搬至游戏场地，并重新将锅放在架子上，确认将锅放稳后才离开。这时，寅寅走过来，将水倒进锅里，并蹲下看了看锅，抓住平底锅的手柄摇晃了一下（见图 3.7）。此时平底锅的位置已经有点偏了，寅寅的小手一直握着手柄没有松开。睿睿正好也端来了水，寅寅说："等一下……"但是他的话还没有说完，睿睿已经将水倒入锅里，结果锅再次掉了下来，水洒了一地（见图 3.8）。

图 3.7

图 3.8

睿睿把锅捡起来，说："这样不行。"寅寅站起来，他先看了看架子，又转头看向了材料区。他跑到材料区，找到了一块非常软的切菜砧板，并将砧板放到了架子上，还用手在上面压了压（见图 3.9）。旁边的薇薇说："这个好软呀！"听到薇薇的话，寅寅又跑到材料区找了一块硬的砧板。在薇薇的帮助下，寅寅替换了软砧板（见图

① 其英文全称为"polyvinyl chloride"，即聚氯乙烯。

3.10）。他将平底锅放在上面挪来挪去，多次确认锅放稳后才松手。睿睿过来后，也先握住锅的手柄摇了摇，说："嗯，这样好多了。"然后，他将接来的水倒入锅内（见图 3.11）。

寅寅坐在旁边看了看架子，突然，他将软砧板捡起来放在架子的下层。然后，他找来一些树叶，嘴里还说着："这样，上面可以炒菜，下面还可以烧烤，太厉害了！"（见图 3.12）

图 3.9

图 3.10

图 3.11

图 3.12

回到教室后，教师询问大家是否发现了新材料，寅寅与睿睿非常积极地将他们是如何使用新材料进行游戏的过程说了出来。大家都竖着大拇指说他们的新型灶台太棒了。

游戏解读

经验解读

寅寅和睿睿已经多次一同游戏，游戏中他们能够相互倾听对方的建议，一同解决游戏中的问题。例如在锅掉落时，他们就是一同想办法解决的。这说明，他们正朝着《指导要点》社会准备的发展目标 1“交往合作”迈进，即“能和同伴友好相处”“能与同伴分工合作共同完成任务，遇到困难互帮互助，发生冲突时尝试协商解决”。

游戏中，从软砧板到硬砧板，我们也看到了幼儿对材料特性的感知。《指南》科学领域“科学探究”子领域目标 3 的典型表现指出，3—4 岁幼儿“能感知和发现物体与材料的软硬、光滑和粗糙等特性”。在拿到软砧板时，寅寅用手在上面压了压，这说明他在感知材料的特性。

问题解读

这个阶段的游戏中，平顶锅的直径与架子的长度差不多，锅稍微一移动，就会从架子上掉落。在游戏中，锅一共掉落了三次，其中两次是游戏前幼儿选择材料时掉落的，另外一次是在幼儿装水时掉落的。锅的三次掉落让幼儿明白了直接将锅放在架子上是不行的。于是，幼儿再次想到了寻找新的材料支撑锅。通过几次尝试，最终，幼儿自己解决了问题。

需求解读

游戏中，幼儿需要高一点的灶台，于是他们选择了新材料——架子。当锅三次掉落时，他们需要解决锅不稳的问题，因此开始寻找材料来支撑锅。从这里我们可以看出，幼儿在游戏中能够经常与材料发生互动，他们对材料是熟悉的。

游戏支持

当幼儿在游戏中遇到问题时，教师能够清楚自己的角色定位。锅掉落三次，教师预判没有安全问题，没有介入，让幼儿感受锅掉落的真实体验，并充分给予了幼儿更多的时间与空间，让幼儿通过自己与同伴的力量解决问题，从而不断积累经验，获得成长。

在幼儿对已有的材料熟悉后，教师通过对材料的使用频率、使用时长进行记录与分析，逐步将新的材料投放进去。切菜的砧板与架子等新材料就是教师根据幼儿游戏的需要，与幼儿讨论后投放的。

带有烧烤功能的新型灶台的诞生，是幼儿创造性思维发展的体现。在游戏分享环节，教师以提问的方式鼓励幼儿积极讲述自己的游戏故事，通过呈现照片，有效地帮助幼儿提升了游戏经验。

我的汤圆汤需要加点料

游戏观察

这天，喆喆先把锅放在灶台上，然后在农场里扯了点杂草放进锅里炒。他看到旁边的雪梨和汉汉都往自己的锅里加了清水，于是他也用碗接了些水倒入锅中。他用勺子在锅里舀了几下，抬头看了看菜地，又跑到菜地边，捡了几块比较干燥的泥土，将泥土放到锅里进行搅拌（见图 3.13），然后他舀起一勺“汤”闻了闻说：“真香呀！”接着他看了看旁边的小朋友，又看了看地面，用手指从砖缝里抓了点沙子撒在锅里，说：“放点盐，汤才好喝。”不一会儿，砖缝里的沙子快被抓没了，他又抬头看了看其他小朋友，发现有小朋友从地上捡沙子，于是他也拿起碗过去捡沙子，并将捡来的沙子倒进自己的锅里（见图 3.14），然后再次搅拌。

图 3.13

图 3.14

久久过来说：“你的汤看上去很好喝，给我也来一碗吧！”（见图 3.15）

喆喆：“可以呀，但是我的汤里还少东西。”

久久：“那我帮你找找吧。”

妍妍过来问：“你做的这是什么呀？”

喆喆：“汤圆汤呀！”

妍妍："可以给我搅一下吗？"

喆喆："可以。"

妍妍用勺子搅拌了一会儿，说："但是锅里没有汤圆呀。"她接着问老师："老师，我们没有汤圆。"

教师："汤圆是什么样的呀？"

妍妍："圆形。"

教师："那我们周围有什么和汤圆最相像的物品呢？你们可以去找找。"

一会儿，久久拿着一个装有清水的碗走过来，里面还有一块黑色的石头。她对喆喆说："看，我找到了什么，一块黑色的大石头！"（见图 3.16）

喆喆："太好了，有汤圆了！"于是，久久将石头与清水一起倒入了锅中。

妍妍笑着说："这是世界上最美味的汤圆汤！"

图 3.15

图 3.16

游戏解读

经验解读

《指南》社会领域"人际交往"子领域目标 1、2 的典型表现指出，3—4 岁幼儿"愿意和小朋友一起游戏；想加入同伴的游戏时，能友好地提出请求"。游戏中，幼儿想加入同伴的游戏时提出请求："可以给我搅一下吗？"当游戏出现了问题时，幼儿也会合作解决，如一起寻找物品来当作汤圆。同伴的加入，不仅促使问题得以解决，也让幼儿获得了更加愉悦的游戏体验。

《指南》语言领域"倾听与表达"子领域目标 1、2、3 的典型表现指出，3—4 岁幼儿在"别人对自己说话时能注意听并做出回应；愿意表达自己的需要和想法；与别人讲话时知道眼睛要看着对方；说话自然，声音大小适中"。游戏中，幼儿间的相互对话与交流，很好地体现了语言领域目标的达成。

问题解读

这一阶段的游戏首先出现的问题是“干炒”无趣。于是，幼儿通过加水、泥土、沙子，让自己的“汤圆汤”内容变得更加丰富。在没有“汤圆”的情况下，幼儿与同伴相互合作，最终用和汤圆的外形最相近的石头代替汤圆完成了“汤圆汤”的制作。在整个游戏过程中，幼儿不断地通过模仿向身旁的同伴学习，与他们交流，从而获得新的游戏经验，也会利用身边的材料让自己的游戏更加丰富。同伴的加入，不仅助力他们解决了游戏中出现的问题，也让游戏有了更多的趣味性，这也为他们建立合作意识奠定了基础。

需求解读

游戏开始时，幼儿是独自游戏的，后面同伴的加入丰富了幼儿的游戏经验，幼儿的情绪也随之变得更加兴奋。当妍妍说出“这是世界上最美味的汤圆汤”时，大家满足的笑容体现了游戏成功后的喜悦。从这一阶段的游戏中，我们看到了幼儿有着与同伴交流、合作的需求。

游戏支持

在游戏中，当幼儿因为没有汤圆来制作“汤圆汤”而求助教师时，教师并没有直接告诉幼儿解决方法，而是用语言提示幼儿寻找“汤圆”的替代物。最后，幼儿在同伴的帮助下，找到了“汤圆”。

在幼儿游戏前，教师对角色游戏的关键经验进行了提炼并制作成表格，以便在观察幼儿游戏时更好地利用理论依据来分析幼儿的游戏行为。在幼儿游戏过程中，教师在便笺纸上用关键词记录幼儿的游戏行为，重点记录幼儿是否能够迁移生活经验进行游戏、是否可以通过学习同伴的游戏行为来丰富自己的游戏经验、是否能在游戏中友好相处等。

* * *

“灶上功夫”活动源于幼儿的兴趣与发展需要，根据幼儿的意愿进行，每次游戏都以幼儿为主体。在游戏中，幼儿自主发现问题，并通过迁移生活和游戏经验，积极动手、动脑解决问题。他们与同伴友好相处，通过讨论、分工、合作等方式进行创造性游戏。在游戏中，教师始终相信幼儿是有能力的游戏者，以观察者、支持者、引导者的身份，给予幼儿充分的游戏时间、空间与材料。在幼儿游戏的过程中，教师尊重幼儿的意愿，捕捉幼儿的兴趣，理解幼儿的想法，满足幼儿的发展需要。在游戏后的分享与反思环节，教师通过提问、呈现照片来帮助幼儿回顾游戏，组织幼儿讨论、解决游戏中存在的问题，帮助幼儿提升、迁移游戏经验，为幼儿下次的游戏奠定基础，让他们在游戏中学习和探索，力求把游戏的权利真正还给幼儿。

（作者：湖南省株洲市荷塘区钻石幼儿园　谭意芳；指导教师：宋丽，李乐）

案例四　自建滑梯真好玩

滑滑梯对于小班幼儿来说有着无限的吸引力。在滑滑梯游戏中，幼儿爬上去、滑下来，循环反复、乐此不疲，体现了“轨迹图式”，即幼儿喜欢反复地爬上爬下的行为模式[①]。一次暴雨过后，孩子们趴在窗台上看着湿漉漉的滑梯，对教师说：“老师，为什么不能把滑梯放在教室里呢？如果把滑梯放在教室里，我们在下雨天也可以玩滑梯。”一石激起千层浪，师幼的讨论由此引发：教室里为什么没有滑梯？想在教室里玩滑梯了怎么办？滑梯怎么搭？孩子们七嘴八舌地表达着自己的想法，教师鼓励他们动手动脑验证自己的想法。于是，一场关于搭建滑梯的探索之旅开启了。

搭建滑梯初尝试
——“我们搭一个超级高的滑梯吧！”

游戏观察

自主游戏时间，孩子们在班级内寻找材料，尝试搭建滑梯。

睿睿：“我们一起搭一个超级高的滑梯吧！”

小钰：“我知道，滑梯上要有坐着滑的地方。”

佳佳：“这个木板可以被当作坐的地方。”

睿睿：“把木板放在积木上就是一个滑梯啦！”（见图 4.1）

佳佳：“外面的滑梯可以爬上去玩，但是这个滑梯，滑不了呀。”

鑫鑫看了看他们搭的滑梯，转身跑到桌子旁搬了自己的小椅子；他先拿了一块长方体积木，将积木的一端放在椅子上，另一端放在地上，看了看，又拿了两块相同的积木并排放在了一起（见图 4.2）。鑫鑫刚坐在积木上，小椅子就往后滑，三块积木掉落在地上。鑫鑫再一次把积木搭在椅子上试玩，椅子还是滑走了。教师见状，问道：“滑梯为什么会塌呢？”鑫鑫说：“我太重了，滑梯太小了。”教师追问：“在幼儿园里哪些材料可以用来搭你们可以滑的滑梯？”依依说：“用木箱和长板。”

---

① 路易斯，贝斯威克，费瑟斯通，等．认识婴幼儿的游戏图式：图式背后的秘密［M］．张晖，范忆，时萍，译．北京：中国轻工业出版社，2019：52.

图 4.1

图 4.2

游戏解读

经验解读

皮亚杰认为，前运算阶段儿童的思维特征表现为自我中心性，即儿童往往只注意自己的观点[①]。同时，幼儿对事物的认知不够全面。因此，当幼儿在暴雨天不能外出玩滑梯时，他们便提出了为什么不能把滑梯放在教室里的疑惑，没有考虑滑梯的大小是否能放在室内。

本班幼儿已通过日常游戏感知了室内材料的基本特性、滑梯的结构以及滑滑梯时是从高处通过滑道滑到低处的，所以在探索时下意识地选用他们熟悉且在平时搭建中惯用的积木进行尝试。但是鑫鑫并没有急着搭建，而是先观察其他小朋友搭建，再根据其他小朋友在搭建过程中遇到的问题调整材料，搭建自己的滑梯，很好地体现了同伴间的相互学习。

问题解读

游戏中幼儿在试玩自己用积木搭建的滑梯时出现了问题，主要原因在于班级材料不能支持幼儿的搭建探索。班级投放的材料是小型实木积木，导致幼儿在自主搭建滑梯时，可选材料不多。

需求解读

幼儿对滑梯的钟爱，来自滑梯可以给予幼儿速度方面的体验。快速滑行的过程带

① 李燕，赵燕．学前儿童发展心理学［M］．上海：华东师范大学出版社，2008：172．

来的刺激与快感，能满足幼儿的心理需要。可是他们在室内搭建的滑梯，要么坐不上去，要么坐上去就塌了，导致他们的这一心理需要并没有得到满足，因而激发了幼儿的探索欲望。

游戏支持

小班幼儿的经验有限，且思维容易被局限。当幼儿多次在自己搭建的滑梯上滑行失败时，教师及时介入，通过提问引导幼儿思考，拓展幼儿的思维，推动游戏的发展。

同时，基于幼儿对滑梯的浓厚兴趣，游戏后教师设计了亲子调查表（见图 4.3），请家长陪同孩子寻找生活中的滑梯，探索滑梯的基本构造。通过家园合作为幼儿后续搭建滑梯的活动奠定经验基础。

生活中的“滑滑梯”亲子调查表

姓名：禧禧	班级：小(二)班	日期：

我发现的“滑滑梯”：

家长记录：

妈妈：宝贝，你看我们现在走的路是不是有点特别呀？

宝贝：妈妈这是一个坡，大大的斜坡。

妈妈：那这个斜坡像什么呢？

宝贝：像滑滑梯呀，我今天在学校用积木搭了一个滑滑梯哦！

妈妈：你搭的滑滑梯和我们现在走的滑梯有什么区别呀？

宝贝：我搭的不能玩，这个可以在上面跑。

宝贝：妈妈，我还发现我玩滑滑梯的时候要先爬高高的，然后再滑下来，我们现在也是从高高的地方越跑就越往下啦，和斑马线的马路不一样噢！

妈妈：对呀，宝贝你这个发现很棒噢！

图 4.3

人字梯滑梯
——“我们拿人字梯搭一个更高的滑梯”

游戏观察

户外自主游戏时间，孩子们直接冲向材料区。他们选择了一个 50 厘米高的粉色木箱和一块约 1 米长的长板，把长板一端放进木箱侧面的洞口里（见图 4.4）。贝贝纵身一跃跳上了箱顶，从长板上滑下来。宇宇滑了三次后，又推过来一个 1 米高的蓝色木箱，把刚刚搭在粉色木箱上的长板搭在这个蓝色木箱上，并进行试滑，其他孩子纷纷爬上蓝色木箱跟着宇宇玩滑梯。约 5 分钟后，依依跑去搬人字梯，并对着晨晨喊：“晨晨，快来帮帮我，我们拿人字梯搭一个更高的滑梯！”晨晨说：“那我们一起拖过去吧。”晨晨对教师说：“老师，你能帮我们把梯子立起来吗？这个太重了，我们拿不动！”教师走过去帮忙立好了人字梯，明明说：“我们用这块更长的长板吧，这样就可以滑得更远！”依依说：“我们来帮你搬。”晨晨也跑来帮忙（见图 4.5）。几个孩子将板子搭起来后，晨晨却抬着板子的一端走来走去，导致依依和明明一直没办法把长板卡在人字梯上。依依对着晨晨大声喊：“晨晨你别走来走去，我放不上去了！”晨晨闻声站在原地没有再动，三人这才完成了搭建，依依快速爬上人字梯滑梯试玩：“哇！好刺激！”其他小朋友见状也纷纷爬上去试玩（见图 4.6）。

图 4.4

图 4.5

图 4.6

游戏解读

经验解读

本班幼儿对户外材料已有了初步的认识，对物体的大小、高矮、长短等特点有了一定的认知，在室内搭建材料受限的情况下，教师的引导让他们联想到使用户外材料来搭建滑梯。幼儿在游戏中用长板将人字梯与地面连接，在长板一端再连接一块长板使滑梯变得更长，体现了“连接图式”，即幼儿使用建构材料将物体连接起来[①]。但小班幼儿的游戏计划性不足，有关“不同大小的材料所搭建的滑梯会带来不同体验”的经验有待完善，所以他们先选用搬运起来最轻便的材料，在试玩体验不佳后，才进行调整。

问题解读

本轮游戏过程中，幼儿选择了户外材料，解决了上一阶段不能试玩的问题，但又遇到了新的问题：材料太重，幼儿独自搬运材料的力气不足。虽然小班幼儿在游戏中出现了简单的合作行为，但他们的目的性不强，个别幼儿只注意到了自己的行为，比如当三个幼儿在人字梯上搭长板时，晨晨并没有把注意力放在上面，而是搬着长板玩自己的游戏，对搭建滑梯的同伴造成了干扰。

需求解读

在本阶段的游戏中，幼儿所搭建的滑梯发生了三次变化。他们每一次在更换材料进行搭建时所选用的支撑物的高度都有所提升，让游戏变得更有挑战性，从而满足了自己的游戏需求。

游戏支持

在游戏中，教师提供充足的时间和空间，鼓励幼儿自主思考、不断尝试，让幼儿在探索中感知材料的长度、高度等，从而搭建出体验感更棒的滑梯。当幼儿遇到困难时，教师适度等待，而在幼儿发出邀请时及时给予帮助。例如，当幼儿立不起人字梯时，教师在确保没有危险的情况下先让幼儿尝试自己解决，当幼儿发出请求时再给予帮助。

游戏后，教师利用照片与视频再现游戏过程，鼓励和引导幼儿通过肢体与口头语

---

① 路易斯，贝斯威克，费瑟斯通，等. 认识婴幼儿的游戏图式：图式背后的秘密［M］. 张晖，范忆，时萍，译. 北京：中国轻工业出版社，2019：84.

言描述自己的问题，分享自己的发现以及探究的过程、方法。教师及时梳理幼儿分享的有价值的内容及创新点，并打印出来，将其粘贴于游戏墙面，为幼儿提供继续交流的媒介，助推其不断提升游戏经验。

架子溜溜
——“可以在攀爬架上搭滑梯”

游戏观察

户外活动时，峰峰站在攀爬架上说：“我觉得可以在攀爬架上搭滑梯！”他搬来一块约 1 米长的长板，将其搭在攀爬架第三格的横杠上试玩，一下就滑完坐在了地上。而后，他邀请宜宜抬了一块更长一些的木板，将其搭在攀爬架的第三格。宇宇爬上去试玩：“这个坡度好慢呀。”彤彤闻声爬上攀爬架并准备把木板往上移，尝试了几次没有成功，她说：“有人能帮帮我吗？在下面帮我把木板往上抬一点。”在朋友的帮助下，她把木板搭在了第六格的横杠上（见图 4.7），趴着试滑了一遍说：“好滑呀！”这时，贝贝拉了一块垫子过来，彤彤向贝贝发出借垫子的请求，贝贝拒绝了，彤彤问教师：“老师，这怎么办？”见教师没有回答，彤彤继续向贝贝发出借用垫子的请求。贝贝说：“这是我们的船！”彤彤看了看后，爬上攀爬架把木板往上抬了一格，解决了小朋友因垫子太短而滑到地上的问题（见视频“架子溜溜”）。

图 4.7

架子溜溜

游戏解读

经验解读

幼儿积累了用人字梯搭滑梯的经验，并发现了攀爬架和人字梯的共同点：滑行者都需要踩着一格一格的横杠往上爬。他们结合“通过更换高的支撑物来提高滑行速度”的经验，从而有了把长板放在更高的横杆上来提高滑行速度的举动。

《指导要点》社会准备之“交往合作”的具体表现指出，“能与同伴分工合作共同完成任务，遇到困难互帮互助”。彤彤想调整木板的高度但力气不够，她向同伴发出了邀请，与同伴共同完成了搭建。由此可见，游戏推动了幼儿的社会性交往，潜移默化地帮助他们建立了良好的同伴关系。

问题解读

由于幼儿对材料的长短目测能力不足，在本轮游戏开始时，幼儿先使用了较短的木板进行搭建，发现滑行时间太短，于是选择使用更长的木板。在调整木板高度的过程中，因为彤彤在之前的游戏中习得了同伴合作抬木板的经验，所以在遇到问题时她会通过语言邀请同伴帮助自己完成搭建。彤彤在游戏中向同伴借用垫子未果，这反映出在亲社会行为方面幼儿分享、轮流的意识还较薄弱。

需求解读

经过前两个阶段，幼儿搭建滑梯的兴趣越发浓烈，并且体验到了通过自己的努力取得的喜悦感与成就感，这进一步促使他们在日常游戏中不断思考如何创新搭建方法。基于“搭建滑梯需要支撑物”的经验，幼儿发现加块长板就可以使自己熟悉的攀爬架变成滑梯，而且可以直接调整滑梯的坡度，创新了攀爬架的玩法。

游戏支持

游戏中，彤彤借垫子时被拒绝，于是寻求教师的帮助，教师没有干预，而是适当退后，给予幼儿思考的时间，最后彤彤自己解决了问题。由此可以看出，遇到问题时找教师只是幼儿下意识的反应。这让我们意识到，教师要管住“直接教授经验”的嘴，给予幼儿思考与自主解决问题的机会。

游戏后，教师通过游戏回顾，让幼儿分享游戏故事，促进其语言、思维能力的发展；鼓励幼儿通过绘制游戏故事进行记录，锻炼其手部精细动作，促进其手眼协调能力的发展；一对一倾听幼儿（见图 4.8），理解幼儿的游戏想法和感受，鼓励幼儿根据游戏记录向同伴描述自己的游戏过程及想法（见图 4.9）；肯定幼儿，并将幼儿绘制的游戏故事和游戏过程照片张贴于游戏墙面，推动游戏深入开展。

图 4.8

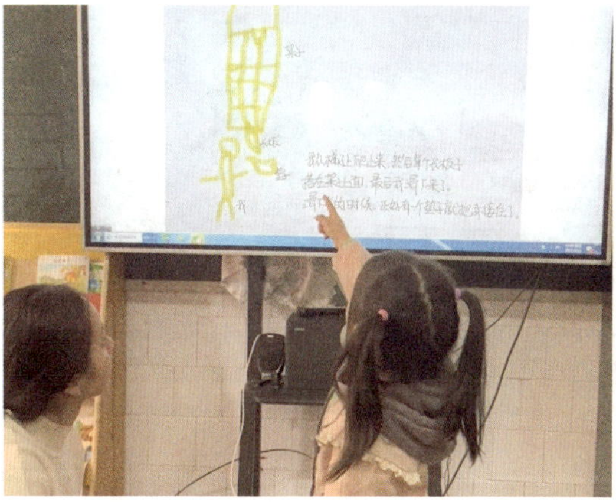
图 4.9

鳄鱼嘴巴滑梯
——“这个滑梯好像鳄鱼的嘴巴呀！”

游戏观察

孩子们来到攀爬网旁，开始尝试前一天游戏回顾时提出的希望在攀爬网上搭建滑梯的想法。依依说：“这个攀爬网看起来也是一个滑梯，但拿什么滑呢？”兮兮说：“用长板呗！”于是他们一个在上面拉，一个在下面推（见图 4.10），将长板成功地搭在了攀爬网上。晨晨说：“我来试试……这个滑梯滑不动，不行不行。”宇宇说：“这个滑起来，没昨天的好玩。”依依说：“那用什么来做滑梯呢？”宇宇看了看材料棚里的垫子说：“我们用垫子试试！”于是他们把垫子一半放在攀爬网上，一半放在地上。贝贝说：“好矮呀，一下就滑完了，要是起点更高一点就好了。”（见图 4.11）依依爬上攀爬网，把整个垫子拖上攀爬网，垫子却从攀爬网上滑了下来。兮兮说：“我帮你推上去，但你要抓紧啦！”垫子再一次滑了下来。彤彤说：“下面要顶个东西，用轮胎！”彤彤把两个轮胎垒起来垫在垫子下面，贝贝问：“这个是滑梯吗？”她接着说：“我觉得这个滑梯好像鳄鱼的嘴巴呀！”（见视频“鳄鱼嘴巴滑梯”）玩了 4 次后，彤彤再一次把垫子拉到最高处，宇宇搬了一个轮胎顶住下滑的垫子。晨晨试玩后说：“哇，我觉得这样滑得更快啦！”（见视频“垫子变滑梯”）

鳄鱼嘴巴滑梯

垫子变滑梯

图 4.10

图 4.11

游戏解读

经验解读

回顾整个游戏过程，幼儿把长板分别放在人字梯、攀爬架、攀爬网上进行滑梯搭建，体现了“连接图式”。

游戏中，幼儿发现了攀爬网的外形与滑梯类似，并根据已有的游戏经验判断攀爬网的表面不具备滑行条件，于是先使用长板进行建构，出现了材料不适宜的问题。然后，通过分析与观察，幼儿提出使用垫子来做滑行轨道这一创新设想，体现了幼儿元认知能力和高阶思维能力的发展。

问题解读

幼儿本次选择的攀爬网本身就有坡面，但是其表面不是平面，不具备直接滑行的条件。幼儿受之前游戏经验的启示，选择用长板作为滑道，但长板是硬物，不能贴合攀爬网的弧度，导致幼儿试滑时出现滑不动的现象。而后幼儿使用的垫子是软的，可以很好地贴合攀爬网的坡度，但垫子上方没有拉扣，受幼儿体重和滑行带来的惯性影响会跟着往下滑。幼儿把轮胎叠高，它们所产生的重力与地面的摩擦力可以抵挡住下滑的垫子，从而使问题得以完美解决。

需求解读

幼儿有了把攀爬架变滑梯的经验后，便在园所寻找可创新滑梯搭建方法的场地。这说明他们体验到了成功搭建所带来的快乐和成就感，在不断探索和调整中感受材料一物多玩带来的惊喜，并且有持续游戏的需求。

游戏支持

游戏中，教师提供充足的时间、丰富的材料，营造宽松的游戏环境和氛围，支持幼儿相互合作，持续深入地探究。当幼儿有新想法时，教师鼓励幼儿大胆尝试；当幼儿在游戏过程中遇到困难时，教师适当等待……这些都为幼儿自主游戏提供了有力的心理支持。

图 4.12

游戏后，教师通过照片再现游戏过程，鼓励幼儿通过肢体语言、口头表述、绘画表征等方式分享游戏中的故事；通过一对一作品解读与互动（见图 4.12），让每一个幼儿有机会表达，关注个体参与度，集中解读游戏中的突出问题，及时重述幼儿分享的有价值的内容及创新点，有效地助推游戏向纵深发展。

* * *

在一个多月的滑梯自主游戏中，幼儿以自身兴趣为内驱力，在教师的全面关注与适宜的支持下，推动游戏不断深入，初步形成积极主动、认真专注、不怕困难、敢于探究和乐于创新等良好的学习品质。在日常生活中，幼儿运用游戏经验，在楼梯上搭建滑梯，让被子从二楼滑到一楼，解决了拎被子下楼的难题。在迁移运用游戏经验的过程中，幼儿的高阶思维得到发展，引发了深度学习。

放手游戏，科学支持，才能赋能成长！

（作者：湖南省邵阳市直属机关幼儿园　江珺泽）

案例五 爱心娃娃家

户外沙池游戏中，玥玥拿着小沙铲在装满沙子的盘子里“炒菜”。她把炒好的“菜”铲出来装在一个塑料小碗中，用铲子背拍实，然后喂旁边的好朋友欣欣“吃”。欣欣笑着说：“真好吃，真好吃。”曦曦小心翼翼地把小棍一根接一根地插在用沙子堆砌的“蛋糕”中，一边拍手一边唱《生日歌》……游戏回顾时间，曦曦说：“我今天照顾宝宝，还给宝宝过生日了。”玥玥说：“我今天当妈妈，给宝宝喂饭了，我觉得沙池里的娃娃家真好玩。”欣欣说：“是的，比教室里的娃娃家好玩，教室里的娃娃家里通常会有很多人。”乖乖说：“老师，能不能把教室里的娃娃家变大一点？”教师问：“你们觉得娃娃家需要哪些房间？你们想做些什么呢？”幼儿你一句我一句，大胆地表达自己的想法。教师关注到幼儿的游戏需求，把游戏场地、游戏角色、游戏情节等方面的问题抛给幼儿，大家共同围绕“爱心娃娃家”主题开展了角色游戏。

我们的娃娃家什么样？

游戏观察

制订完游戏计划后，幼儿开始自主选择角色，装扮自己。点点系好围裙，戴上老奶奶的头套，青青把领带套在脖子上说：“我今天要当爸爸。”装扮完，幼儿开始布置娃娃家。乐乐“哥哥”把一个转角柜拖放到门口当隔断，说它是“鞋柜”。环环“姐姐”和力力“爸爸”一起合作搬桌子，将它当作书房的游戏桌（见图 5.1）。宁宁“妈妈”在整理好床铺后，来到书房开始玩宝宝的玩具……在大家的共同努力下，娃娃家创设好了。但幼儿很快发现了问题：卧室的柜子和床挨在一起，几张桌子斜着摆在娃娃家中央，用作隔断的玩具柜横七竖八地散落在娃娃家四周。大家忙活了半天，布置出来的娃娃家仍有些混乱。

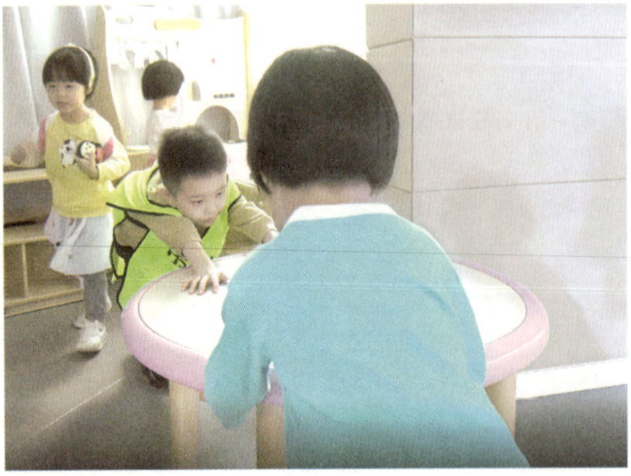

图 5.1

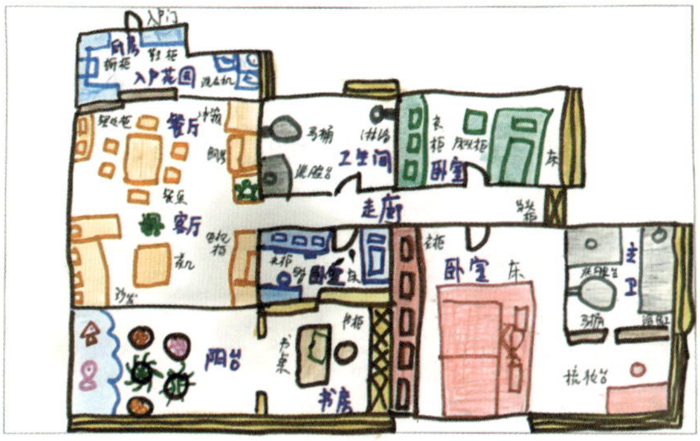

图 5.2

莉莉说：“我们摆的娃娃家太乱了，都没有娃娃的房间了。”教师问：“怎样才能把娃娃家摆好呢？”乐乐说：“我们可以照着设计图摆，我们之前画了家庭房间布局图（见图 5.2）。”教师问：“一次摆这么多房间可不是件容易的事情！有什么好办法吗？”环环说：“我们一间房一间房地摆吧。”“先摆哪一间呢？”教师问。晨晨说：“先从门口开始摆。”大家共同调整后，娃娃家初现雏形。看着自己布置好的娃娃家，大家拍起了手，并给娃娃家起了个好听的名字“爱心娃娃家”。（见视频“幼儿合作布置娃娃家”）

幼儿合作布置娃娃家

游戏解读

经验解读

游戏前期，幼儿有和爸爸妈妈一起画“家庭房间布局图”的经验，对家庭生活情景、家庭结构、家庭生活等有一定的了解。《指南》社会领域“社会适应”子领域目标 3 的典型表现指出，3—4 岁幼儿“知道和自己一起生活的家庭成员及与自己的关系，体会到自己是家庭的一员”。卧室、厨房、客厅、阳台等是幼儿每天生活的空间，幼儿对其布局、物品都有所了解，他们常看到妈妈系围裙、爸爸扎领带以及爸妈洗衣服、晒衣服等画面。这些生活经验进一步转化为他们的游戏表现，他们在游戏中再现了“上班、做饭、洗衣服”等角色行为和生活情景。

问题解读

由于小班幼儿的生活经验有限，其角色意识不太稳定，因此，在游戏中出现了“幼儿一会儿扮演‘妈妈’在卧室铺床，一会儿扮演‘宝宝’去书房玩耍”的情况。同时，他们的空间感知能力也处于启蒙阶段，在创设娃娃家时，幼儿会出现空间认知冲突，导致房间布局不合理。

需求解读

情感上自愿是判断幼儿在游戏中有无自主性的重要因素。小班幼儿虽然年龄不大，但他们都愿意自主选择角色、自主装扮、自主布置场地等，表现出对角色游戏的浓厚兴趣。

游戏支持

1. 关联幼儿的经验，激发他们的自主意愿

《评估指南》指出："发现和支持幼儿有意义的学习……拓展提升幼儿日常生活和游戏中的经验。"教师在了解幼儿关于"家"及"家庭成员"已有经验的基础上，利用熟悉的生活场景帮助幼儿有效关联生活经验，将其转化为游戏经验。首先是帮助幼儿关联角色形象，如投放围裙、发卡、裙子、领带等典型的角色服装、饰品，激发幼儿自主扮演的兴趣，帮助幼儿明确游戏中扮演的角色；其次是帮助幼儿关联生活场景，如针对"娃娃家太小了""娃娃家布局乱了"等场地创设问题，教师及时组织幼儿现场参观，梳理自己的家庭生活经验，引导幼儿按布局顺序摆放，增强幼儿自主创设环境的成功体验，为后续角色游戏的顺利开展做好准备。

2. 充分尊重和信任幼儿，创设宽松的环境

教师一直保持愉快、亲切的态度与幼儿互动，为幼儿自主独立地开展游戏提供宽松的心理环境。例如：教师提出"你们觉得娃娃家需要哪些房间？你们想做些什么呢？""怎样可以把娃娃家摆好呢？"等问题，鼓励幼儿大胆表达游戏想法；在幼儿尝试创设娃娃家的环境时，教师摒弃"小班幼儿年龄小、力气小、空间感不强"等固有认知，充分相信、大胆放手，给予幼儿自主挑战的机会。在游戏中，幼儿沿着"发现物品摆放问题—通过回顾家庭房间布局图等获取新经验—再次调整布局"的路径，最终完成了娃娃家的布局，提升了空间意识以及社会交往、语言表达等多种能力。

谁家的宝宝一个人呀？

游戏观察

娃娃家的厨房里来了抱着"宝宝"的兰兰"妈妈"，"妈妈"把"宝宝"放在宝宝椅上（见图 5.3），对"宝宝"说："妈妈去给宝宝做饭，你乖乖坐好，等妈妈哦。"说

完转身去做饭。扣扣“爸爸”来到了厨房，看到“宝宝”坐在宝宝椅上，四处看了看，拿着创可贴走过来，开始照顾“宝宝”。“妈妈”双手端着一盘做好的菜走过来，看到“爸爸”在帮“宝宝”贴创可贴，于是放下盘子说：“这是我的宝宝，我来照顾她。”“爸爸”说：“我看到她坐在宝宝椅上，旁边没有人，我以为这个宝宝没有人照顾。”“妈妈”说：“我刚才去给她做饭了，所以才让她在宝宝椅上坐一会儿。”“爸爸”说：“就算是宝宝椅，也不能让她一个人坐着，她一个人会害怕的。”“可是我要做饭呀。”“妈妈”大声说。“爸爸”“妈妈”为“宝宝是谁的、由谁来照顾”的问题争起来了，“宝宝”这时掉到了地上。教师走过来故意问：“谁家的宝宝哭了，发生什么事啦？”“爸爸”说：“妈妈让宝宝一个人坐在椅子上。”“妈妈”马上说：“我做饭去了。”旁边的薇薇说：“要不这样，在妈妈去做饭的时候，请爸爸或者奶奶看一下宝宝吧。”教师问“爸爸”和“妈妈”：“这样安排，宝宝会不会更开心？你们觉得呢？”“爸爸”“妈妈”互相看了一眼，点点头。

图 5.3

游戏解读

经验解读

小班幼儿在角色游戏中通常会愿意担任占主导地位的角色，如爸爸、妈妈、哥哥、姐姐等。游戏中，两名幼儿都表现出了照顾“宝宝”的意愿，也比较清楚“爸爸”“妈妈”的角色职责，其责任心比较强，角色意识清晰。

问题解读

小班幼儿的游戏兴趣和注意力不太稳定，多以自我为中心，合作意识不强，对玩具、材料和动作感兴趣，较少考虑游戏情节的发展和角色之间的关系[①]。游戏中兰兰、

① 陈文聪，邓瑶．我们不愿意当顾客：解读小班幼儿角色扮演行为背后的秘密［J］．学前教育（幼教版），2022（9）：25-27．

扣扣不愿意共同照顾“宝宝”，都强调“这是我的宝宝”，这说明其自我意识强。游戏中，两名幼儿在照顾“宝宝”的情节中，专注于游戏的时间较长。但是，当需要分工合作时，幼儿易发生争执，没有针对角色、情节进行沟通与协商。

需求解读

从幼儿争执的问题可以看出，他们渴望与外在世界互动，喜欢扮演照顾者的角色，从而表现自己，但当遇到人际交往的问题时，他们因经验不足、语言表达受限等而与同伴产生矛盾。该案例说明：幼儿对游戏抱有浓厚的兴趣，也尝试根据自己的经验提出想法；他们的社交经验不足，需要在成人的引导下用协商、合作的办法解决问题，丰富人际交往经验；他们需要新经验以拓展游戏的主题、情节和内容，感受被照顾一方“宝宝”的感受，丰富角色体验感。

游戏支持

1. 结合游戏情境，丰富幼儿的移情体验

随着幼儿的社会经历及生活经验的不断丰富，他们站在他人的角度思考和解决问题的能力慢慢增强。《指南》社会领域“社会适应”子领域目标 3 的典型表现指出，3—4 岁幼儿“能感受到家庭生活的温暖，爱父母，亲近与信赖长辈”。角色游戏是幼儿的真实生活的缩影，娃娃家的游戏环境是温馨有爱的，教师应结合游戏情境引导幼儿换位思考，体会“宝宝”掉在地上没人照顾时的感受，在移情体验中不断提升幼儿对同伴情绪的感知，强化他们与角色相关的情感与责任感，增强他们对家的安全感、归属感，帮助体会爱家人、爱家庭的情感。

2. 利用多种途径，提升幼儿的交往技能

《指南》社会领域“人际交往”子领域目标 2 的教育建议指出：“当幼儿与同伴发生矛盾或冲突时，指导他尝试用协商、交换、轮流玩、合作等方式解决冲突；利用相关的图书、故事，结合幼儿的交往经验，和他讨论什么样的行为受大家欢迎，想要得到别人的接纳应该怎样做。”在后续的游戏回顾与分享环节及其他课程活动中，教师可通过协商讨论、集体教学、图书阅读等，引导幼儿体会合作的重要性，学习谦让、分享、互助。

爸爸可以照顾宝宝吗?

游戏观察

左左在选择了“爸爸”的角色后，来到服装装饰区。他先选了一条围裙，在身上比画着大小，将围裙套在脖子上，然后抱着娃娃来到卧室。他把娃娃放在床上，用手拍了娃娃两次，帮助娃娃盖好被子后，来到卧室一侧的餐边柜旁，开始给娃娃泡奶（见图5.4和视频“‘爸爸’照顾‘宝宝’”）。笑笑看了左左一眼，继续在化妆镜前化妆。左左把奶瓶拧开，拿起开水壶往奶瓶中倒水，然后盖紧奶瓶。左左单手拿着奶瓶使劲上下摇动，然后来到床边抱起娃娃给娃娃喂奶，一边喂一边对娃娃说：“宝宝，喝点奶再睡吧。”

图 5.4

游戏回顾环节，姗姗提出了自己的意见：“我看到左左在给小宝宝泡奶，那是妈妈做的事。”左左说：“那我不当爸爸了。”丽丽反驳说：“我爸爸也会照顾我呀。”旺旺对着姗姗解释说：“这只是玩游戏，是假的，左左可以给小宝宝泡奶。”

“爸爸”照顾“宝宝”

游戏解读

经验解读

游戏中，左左“爸爸”精心照顾“宝宝”，可以看出小班幼儿在“照顾宝宝”时细致认真，有一定的动手能力。同时，幼儿敢于提出意见，表达较清晰，体现出良好的语言沟通能力和师幼关系。

问题解读

幼儿的游戏内容和情节反映了其生活经验和社会认知。从游戏中可以看出，幼儿对角色的职责有初步的认识，如认为照顾宝宝、给宝宝泡奶等是妈妈负责的事。由于小班幼儿正处于性别认识初期阶段，因此有幼儿提出宝宝“应该由妈妈照顾”，体现了其对性别及相应行为的认知有一定的局限性。

人格发展理论认为，3—6岁幼儿处于主动感对内疚感的阶段，这个阶段的幼儿自主意识强，但当与他人的认识产生冲突时，幼儿会产生内疚感和失败感。如本案例中，左左在同伴提出“给小宝宝喂奶是妈妈做的事”时，会对自己的选择产生怀疑。

需求解读

从“那是妈妈做的事”“我爸爸也会照顾我呀”“这只是玩游戏，是假的，左左可以给小宝宝泡奶”等对话中能看出，小班幼儿对于“爸爸能不能照顾宝宝”这件事情的认识是比较模糊的。当同伴质疑时，幼儿产生了退却的心理，在游戏中情绪变得低落。在多元化的社会中，教师面对“是与否”的问题时，不必过早给予答案，应从解析幼儿的行为和心理需要入手，发现游戏行为背后的初衷，了解幼儿的真实想法后再给予支持。

游戏支持

在社会文化日趋多元的大背景下，传统性别角色之间差异正逐渐缩小。一方面，教师应突破自身对性别角色认知的局限，充分倾听幼儿，了解不同的家庭成员结构，树立多元的社会观；另一方面，可挖掘被多元定位的角色背后优秀的人格品质，如细致、专注、责任心、奉献等。在孩子建立性别认同的关键期，教师本身应打破性别刻板印象，根据幼儿的个性有针对性地进行引导，基于多元文化背景，为幼儿提供多样的角色榜样，培养幼儿开放和包容的态度，实现正确的自我认同。另外，教师可以经常组织幼儿进行户外锻炼和室外游戏，让幼儿在活动中体验力量、安全感等，从而弥补缺少男性教师引导带来的不足，使幼儿顺利实现性别角色认同的发展。

我不想当爷爷了！

游戏观察

七七今天选择扮演爷爷。他戴了一顶白色的自制假发，并用一个用口罩做的假胡子装扮自己。他进入娃娃家后就坐在沙发上，拿了一本画报翻看。2分钟后，他把画报放回原位，然后坐在沙发上假装看电视。1分钟后，七七转头四处看，在茶几上翻找什么又放下，最后他看中了小车子，开始推着车子到处跑。

在游戏回顾环节，七七提出："当爷爷不好玩，我不想当爷爷了。"教师问："发生了什么事情吗？"七七耷拉着头说："爷爷每天只能假装看电视、看报纸，没有意思，而且没有人陪我玩。"教师追问："那你觉得要做什么才有意思呢？"七七说："我觉得要是我真的能在客厅吃东西就好了，我爷爷就喜欢嗑瓜子。"

游戏解读

经验解读

小班幼儿正处于语言发展的关键期。在扮演爷爷的游戏中，根据生活经验，幼儿很清楚"爷爷"这一角色每天会做的事情。在尝试后，幼儿能用简短的语言表达自己的想法，即"没有意思，不想当爷爷了"。

问题解读

小班幼儿的游戏持续时间较短，尤其是在材料、情节或主题无更迭变化的情况下，幼儿容易失去兴趣。游戏中，七七对扮演爷爷的兴趣只维持了几分钟，便很快被其他事物吸引，无法专注于扮演爷爷的游戏。

需求解读

幼儿的游戏情节来源于生活，幼儿的生活经验越丰富，游戏情节就越丰富，游戏水平也就越高。七七通过对家中爷爷的日常观察，熟悉了爷爷的一日生活活动。"要是我真的能在客厅吃东西就好了"等表述，说明他想要在游戏中将真实的日常生活反映出来。

游戏支持

1. 借助于家园共育，丰富幼儿的经验

《评估指南》指出："幼儿园与家庭、社区密切合作，积极构建协同育人机制，充分利用自然、社会和文化资源，共同创设良好的育人环境。"在本案例中，教师联动家长，帮助幼儿积累关于"家"的丰富认知。一方面，教师鼓励家长引导幼儿初步认识各个家庭角色的典型特征，模仿家庭成员的行为，做力所能及的家务，从而体验家庭成员的角色，了解不同角色存在的意义与承担的责任。在此过程中，幼儿对爷爷这一角色的认识更加深刻。另一方面，教师鼓励家长引导幼儿细致观察并体验家庭成员的生活，感受家庭成员之间相亲相爱的情感。在游戏回顾环节，师幼通过共同讨论

“爷爷奶奶平时都干什么？”“你怎样关心爷爷奶奶？”等问题，唤醒幼儿的生活经验，引起幼儿的情感共鸣，从而持续深入地开展游戏。

2. 投放真实的材料，创设开放自然的游戏环境

3—4岁幼儿的思维处于从直觉行动性向具体形象性过渡的阶段。形象的实物更容易引发小班幼儿动手操作的兴趣，从而提升其生活技能和动手能力。教师可以请幼儿把其熟悉的、真实的材料（如花生、核桃和剥核桃的工具等）从家里带到幼儿园。真实的材料不仅能够唤醒幼儿的生活经验，使其自发、自主、自由地进行游戏，而且能帮助其获得大量的直接经验（见视频“幼儿使用游戏材料”），支持其快速投入游戏角色与游戏状态，增强游戏体验。

幼儿使用游戏材料

* * *

从家庭生活迈入幼儿园这个集体，是3—4岁幼儿人生中的一个转折。从一个熟悉的环境到一个陌生的地方，幼儿非常需要安全感。娃娃家中有他们熟悉的家庭成员角色、家庭场景等，教师通过鼓励幼儿在娃娃家模拟日常的家庭生活，能够从心理、情绪等方面帮助幼儿顺利度过入园焦虑期，获得良好的情绪体验。在小班角色游戏“爱心娃娃家”中，教师立足幼儿视角，从幼儿的兴趣与需要出发，倾听幼儿内心的声音，鼓励幼儿自主选择角色、自主创设游戏环境，积极参与同伴互动。通过材料支持、交流讨论、整合资源等方式，教师关注并满足幼儿在认知、社会性、语言和情绪情感等方面的发展需求，促进幼儿全面、和谐地发展。

（作者：湖南省长沙市人民政府机关第二幼儿园　吴斌；指导教师：陈浩军）

案例六　玩转水果

幼儿认识了许多不同的水果，如苹果、哈密瓜、西瓜、橘子、葡萄、草莓、香蕉、火龙果、柚子、菠萝、梨等。水果成为他们最亲密的伙伴之一，带给他们美好的味觉体验和快乐，水果的多样性也为他们的游戏和探索提供了丰富的资源。陈鹤琴指出："幼儿园课程的组织既要适应儿童的需要，又要以生活为主体。"[①]《纲要》强调："幼儿园教育应尊重幼儿的人格和权利，尊重幼儿身心发展的规律和学习特点，以游戏为基本活动，保教并重，关注个别差异，促进每个幼儿富有个性的发展。"基于幼儿的兴趣，我班开展了一系列玩转水果的游戏，从初探水果到自助水果，从玩转果皮到寻找果种，我班教师捕捉生活细节并深挖它们，推动幼儿游戏的发展，锻炼幼儿的身体动作，提高其多方面的能力。

初探水果

游戏观察

小朋友在品尝橘子。"我剥不开，你可以帮我剥开吗？"小北向正在吃橘子的辰辰求助。辰辰二话不说，拿起橘子，用手指使劲在橘子上戳了个洞，然后沿着洞剥开了一层橘子皮（见图 6.1）。小北用橘子皮摆了个酷似小人儿的造型。佳佳说："我喜欢橘子皮的味道，它闻起来香香的。"

图 6.1

吃红心火龙果时，幼儿被同伴染红的嘴唇惹得哈哈大笑，其间有小朋友跑来向教师提问。师幼共同设计了"水果宝宝知多少？"亲子调查问卷，把大家想知道的问题放进问卷中。回收的问卷表明（见图 6.2）：不同的

① 陈秀云，陈一飞．陈鹤琴全集：第 2 卷［M］．南京：江苏教育出版社，2008：29．

水果有不同的颜色、形状、种子和营养价值；果皮有不同的用途，除了可以用来制作剪贴画外，还可以用来做成凉拌菜、打成果汁、制作堆肥，或者晒干被当作药材用等。

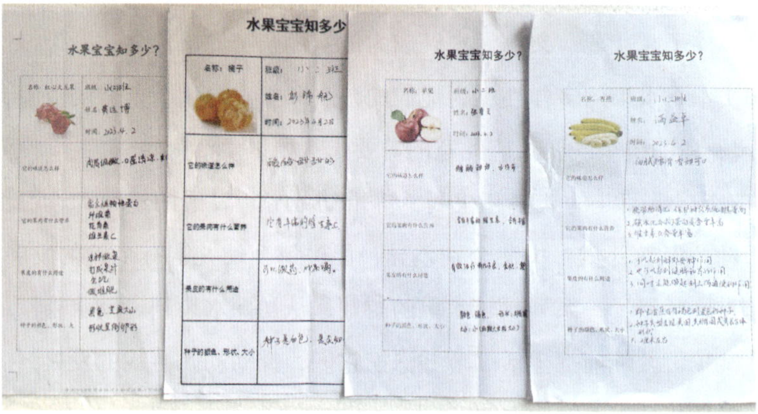

图 6.2

图 6.3

玥玥拿起刀具，先将火龙果横着切开，取出中间一整块，再把模具印在上面得到不同形状的果肉，并把它们放在了白瓷盘里，随后剥开金钱橘的皮，制作了一份水果拼盘。诗然、远博、铭铭、逸宸和佳佳看见后也来帮忙，逸宸双手拿着切果器切苹果，3 分钟过去了，切果器从顶部落到苹果 4/5 高的位置，他弯着腰不断地用手按压（见图 6.3）。

游戏解读

经验解读

幼儿吃过多种多样的水果——有的带皮，有的不带皮。带皮的水果中有的容易被剥开，有的剥不开，且水果的颜色、形状、气味、触感各不相同。在吃水果的过程中，幼儿自主取水果、剥水果、摆弄水果皮、品尝水果，在与水果的多样互动中，感受着水果的特征，不仅提高了自理能力、动手能力，还锻炼了手部力量和动作协调性。

问题解读

当以小北为代表的部分幼儿剥不开水果皮时，他们能主动向同伴和教师求助，这一方面反映了这些幼儿语言表达清晰、具有一定的社会交往能力，另一方面也反映了这些幼儿的手部精细动作有待进一步发展，手部肌肉力量有待增强。此外，幼儿还遇到了怎样摆更好看的水果拼盘，怎样用切果器切苹果等问题。

需求解读

案例中，小北向辰辰求助，辰辰二话不说就给予小北帮助，反映出幼儿产生了同伴互助的需求。幼儿对果皮的形状和用途产生了好奇，相互讨论后又寻求教师的帮助，这说明同伴之间的交流满足不了幼儿的探索需求。

游戏支持

《指南》指出："要珍视游戏和生活的独特价值，创设丰富的教育环境，合理安排一日生活，最大限度地支持和满足幼儿通过直接感知、实际操作和亲身体验获取经验的需要。"为激发幼儿进一步探究的欲望，围绕"水果还能用来做什么？"这一令幼儿感到疑惑的问题，教师支持和引导幼儿学习用问卷调查的方式探究和解决问题。在观察到幼儿的水果摆盘情况后，教师在操作桌面立起了一块展板，进一步帮助幼儿丰富对各类水果的切法、水果拼盘的摆法的认知。

自助水果

游戏观察

在自助水果时间，锦航、睿文、铭铭为大家准备香蕉。"我不敢用水果刀。"铭铭对旁边的锦航说。"我来切，我用过。"锦航右手拿起水果刀，左手取下刀盖，随后拿起一根香蕉，将其放在砧板上并切成两半（见图 6.4）。接着，他把大段的香蕉拿出来继续切。铭铭看着被切成小段的香蕉问："你这样切，小朋友能吃这么多吗？"锦航想了下说："我

图 6.4

图 6.5

要准备一些奇怪的香蕉给他们看一下。”听后，铭铭开始帮锦航挑选大段的香蕉，并递到他手上说：“这些也要切。”

“切得再小一点，这样他们就可以添了，我切对了！”锦航说。睿文把切好的香蕉放进盆里，2 分钟后一个盆装满了，她就用夹子把香蕉分装到其他两个空着的盆里，如果香蕉掉落了，她就捡起来，重新夹，如此重复（见图 6.5）。

备好水果，其他小伙伴洗了手，都来品尝“小号香蕉”。锦航也吃了起来，笑着添了四次香蕉。佳佳来添香蕉，她的食指、中指和无名指贴着水果夹一边，大拇指贴着水果夹另一边，小拇指翘在空中，反复尝试下，终于把香蕉夹起来了。

游戏解读

经验解读

有时年龄小的儿童也会运用策略，最明显的情况是儿童在自己所熟悉的情境下要求自己完成熟悉的任务[①]。睿文在准备水果时，对水果夹的使用不太熟悉，因此要求自己反复把掉落的香蕉放回盆里，再次使用水果夹夹起。如果不针对策略提供教学，儿童常常通过反复完成一项任务来发现一种策略，虽然不是最有效的[①]。游戏中锦航有用水果刀切水果的经验，而铭铭没有，于是锦航拿起了水果刀，这让我们看到，他敢于尝试并乐意用自己的本领力所能及地为大家服务，从而获得成就感。铭铭的安全意识很强，在不确定自己是否能安全使用水果刀的情况下选择支持同伴，帮助同伴递水果。

问题解读

幼儿的自主、服务意识有了一定程度的提升，但个别幼儿的自理能力有待进一步提高；幼儿的精细动作得到了一定锻炼，但个别幼儿使用水果夹、水果刀的能力有待进一步发展。

---

① DAMON W，LERNER R M. 儿童心理学手册：第 4 卷：第 6 版［M］. 林崇德，李其维，董奇，译. 上海：华东师范大学出版社，2015：584.

需求解读

幼儿重复夹香蕉、放香蕉，感受到自主自理的喜悦。幼儿通过夹、放香蕉的重复动作不断获取使用水果夹的经验。锦航把香蕉切得更小，在遭到同伴的质疑后，用更合理的解释赢得了铭铭的支持，并在完成任务后给予自己语言上的肯定。

游戏支持

教师第一次在该处投放水果刀，活动全程教师一直站在旁边，随时关注幼儿的游戏状态，确保游戏中幼儿的安全。教师在全部幼儿品尝了水果后，用语言引导幼儿帮助他人，并对锦航的勇敢尝试予以鼓励，对铭铭较强的自我保护意识表示认可，还帮助睿文梳理夹取香蕉的经验，即手拿水果夹的位置不同，用水果夹夹取香蕉时需要用的力气不同。

玩转果皮

游戏观察

航航吃香蕉时一手端着餐盘，一手指着因切面贴在餐盘上而立起来的香蕉说："老师，你看，这像不像帆船？"教师面露微笑，点头表示肯定。吃完哈密瓜，尊尊端着瓜皮来到垃圾桶前，看着满满当当装着哈密瓜皮的垃圾桶，告诉教师："垃圾桶都装不下了。"这引来一堆小朋友围观。果皮还可以用来做什么呢？

果皮是可以转换的资源。师幼一同收集了梨、苹果、香蕉、火龙果、橘子等带不同皮的水果，还有养生壶、簸箕、削皮刀、砧板等一些常用的工具，约好一起玩转果皮。

场景一：活动刚开始，教室里突然传来很大的争论声，只见惠钦、思彤、熊熊三人正抢着要用削皮刀。惠钦大声告诉思彤："我第一个玩，然后轮到你。"熊熊赶紧说："削皮刀是我先拿到的，是我的。"三人谁也不让谁。教师走过去，路过他们身边时比画了"石头、剪刀、布"的动作，惠钦看到了。不一会儿，只见思彤和熊熊在猜拳，惠钦坐在中间当裁判。

场景二：航航摆弄着玥玥剥下的橘子皮，用塑料刀切出一块不太标准的三角形。睿睿看见后，把手里制作好的彩泥小人儿放在三角形橘子皮上。航航和睿睿看着作

图 6.6

品笑起来，并邀请教师一同欣赏他们合作的“披风小人儿”。教师说：“它的眼睛是闭着的吗？怎么看不见眼睛呢？”航航连忙拿起黑色记号笔给小人儿添上了眼睛，这下“披风小人儿”更加神气了。

场景三：前几天吃橘子剩的橘子皮被晒得微干。尊尊一把端起簸箕，诗悦从簸箕中拿了一块橘子皮闻了闻，闭上眼睛微笑，一副很享受的样子。在直饮水池边，他们搬来了一张桌子，放上了养生壶，在里面放入橘子皮和水（见图 6.6），并请教师帮忙插上电。

剥果皮，吃水果，做水果拼盘，晒果皮，泡果皮茶，小朋友们玩得不亦乐乎。

游戏解读

经验解读

3—4 岁幼儿处于从平行游戏向联合游戏过渡的阶段，由各玩各的很少交流到分享玩具、交换材料，但是他们只关注自己的目标、不会为了实现共同目标而合作[①]。《指南》语言领域“倾听与表达”子领域目标 2 的典型表现指出，3—4 岁幼儿“愿意表达自己的需要和想法，必要时能配以手势动作”。惠钦、熊熊在争夺削皮刀时能用简短的语言表达自己的需求，体现出小班幼儿的年龄特点。惠钦、熊熊和思彤三人遇到问题时能相互沟通，自己主动想办法解决，体现了他们对良好的人际关系与社会交往的适应。幼儿在简单的重复中也获得了使用刀具、开展果皮游戏的经验。

问题解读

幼儿在游戏中遇到了一个问题，即：谁先使用削皮刀？虽然他们努力沟通，但鉴于人际交往经验有限，最终还是借助于老师的支持来解决问题。

需求解读

在该阶段的游戏中，幼儿需要自由探索的宽松环境；需要发展手部力量，锻炼手部精细动作。此外，幼儿还有同伴交往的需求，如航航通过摆弄玥玥的操作材料试图

① 谢弗. 儿童品格的由来：第 6 版［M］. 陈会昌，译. 北京：人民邮电出版社，2021：583-585.

加入游戏，睿睿与航航不经意的合作让水果皮和彩泥小人儿“活”了起来。

游戏支持

看见惠钦与熊熊争夺削皮刀时，教师的手势给了惠钦暗示，较好地帮助他们解决了如何轮流体验的问题。在教师的语言引导下，幼儿使用更多的材料进一步丰富作品的外观，如航航使用黑色记号笔给“披风小人儿”添上了眼睛等。

寻找果种

游戏观察

自助水果时间，欣妍在夹到香蕉后指着被切开的香蕉中心的小黑点，告诉教师：“香蕉的种子在这里。”（见图 6.7）受她影响，小朋友们各自选择了一两种水果去找种子。熊熊用刀切了切桂圆的果壳，没切开，而后用食指指甲撬了撬壳，没撬开，最后用双手的大拇指、食指和中指用力挤压，随后举起剥开壳的桂圆，告诉教师：“我知道这里面藏着它的种子。”（见图 6.8）

明恩右手握着塑料水果刀，用刀尖挑出火龙果的种子（见图 6.9）。雨玄选择了一颗李子，咬开后发现一个硬硬的核（见图 6.10）。尊尊先用手剥了剥杧果，没剥开，随后用牙齿咬了咬杧果皮，接着用水果刀切开杧果皮（见图 6.11），用手抠出果肉大口吃掉，留下杧果核，一边说“杧果肉真好吃”，一边问“这就是杧果的种子吧？”。

“草莓的肚子里没种子啊？”霏霏看着教师问（见图 6.12）。教师追问了一句：

图 6.7

图 6.8

图 6.9

图 6.10

图 6.11

图 6.12

"草莓身上黑色的小点点是什么呢？"坐在旁边的昱宏指着小黑点，大声告诉霏霏："这就是草莓的种子呀！""这种子真小啊。"

"我找到了李子的种子。""火龙果的种子是黑色的小芝麻。""波罗蜜的种子真大。"……幼儿使用不同的工具切开水果，找到了种子。看着盘子里颜色、形状、大小各异的种子，潼潼像在思考着什么。

游戏解读

经验解读

幼儿知道常见的水果（如苹果、李子、梨、哈密瓜、西瓜等）的种子一般藏在果肉里，个头偏小且坚硬不能吃，于是就认为水果果肉里体积最小、最硬、不能吃的部分是种子。所以，霏霏在面对草莓这一能直接全部吃掉的水果时不知所措，因为根据以往的经验她不知道种子可以裸露在外面，也不知道有些种子可以吃。游戏中幼儿能使用不同的寻找水果种子的方法，例如：咬开杧果，咬开李子，切开火龙果、橙子，等等。

问题解读

在工具的使用上，部分幼儿对水果刀感兴趣，选择先用水果刀尝试切开水果。而实际上，水果刀不一定适合用来切开所有水果。熊熊在探寻桂圆种子时，由使用水果刀到使用指甲，再到使用手指挤压的力量，这一过程是熊熊探索用适宜的方式打开水果皮的过程。

需求解读

在寻找种子的过程中，幼儿渴望直接吃掉果肉；在幼儿找到不同颜色、形状、大小的水果种子时，潼潼陷入了思考。根据种子的特殊属性，后续教师可以在游戏活动中为幼儿提供种植材料，便于幼儿探索水果的种植。

游戏支持

教师在游戏中为幼儿提供了数量充足、形式多样的工具，便于幼儿自主选择。昱宏用语言帮助霏霏找到了草莓的种子，霏霏获得了有的种子裸露在果实外面的经验。后期教师可以在班级开展与种子相关的系列活动，帮助幼儿进一步认识种子、对种子进行分类、收集种子以及播种种子。

* * *

回想起小朋友们刚入园时，不懂得如何排队，不懂得如何使用水果夹、小铲子等工具，常常将水果夹到盘子外，甚至因为夹不上水果，心急得直接用手抓……通过玩转水果这一游戏，幼儿与水果充分互动，在与水果亲密接触的一个学期里，他们对原本陌生的环境产生了信赖，适应了排队、沟通、商量的氛围。小班下学期，大部分孩子已经能准确地将水果夹进盘子，而且夹到水果的用时也变短了。

著名教育家陶行知主张："在生活里找教育，为生活而教育。""教育应该以生活为中心，在生活中实施教育，以游戏式的教育解放幼儿的天性。"[①]玩转水果这一游戏将生活中的教育资源用到了极致，孩子们的积极性、自理能力、使用工具的能力、解决问题能力、语言表达能力和社会交往能力都在一步步提高。

（作者：湖南省湘西土家族苗族自治州幼儿园　周羽；指导教师：樊竹筠，杨明）

---

① 陈秀云，陈一飞．陈鹤琴全集：第2卷［M］．南京：江苏教育出版社，2008：29．

案例七　探秘迷宫

班上幼儿对神秘、多样、看似复杂的迷宫产生了兴趣。“蚂蚁的洞穴好像迷宫呀！”“我玩过迷宫，里面有很多条路。”……幼儿在交流的过程中对迷宫的认识逐渐深入，于是开始了探秘迷宫之旅。

在探秘迷宫之前，班上幼儿能辨认并尝试走简单的迷宫，但对迷宫的具体构造、通过迷宫的策略缺乏深入的认识和了解。同时，3—4 岁幼儿的认知依靠行动，他们需要通过自主探究、交流、讨论、多元表征获得对迷宫整体结构的完整认识，并通过操作发现通过迷宫的方法，以提升观察、操作和反思等能力。本游戏中，幼儿尝试将科学经验与建构技能相连接，在探秘中丰富对迷宫游戏的认知、科学经验和建构技能。

迷宫长啥样

游戏观察

区域游戏中，幼儿发现“小鱼回家”的材料和迷宫有着共同点（见图 7.1）。墨墨说：“小鱼回家的线路好像迷宫啊，线路都是弯弯的，一不小心就容易走错！”梭梭说：“我家里的迷宫也是这样的，有很多条路。爸爸和我一起玩的时候经常走错，结果就出不去了。”

图 7.1

观察到幼儿通过区域材料迁移迷宫经验，在游戏分享环节教师展示了各式各样的迷宫，幼儿立马相互讨论、交流起来。薇薇问：“这就是迷宫吗？它有两个口子，是做什么的呀？”辰辰说：“那是起点，就是出发的地方，你要想办法通过它找到终点。”……

接着，幼儿尝试挑战了几张符合自身能力水平的简单迷宫图（见图 7.2）。沐沐说：

图 7.2

"小朋友们要从迷宫的入口开始，找到出口才算挑战成功。"九儿说："迷宫的线路有方方直直的，还有圆圆的和弯弯扭扭的。"毛豆说："原来迷宫还可以变造型，我想挑战走一个爱心形状的迷宫！"

游戏解读

经验解读

《指南》科学领域"科学探究"子领域目标 2 的典型表现指出，3—4 岁幼儿"对感兴趣的事物能仔细观察，发现其明显特征"。此阶段游戏中幼儿的发现，让他们对迷宫产生了浓厚的兴趣。在游戏后的分享过程中，幼儿通过观察、讨论、操作等方式，对迷宫有了初步概念，对迷宫的造型和线路等也有了进一步的认识。

问题解读

3—4 岁幼儿的观察和空间思维能力尚处于发展中。此阶段，幼儿对迷宫的"入口与出口""通道"等产生了好奇和疑问，他们通过请求教师的帮助来认识迷宫线路弯弯绕绕的特点，通过与同伴交流来获得要从迷宫入口走到出口才算成功的新经验。

需求解读

幼儿对迷宫的兴趣引发了他们对迷宫的深入探索。露丝・威尔逊（Ruth Wilson）提出："成人的角色是为儿童准备环境和提供他们所需要的信息、想法、鼓励和资源。"[①]在此阶段的游戏中，幼儿要通过充分感知、直观体验来了解迷宫的形状、结构和线路等方面的特点及其之间的联系；当幼儿有了自己的发现并愿意分享交流时，他们需要教师积极的回应和鼓励。教师及时的反馈能给予幼儿自信感和成就感，更能激发幼儿的游戏意愿和兴趣，帮助幼儿顺利找到走出迷宫的方法。

---

① WILSON R. 幼儿园户外创造性游戏与学习［M］. 陈欢，译. 北京：中国轻工业出版社，2020：82.

游戏支持

《指南》指出："要充分尊重和保护幼儿的好奇心和学习兴趣。"此阶段游戏中，教师抓住教育契机，通过游戏中的观察和游戏后的对话，倾听幼儿对迷宫的想法，捕捉其深入了解迷宫的需求，回班后结合图片与幼儿进行谈话，调动幼儿对迷宫的已有经验，激发幼儿进一步探索迷宫的兴趣，推动迷宫游戏继续向前发展。

迷宫的入口与出口

游戏观察

区域游戏中，铭铭先绘制了简单的迷宫图（见图 7.3），再搭建好立体迷宫（见图 7.4），然后邀请身边朋友"走"了起来（见图 7.5）。墨墨观察到铭铭的搭建作品后，也搭建了自己的迷宫（见图 7.6）。

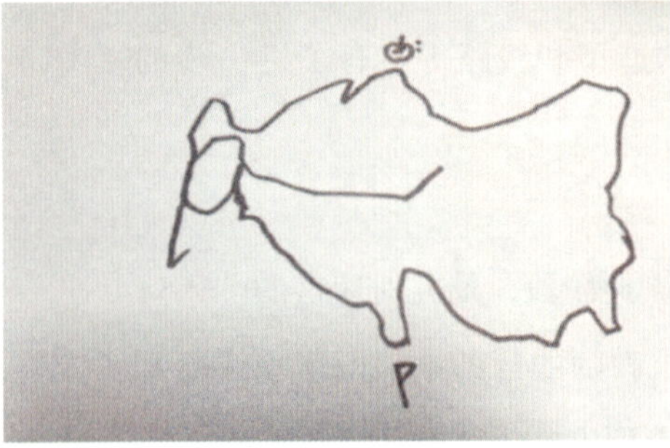

图 7.3

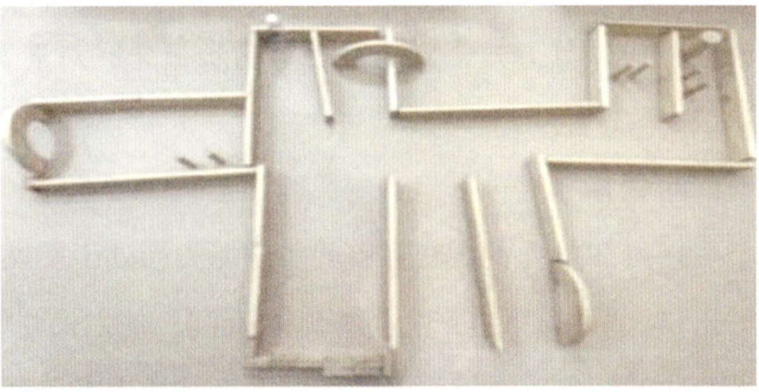

图 7.4

图 7.5

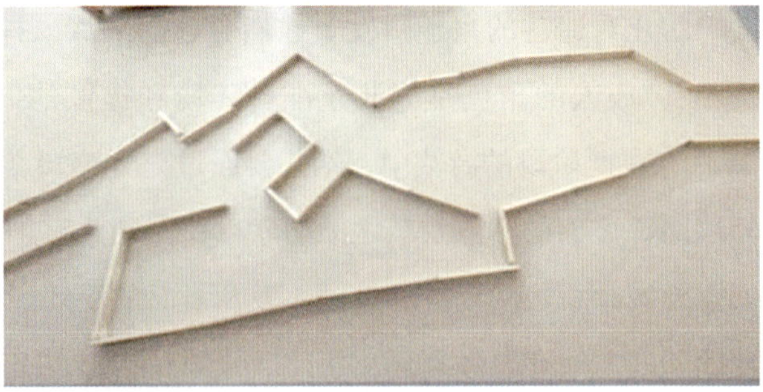

图 7.6

游戏回顾环节，墨墨分享了感受和经验。听完他的分享，其他幼儿也发现了迷宫入口和出口分散排列的位置特点，还发现设计更多的线路会让迷宫游戏变得更有趣。可乐问："迷宫的入口和出口应该在哪里呢？"小宝说："迷宫里面有死路，就是不能走过去的路，通路被挡住了就是短短的了。"谦谦说："你看，还有很多口子，那些口子应该就是通道。"叮叮说："可以改变一下迷宫里面的线路，让方向不一样就更有趣了。"

游戏解读

经验解读

在调整迷宫入口与出口的位置关系时，铭铭和墨墨通过区域的联动，将平面迷宫转变为立体迷宫。在自主设计线路的过程中幼儿不仅需要调动空间逻辑思维，还需要将猜测、记忆、联想、手眼一致等经验整合，才能将纸质迷宫立体地呈现出来。

问题解读

按照区域计划搭建迷宫，说明幼儿的空间思维能力在发展，但因为他们缺乏相关的建构知识和技能，将平面迷宫转化为立体迷宫对其具有挑战性。在搭建过程中，铭铭通过不断调整空间位置、改变积木的组合方式，初步建好了一座迷宫。他将经验分享给其他幼儿，拓展了同伴的迷宫搭建经验，丰富了迷宫游戏的内容和情节，为有相似搭建问题的幼儿提供了有效的解决办法。

需求解读

在制订计划和搭建迷宫的过程中，幼儿围绕"迷宫的入口和出口应该在哪里呢？"这一问题，尝试探索、观察、发现，此时他们的游戏需求不仅仅是走迷宫，还包括拥有自主和自由的空间来进行游戏。教师发现该需求并及时提供充分的时间与空间，跟进幼儿的游戏，推动迷宫游戏向更高水平发展。

游戏支持

教师借助于幼儿的兴趣点拓展他们的经验。当幼儿对迷宫游戏的需求和关注点不仅仅是简单地画一画、看一看，而是更愿意通过搭一搭、走一走来认识迷宫、表现迷宫时，教师及时引导幼儿将关注点集中于立体迷宫，启发幼儿从线路长短、出入口的位置等角度进行观察。通过说一说、走一走迷宫图等多感官操作，教师促进了幼儿对迷宫内部线路和整体构造的深入了解；通过支持幼儿自主搭建，将平面思维转变为立体思维，教师促使幼儿在观察和对比中了解了如何设计不同的迷宫，如调整入口和出口位置、增加线路通道和设置死路等，从而提升游戏的难度和趣味。

搭建室内迷宫

游戏观察

“怎样搭建一座好玩又具有挑战性的迷宫？”是幼儿的新疑惑。他们选择每人一次一块积木随机搭建。锦源说：“我们好像失败了，这里是缺口，没有路走了。”然然说：“连接起来就好了，把两边连起来，让它像条小蛇一样，就有路了。”

接着幼儿进行第二次尝试，室内迷宫逐渐成形，但怎样让室内迷宫变得好玩呢？教师提出：“迷宫线路应该怎样变化？怎样调整积木的位置才会使迷宫更有趣呢？”幼儿继续拿起积木进行延伸并设置不同方向的线路，室内迷宫搭建成功（见图 7.7）。妹妹说：“当发现前面的路是死路之后要返回去找下一个出口。”梭梭说：“在走迷宫的时候要懂得观察，如果小眼睛左看右看，一不小心就会走错。”板栗说：“我们可以去外面搭迷宫，这样迷宫就会大一点，闯关者也就会走得远一点。”

图 7.7

游戏解读

经验解读

在搭建室内迷宫的过程中，幼儿使用连接的方式调整了室内迷宫的形状，并扩充了迷宫的占地面积。有关迷宫的构造特点以及调整入口和出口等直接经验引发了同伴合作、轮流摆放等新经验。幼儿结合已有经验来不断地生发新经验，其游戏水平也在螺旋式上升。

问题解读

此时幼儿已具有搭建立体迷宫的经验，教师需要帮助幼儿丰富搭建室内迷宫的策略。在锦源和然然发现迷宫没有连接成功并进行交谈时，教师在旁边观察和倾听他们；当室内迷宫逐渐成形时，教师提出问题，给幼儿带来了新的挑战。

需求解读

此阶段幼儿围绕“怎样搭建一座好玩又具有挑战性的迷宫？”这一问题进行探索，在幼儿自主自愿搭建的过程中，迷宫的游戏难度逐渐增加，幼儿的游戏兴趣愈发持久，幼儿的创意也得以展现。教师基于幼儿的需求放手游戏，相信其能力，尊重其选择，让幼儿有更多表达和表现的机会。

游戏支持

教师把握时机提出问题，给幼儿带来了挑战。教师通过照片、视频与幼儿交流，帮助他们梳理室内迷宫搭建思路，引导幼儿寻求新的挑战和兴趣点来继续游戏。这样一来，既追随了幼儿应对迷宫挑战的意愿，又激发了幼儿新的探究兴趣，让幼儿在不断的挑战中获得新经验，体验到自信和快乐。

“孩子对于成人直接以游戏者或中介斡旋者身份参与的需求，会随着他们自己维持游戏能力的增加而减少。”① 也就是说在低龄阶段或游戏水平较低的幼儿的游戏中，教师可以根据游戏的实际情况以适宜的方式参与游戏。当幼儿搭建迷宫遇到困难时，教师可以先观察了解，再采用平行介入的方式巧妙地扮演走迷宫的人，引导幼儿发现迷宫线路不完整，并提出合理化建议。整个过程中教师关注幼儿搭建迷宫的进展，引发幼儿自我反思并适时退出，推动迷宫搭建活动的深入展开。

搭建户外单通道迷宫

游戏观察

室内迷宫搭建成功后，幼儿的兴趣愈发强烈，他们还获得了关于搭建空间的意外发现：教室里的迷宫小小的，户外的迷宫大大的。于是他们来到了户外。户外搭建迷宫可以使用哪些材料呢？粒粒说：“可以增加一些垫子、标识桶和轮胎，这样更好玩！”睿睿却提出了“材料很多但如何组合、排列”的困惑。叮叮和小宝赶来帮忙，叮叮自主排列标识桶，小宝用炭烧积木连接通道。睿睿和其他幼儿观察到叮叮和小宝的组

幼儿体验单通道迷宫

① 琼斯，瑞诺兹．小游戏 大学问：教师在幼儿游戏中的作用［M］．陶英琪，译．南京：南京师范大学出版社，2006：57.

图 7.8

合方式后受到了启发，大家共同决定用体育器材搭建一座可以跳一跳、爬一爬的户外单通道迷宫（见图 7.8），并在搭建完后进行体验（见视频“幼儿体验单通道迷宫”）。

游戏解读

经验解读

游戏中，从认识迷宫的特点到搭建简单的迷宫，再到不断尝试搭建多样的户外迷宫，从单一地改变迷宫的线路方向到延伸不同的迷宫线路，幼儿在亲身体验、实际感知和直接操作中逐步丰富着关于迷宫游戏的经验。

问题解读

幼儿通过与同伴、教师、环境和材料的互动，在搭建过程中发现了迷宫的结构、路线、搭建方法等方面的问题，并通过观察、分析、操作等方式解决问题，提升了自己解决问题的能力，建立了勇于探索和敢于尝试的积极情感。

需求解读

在搭建户外单通道的迷宫时，幼儿对材料、场地和同伴互动的需求愈发强烈。教师需要关注幼儿与环境、材料、同伴的互动，观察和判断现有的环境、材料和同伴互动能否满足幼儿搭建迷宫的需要。

游戏支持

随着迷宫搭建活动的深入，教师越来越意识到“观察和分析幼儿的行为表现是教师选择课程内容和组织相应活动的基本前提”①。在搭建户外单通道的迷宫时，教师相信幼儿，充分放手，同时认真观察和分析幼儿的游戏行为。在发现幼儿能够成功地搭建单通道迷宫后，鼓励幼儿搭建多通道的迷宫。

---

① 虞永平．幼儿园课程建设与教师专业成长［J］．中国教师，2020（1）：81-85．

搭建户外多通道迷宫

游戏观察

第二天，幼儿开始搭建具有多条通道的迷宫。幼儿自由选择丰富多彩的体育器械进行连接和延伸（见图 7.9—7.11）。户外迷宫渐渐形成，幼儿开始游戏（见视频“幼儿体验多通道迷宫”）。有幼儿将爬爬垫立起来，形成了一座小房子（见图 7.12），还不断地说：“下雨啦，快来躲雨吧！”

幼儿体验多通道迷宫

图 7.9

图 7.10

图 7.11

图 7.12

游戏解读

经验解读

丰富的体育器械和宽敞的户外空间是幼儿自主学习的支架，他们在游戏中自我表达、自我探索、自我体验和自我创造。在不断尝试搭建迷宫、发现搭建问题及通过与同伴讨论积极突破迷宫难题的过程中，幼儿的迷宫游戏经验在螺旋式递增。

问题解读

户外迷宫的通道只有一条吗？这是幼儿在户外搭建迷宫阶段的疑问，反映出幼儿对迷宫的观察更加细致和全面，并在已有认知下有了新的问题和发现。如何让迷宫有多条通道呢？幼儿想到可以利用不同的体育器械来增加迷宫的通道，还可以通过增加出口等方法来丰富迷宫的通道。

需求解读

在幼儿的世界里，充满好奇的童心总是跃动着灵性，对科学发现的表达也充盈着生命的温度。在搭建多通道迷宫的过程中，幼儿用自己的方式获得发现，完成自我建构。在带着目的和意义搭建迷宫时，他们的搭建技能逐渐提高，对迷宫的记忆、理解、创造得以充分体现，这样的活动方式培养了幼儿专注、坚持、不怕困难、不断探索的学习品质。

游戏支持

董旭花认为：“随着游戏观念的不断转变，教师们已经开始尝试关注幼儿的兴趣和需求。教师可以创设一个较大的游戏空间，投放各种玩具材料，鼓励幼儿自主开展各种游戏，自发建立各种关系。”①在搭建户外多通道的迷宫中，教师通过时间、场地和材料等的多维支持，让幼儿动起来、玩起来、互动起来，满足其构建户外迷宫的需要，也引发了更多的同伴交流和互助。

* * *

迷宫游戏的生发与推进，展现了幼儿的学习是在游戏和日常生活中进行的。对幼儿而言，生活就是教育，教育就是生活。作家毕淑敏曾说：“凡是自然的东西都是缓慢的。太阳一点点升起，一点点落下。花一朵朵开，一瓣瓣地落下，稻谷成熟，都慢得很。那些急骤发生的自然变化，多是灾难，如火山喷发、飓风和暴雨。一个孩子要长大是很慢的。”孩子的成长需要一个过程，我们需要学会等待，让幼儿在合适的时间、地点绽放自己的光彩。正如在探秘迷宫游戏中，生活经验的横向关联、搭建经验

① 董旭花. 幼儿园区域活动68问［M］. 武汉：长江文艺出版社，2020：74.

的纵向连接，生成了孩子连接经验的空间。教师需要平衡介入支持与幼儿自主游戏之间的关系，从儿童全面发展的视角来为幼儿构建一段温暖、灵动的教育旅程。

（作者：长沙师范学院附属经开区幼儿园　周鑫玉；指导教师：罗晓红，陈典）

中班自主游戏

案例八 滚动乐

这段时间，幼儿对于球在感统器材上的滚动很感兴趣，他们不断调整着球的大小以及滚动的位置、力度来比较、探究球滚动的快慢。一次户外自主游戏时，他们看到其他班级幼儿运用攀岩墙、梯子和木板开展滚球游戏，便产生了在操场上自建轨道以开展滚动游戏的想法。他们说："我们也在这里搭一条滚球轨道吧，球滚动的起点越高，球就滚得越快！"

于是，一场关于滚动游戏的实践探索就此开始。在持续游戏的一个多月里，孩子们有计划地寻找适合的游戏材料，探索滚球轨道的搭建方法，建构了从高到矮搭建轨道的经验，实现了让小球滚动起来的愿望，但也发现了球不容易进洞且容易脱轨的问题。随着游戏的深入开展，孩子们逐渐掌握了滚球的秘诀，使球成功进洞的次数变多，初步感知到轨道连接处及坡度与球的滚动速度、路径之间的关系。幼儿的游戏经验不断丰富，游戏兴趣随之提升，游戏也在不断进阶。在幼儿持续进行探索后，游戏又出现了新变化。

搭建双轨

游戏观察

游戏一开始，孩子们从材料区搬来人字梯，简简摆好一个后，对同伴说："我来帮你们。"然后，她用手指着人字梯的横梁数："1，2，3，4。"随后她走到四层人字梯旁，指挥同伴把这个梯子搬过去，将两个人字梯并排靠紧摆放。嘟嘟和另外两个小伙伴则搬来了一个五层人字梯，随后走到另一个五层人字梯旁拍了拍，又指了指两个四层人字梯说："看那边。"三个人推动人字梯，将它们并排靠紧摆放好。"合拢了。"嘟嘟说。地地回应："弄完了。"接下来，孩子们用同样的方式摆好了剩下的人字梯。简简放好轮胎后，说："拿板子去。"嘟嘟取球分给同伴（见图 8.1）。金金搬来板子，先将板子一端搭在二层人字梯顶端，再将另外一端搭在三层人字梯最上方的横杠上，接着继续抬起板子往上搭，程程压着板子说："这样搭可以。"金金仍然继续着，程程推动着二层人字梯，金金成功将板子搭到了三层人字梯顶端（见图 8.2）。简简和小鱼

搭建双轨

搭好另外一块板子后，说："太宽了。"他们推动板子调整宽度，接着移动轮胎说："放中间。"加多宝、地地搬来长板连接剩下的人字梯，他们和简简分别抬着板子的两边和中间，简简边往上抬边说："3，2，1。"加多宝说："长一点。"简简说："往上。"简简往上抬，洋坨站在人字梯上接住板子继续搭建，接着，几人又搭好了另外一块，轨道搭建完毕。（见视频"搭建双轨"）

图 8.1

图 8.2

游戏解读

经验解读

斯特拉·路易斯等人提出了"连接图式"，即对连接物品感兴趣①。游戏中孩子们用木板将不同高矮的人字梯连接起来的行为，让我们看到了"连接图式"在幼儿游戏中的体现。而幼儿合作搬运、合力搭建的游戏行为及过程中的交流——"我来帮你们"，则体现了幼儿具有较强的合作意识。嘟嘟通过语言向同伴示意人字梯的摆放位置，金金和程程通过沟通确定如何搭建板子，这些充分体现了幼儿能运用语言实现游戏目的。游戏中幼儿在合作交往方面的行为表明他们达成了《指南》社会领域"人际交往"子领域的目标。

《指南》科学领域"数学认知"子领域目标 2 的典型表现指出，4—5 岁幼儿"能感知和区分物体的粗细、厚薄、轻重等量方面的特点，并能用相应的词语描述"。游戏中，幼儿按照从高到矮的顺序摆放人字梯，体现出他们对量的特征（高矮）和物体

① 路易斯，贝斯威克，费瑟斯通，等. 认识婴幼儿的游戏图式：图式背后的秘密［M］. 张晖，范忆，时萍，译. 北京：中国轻工业出版社，2019：84.

运动方向的感知；幼儿通过数横梁来判断人字梯的高矮，确定人字梯的位置，也充分体现了数学认知目标的达成。

问题解读

针对游戏前期出现的单轨易导致球掉落的问题，幼儿通过调整支架材料、增加支架数量等策略解决实际问题。当出现人字梯位置摆放不当的问题时，幼儿间的肢体互动（指向已经摆好的人字梯组合）及语言交流，皆体现出他们能基于游戏问题进行调整，并基于一定的计划性来建构双轨。

但是，对于有计划地从高到矮逐级逐层搭建轨道，幼儿没有相关意识，因此，在轨道搭建的过程中出现了板子过长或过短的情况。孩子们挪动人字梯，导致搭好的板子掉落，结果还得从头开始搭建。

需求解读

游戏中，幼儿需要各种高度的人字梯和各种长度的板子，同时其他幼儿也会根据自己的游戏需要自取板子，所以在游戏中出现了板子不够用的情况。这说明他们对材料是有需求的，而这也正是推动游戏继续开展的重要因素。

游戏支持

游戏中教师从儿童视角出发，提供时间、空间，以及低结构、可连接的木制材料，让幼儿在有意义的游戏中持续学习。当幼儿因为材料不够而寻求帮助时，师幼共同讨论出了两种解决方法：一是和其他幼儿沟通，交换使用板子；二是到其他游戏场地拿取所需材料。此过程既培养了幼儿的人际交往能力，又有助于幼儿调取头脑中有关其他游戏场地里已有材料的信息。

游戏后，通过播放游戏视频，教师引导幼儿自己寻找问题，发现木板连接人字梯存在问题的原因，并和幼儿共同寻找解决策略，从而提升了幼儿游戏的计划性，让他们有更多时间进行探索。

另外，需要说明的是，不管是游戏中的即时支持还是游戏后的延时支持，都不是教师代替幼儿解决问题，也不是教师直接提出解决办法。在游戏过程中，师幼宜采用共同讨论的方式来解决问题；游戏后通过回顾游戏过程，教师引导幼儿自主发现问题、解决问题，给予幼儿自主探究和发现的空间。从后续游戏来看，这充分说明倾听幼儿、给予幼儿决策权是重要且必要的！

完善轨道

游戏观察

“可以了。”简简说。洋坨将球放在木板中间，球到木板连接处时弹了出去。程程马上从轨道下钻过去，和小鱼爬上连接处的人字梯。小鱼摸着木板说：“一个高，一个矮。”然后，她用手捶打凸起来的木板（见图 8.3），程程用手推动木板，然后做了个“OK[1]”的手势。简简开始滚球，结果球撞到木板左侧的一角掉了下去。程程继续推动木板（见图 8.4），说：“要一样宽，一样平，好啦！”再次尝试时，球成功通过第二部分，但在下一个连接处时又撞到一角弹了出去（见图 8.5）。小鱼说：“你看这儿，一个高，一个矮。”程程说：“那里本来就是下坡啊。”洋坨挪动木板，小鱼边拿着球滚动边说：“它撞到这里就歪了。”洋坨和墩墩继续挪动木板（见图 8.6），洋坨说：“要碰着这个（木板的连接处）。”接着，小鱼爬上人字梯，程程站在轨道末端，两人一起调整木板，使木板呈“八字形”摆放。小鱼说：“我要开始滚球了。”这次球成功到达终点（见视频“完善轨道”）。

完善轨道

图 8.3

图 8.4

图 8.5

图 8.6

① 表示“可以了”。

游戏解读

经验解读

《指导要点》社会准备之“交往合作”的具体表现指出：“能与同伴分工合作共同完成任务，遇到困难互帮互助。”双轨搭建后的检验阶段，第一次尝试和第二次尝试均出现了球跑偏的情况。孩子们从实践和观察两个角度来推进游戏，发现并解决问题，很好地体现了幼儿之间的分工协作。游戏创造了交往机会和“最近发展区”，帮助幼儿建立了良好的同伴关系。

从孩子们解决问题的过程看，他们一边做一边描述，用语言概括每一个解决问题的动作，语言和行动不分离，这也符合幼儿的思维发展特点——语言伴随动作产生。

问题解读

幼儿基于出现的问题，按照观察—调整—检验—再观察—再调整—再检验的路径发现原因并解决问题。第一次时，幼儿发现了木板的高矮不平问题，于是调整两块木板的衔接处，但问题未得到解决；第二次时，幼儿发现了木板衔接流畅度问题，于是将两块木板的边拉直，使第一个木板连接处的问题得到解决；第三次时，幼儿倾听同伴的表达、观察同伴的解决方法，从而通过将同伴的经验进行迁移，解决了第二个木板连接处的问题，实现了同伴经验共享。在这一过程中，幼儿不断地提出解决方法并通过实践验证，体现了良好的探究能力和思维的灵活性，其学习也在不断地延伸和优化，其问题解决能力也在不断地提升。

需求解读

幼儿提出，希望有很多的时间玩这个游戏。这一方面说明他们在游戏前期的搭建过程中花费了较多时间，另一方面说明他们对游戏感兴趣，希望能有更多时间持续探索滚动游戏，不断生发新的游戏情境与内容。

游戏支持

教师专注于观察游戏，耐心倾听幼儿的对话，适时地做出回应。游戏中，当幼儿发现问题并和教师分享时，教师认可幼儿的发现与想法，鼓励其大胆尝试运用多种方式解决“球脱轨”的问题，有效地提升了幼儿的游戏兴趣和主动性，有助于建立亲密和谐的师幼关系。程学琴认为，为了让幼儿能投入真游戏，保障他们有足够的游戏时间至关重要，有了充足的游戏时间作为保障，幼儿就有机会与环境、材料和同伴进行深度互动，从而满足他们各方面的学习与发展需要[1]。幼儿的游戏时间并不是固定不变的，在此游戏中，前期搭建及完善轨道所花费的时间较长，影响了幼儿的后续探索，导致幼儿无法在有限的时间内体验自己所期待的游戏结果。当幼儿提出“时间需求”时，教师倾听幼儿的表达，根据当下游戏的发展，不打断幼儿的探索，适当延长游戏时间，满足幼儿的游戏需求。游戏后，师幼通过互动，将游戏中的多元经验整合，实现化零为整，为之后的持续探索提供完整的经验链。

合力滚球

游戏观察

简简爬上轨道，脚踩在木板两边说：“我当山洞。”球钻过“山洞”滚了下去。其他几个小朋友也爬上来，有人滚球，有人在中间助力球的滚动，球滚了下去，小鱼接住球说：“轮胎距离好远。”在接下来的探究过程中，程程、小鱼和简简就要不要接球的问题进行了交流并尝试验证（见图 8.7）。

图 8.7

程程说：“用力滚。”小鱼指着轮胎说：“好远。”简简说：“它会飞到这里的。”程程用手比画球的行进轨道说：“它会飞起来的。”简简说：“不需要你拿。”小鱼将球放在木板中间推了一下，说：“你看它不会飞吧！”程程说：“不要拿，一直滚球，球就会直接飞。”

合力滚球

“山洞”越来越多，小鱼开始滚球，结果球在轨道中间掉了下去，简简说：“轨道太宽了，是谁让你把它打开的？”金金从轨道上爬下来，将木板合拢一些。嘟嘟滚球，球成功滚到终点，简简将轮胎立起来，球没有进，孩子们继续着他们的探究。（见视频“合力滚球”）

① 程学琴．放手游戏 发现儿童［M］．上海：华东师范大学出版社，2019：88．

游戏解读

经验解读

中班幼儿心理发展特点之一是他们自己开始组织游戏，4 岁左右是幼儿游戏能力蓬勃发展的时期，该阶段幼儿的游戏情节逐渐丰富，内容多样化[①]。在滚动游戏中，幼儿不仅探索物体的滚动，还自主生发了新的游戏情境——钻山洞，这充分说明游戏激发了幼儿的创造力。

《指导要点》学习准备之“学习习惯”的教育建议指出：“鼓励幼儿积极补充同伴的观点，并说明理由；对别人的观点有不同意见时敢于大胆提出质疑并陈述自己的观点。”游戏中，对于要不要接球的分歧，小鱼用滚球的方式进行了实验，得出球不会飞的结论；程程则基于多次经验提出球在持续滚动中能飞起来的想法，体现了幼儿交际能力的发展。在此过程中，幼儿既表达了自己的想法，也在倾听同伴的想法后自主思考、探究、判断、质疑、说服，表现出幼儿的沟通能力和批判性思维能力。

问题解读

对于要不要接球，幼儿虽然阐述了各自不同的观点，但最后仍没有真正解决该分歧。之所以出现这种情况，一方面是因为对话过程中一方是两人、一方是一人，人数上的不平衡影响了问题的最终解决；另一方面从游戏现场来看，终点目标物体积小且球在滚动时碰壁弹出，导致球飞进“洞”的概率很小。幼儿仅仅将问题落脚在“球”的滚动路径上，而忽视了轮胎的适宜性。

需求解读

“老师，我们要比赛，谁得分最多谁就获胜。”孩子们对于记录得分有需求，并自取了场地中的数字牌记录每一次的得分，尝试用数学计数的方法来统计得分、判断名次。这既能促进幼儿感知数代表的不同意义，又能帮助他们将数学与生活、游戏联系起来。但是，后续孩子们又提出了新的问题：“我记不住那么多分数。”这对幼儿的记忆能力和数学运算能力提出了挑战。

游戏支持

游戏后，师幼针对“计算总分”“记录得分”的需求再次讨论，有的幼儿提出用

---

① 山香教师招聘考编考试命题研究中心．教育理论基础（幼儿园）[M]．北京：首都师范大学出版社，2021：311.

纸笔记录数字来统计得分，还有的幼儿提出运用其他物品（如周围的树叶、教室里的雪花片等）计数，在游戏结束后通过点数计算总分、对比判断名次，为有不同需求的幼儿提供支持。教师认可幼儿的想法，一方面和幼儿共同收集了画板、纸、笔等材料，给予幼儿记录得分的相关支持，同时不限定这些工具的用途，隐性引导幼儿尝试使用它们及时记录游戏、感受、发现等；另一方面鼓励幼儿运用室内外的各种材料来满足游戏中的需求，这样做既凸显了室内外材料的流动互通，也充分体现了低结构材料的多元玩法，激发了幼儿的创造性表现，推动游戏开展。

教师为幼儿提供了他们前期运用四周有挡板的车作为终点开展游戏的照片，以及本次游戏的视频、照片，并针对三名幼儿的分歧组织小组讨论与交流，引导幼儿围绕“球不进洞”这一问题思考原因，迁移运用前期积累的经验，从而解决问题，也为滚动游戏的多元化开展——进洞、击倒目标等提供有效支持。

探究物体滚动

游戏观察

“还有其他能滚动的材料吗？”教师问。孩子们一听，说：“我们去找找看。”他们跑到操场上的各个地方寻找材料。壮壮从建构材料中取来一根木棒，只见木棒在木板上滚动，然后偏离轨道掉了下去（见图 8.8）。他又拿了一根黄色的棍子在木板上滚动，仍然失败。暖暖和几个孩子搬来迷彩圆柱体（见图 8.9），他们将圆柱体举高，递给站在人字梯上的洋坨。洋坨将圆柱体抱住并将其挪到木板上，壮壮边说“往这边来一点”边爬上人字梯推动圆柱体（见图 8.10）。洋坨松手，圆柱体偏离轨道，掉了下去（见图 8.11）。壮壮再次尝试：“3，2，1，开始！”圆柱体成功到达终点并击倒轮胎。孩子们大叫“击倒了！”，之后又进行尝试并获得成功。(见视频“探究物体滚动”)

探究物体滚动

游戏后，孩子们对游戏进行了记录（见图 8.12），师幼进行了“一对一”倾听（见图 8.13），幼儿还与小组成员进行了分享。壮壮说：“我和程程、东东、洋坨、平平一起在操场上搭建轨道让球滚进洞，我们合作将迷彩圆柱体搬了上去。洋坨先试，他没有将迷彩圆柱体放在中心，迷彩圆柱体就掉到地上了。之后，我尝试将迷彩圆柱体滚到中心，击倒了轮胎，我又尝试了一次，又击倒了轮胎，我觉得自己很厉害。”

图 8.8

图 8.9

图 8.10

图 8.11

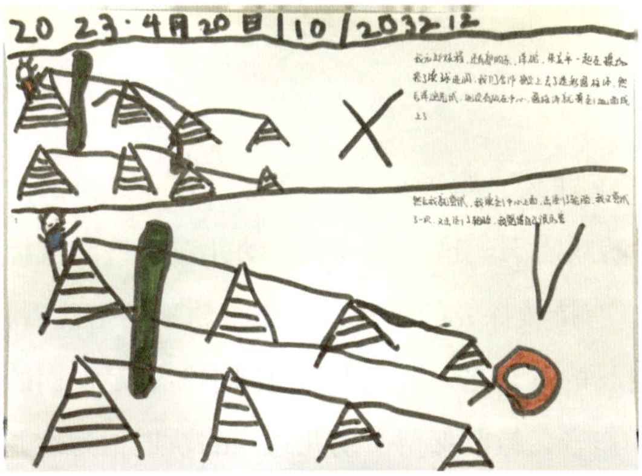
图 8.12

图 8.13

游戏解读

经验解读

教师的提问引发幼儿在游戏中探究各种能够滚动的物体，他们自发寻找各种长短、粗细、大小的圆柱体进行尝试。在这个过程中，幼儿与环境、材料充分互动，从中感知几何图形的基本特征，在游戏中发现保持平衡的关键——将材料放中间。对照

《指南》，幼儿的游戏行为符合科学领域“数学认知”子领域目标3的典型表现——“能感知和发现常见几何图形的基本特征”，也符合“科学探究”子领域目标3的典型表现——“能感知和发现简单物理现象，如物体形态或位置变化等”。

问题解读

从游戏现场看，孩子们在寻找能够滚动的物体时倾向于寻找圆柱体结构的材料，这一方面说明他们对能滚动的物体特征具有一定的认知，另一方面也说明他们的相关经验不够丰富，不知道除了圆柱体之外，球体、椭圆体等物体也可以滚动。

从幼儿对圆柱体滚动的探究看，同样是圆柱体结构的木棍、木棒，却无法像迷彩圆柱体那样顺利滚到终点，从而击倒轮胎，究其原因：一方面是受物体重量的影响——物体在斜面上运动，越重的物体所产生的摩擦力越大，不易掉落；另一方面是受物体材质的影响，木棒、木棍表面比较光滑，而迷彩圆柱体是皮质材料，且体积较大，与木板接触面较广，和木板之间会产生一定的摩擦，这也是影响物体滚动的因素之一。

从幼儿游戏后的记录与分享看，游戏中幼儿发现了同伴出现问题的原因，并有针对性地调整自身的游戏行为，体现了以自身成功的经验来实现同伴互助，有助于问题的解决。

需求解读

“这个（轨道）可以不拆吗？我们搭了好久，明天还想继续玩，想玩更长的时间。”孩子们在游戏结束后提出了自己的游戏需求。这充分说明：幼儿对于该游戏拥有浓厚的兴趣，获得了积极的情绪体验，有持续探究的欲望。从整个轨道的搭建看，幼儿用了约11分40秒，占据了游戏总时长的五分之一，剩下的时间不能满足他们的探索需要。结合实际情况认真倾听幼儿的声音，教师保留了幼儿建构的轨道，为幼儿提供了更加充足的时间来支持他们的持续探索。

游戏支持

游戏后，师幼进行小组分享与交流。教师抛出开放性问题，比如：你还想在轨道上玩什么游戏？你还想搭建什么不同的滚动轨道？游戏中还可以加入什么材料？除了击倒轮胎，还可以怎么玩呢？通过提问，教师鼓励并支持幼儿合理利用各类材料开展相应探索，在游戏中建立对材料特性和物体结构的感知。

教师还可在场地上投放一些可以滚动的材料，支持幼儿持续探究，不断获得有关滚动物体的经验，促使幼儿基于游戏需要进一步自发寻找、收集各类材料进行探索。教师也要基于教育目标以及幼儿的兴趣、需要和已有经验进行思考，与幼儿共创“有准备的环境”，让幼儿通过与环境、材料的互动拓展游戏，获得多方面的学习与发展。

* * *

《评估指南》指出：“重视幼儿通过绘画、讲述等方式对自己经历过的游戏、阅读图画书、观察等活动进行表达表征，教师能一对一倾听并真实记录幼儿的想法和体验。”在游戏后，幼儿通过自己喜欢的方式进行记录与表达，教师则通过倾听与记录幼儿的表达来了解幼儿的想法，更好地解读幼儿的游戏行为，为小组分享交流及后期的有效支持提供思路与方向。

在“滚动乐”游戏中，幼儿以自身的兴趣为起点，基于对材料特性的感知、对游戏内容的计划、在游戏中发现的问题等，在积极的内在动机的驱动下，通过自主合作等方式专注、持续地探索，并能将经验进行迁移和运用，反思、解释自己的方法，促进自身高阶思维的发展和深度学习。开展“滚动乐”游戏以来，教师为幼儿提供了充分的时间、空间和足够的心理支持，投放了丰富、适宜的材料，在游戏中观察、倾听幼儿，用欣赏、支持的态度允许幼儿持续深入地探究、试错、重复，共享幼儿成功的喜悦，及时通过语言、行为等方式鼓励和肯定幼儿，推动游戏进一步发展。

（作者：湖南大学幼儿园　周双仪；指导教师：张静，胡婕）

案例九 小石潭漂流记

假期结束，在返园后的谈话活动中，孩子们互相分享了自己的假期生活。奇奇小朋友绘声绘色地讲述了自己在旅途中的所见所闻：“放假期间我和爸爸妈妈出去旅游了，去了东安舜皇山，我玩了很多好玩的项目，我的爸爸妈妈还玩了一个很刺激的项目，叫水上漂流，就是从滑道上滑下来，然后一路在水里漂，最后掉到一个大水池里，我还把照片和视频发给老师了。”教师将奇奇的旅游视频进行了分享，孩子们都兴奋地表示这种项目好刺激，好想玩一玩。当月本班幼儿正在新开辟的沙水区——小石潭进行自主游戏，于是以奇奇为首的小伙伴们一拍即合，合作画出了小石潭漂流设计图（见图 9.1），并到幼儿园各个区域寻找可能要用到的材料，准备搭建漂流管道。

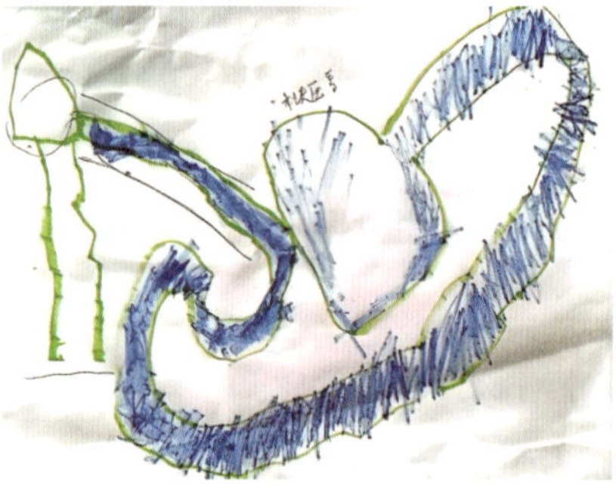

图 9.1

搭建管道——管道里的水为什么会倒流?

游戏观察

孩子们带着寻找到的材料来到小石潭，准备搭建漂流管道。航航先拿了一块带卡扣的长板，将长板卡进小房子的缝隙里（见图 9.2），接着提了一桶水过来，快速地将水从木板顶端倒下去，却发现水全部流到了沙子里。

图 9.2

奇奇从材料筐里拿了两根中等长度的剖面管替换了木板，并弯腰用力按了按两根剖面管连接处（见图 9.3），说：“现在管道已经稳定了，我们可以继续放水啦。”航航将剩下的水倒了进去，水成功地流入了管道，奇奇和航航大声欢呼：“成功啦！”欢呼声吸引了更多的小朋友一起来帮忙。奇奇也取来更多的剖面管进行连接，他依次将手里的剖面管用支架底座和支架管支撑起来，有的管道用了五个支架管，有的用了一个支架管，管道看起来高低不一。此时阳阳走过来，看到水在管道里流到一半就往回流，问："奇奇，为什么这节管道里的水流不过来呀？"奇奇推了推管道，水还是在往回流。奇奇站在原地，低着头，看起来有一些沮丧。这时，教师指着管道的一处说："奇奇，你看这里的水没有往回流呀。"奇奇愣了愣，突然大声说："我知道啦，是因为这边太高了，我们把支架取下来一个不就行了吗？"于是阳阳和奇奇一起将高一点的支架挨个取出，让管道从顶端依次由高到低排列，就这样漂流管道初步搭建成功（见图 9.4）。

图 9.3

图 9.4

游戏解读

经验解读

《指南》社会领域"人际交往"子领域目标 3 的典型表现指出，4—5 岁幼儿"能按自己的想法进行游戏和其他活动；敢于尝试有一定难度的活动和任务"。游戏中，奇奇能根据自己在旅游中看到的水上漂流设施，和同伴一起尝试使用不同的管道材料，运用沙水游戏中的垒高、延长、架空等经验搭建漂流管道，体现了幼儿的自主、自信、科学探究能力、空间认知能力和解决问题的能力。

问题解读

在搭建过程中，幼儿遇到了两个关键问题：一是用长板无法连接；二是发现管道上的水倒流。他们先是用剖面管替换长板成功连接管道，然后在教师的引导下利用支架将高低不平的管道变为具有一定坡度的管道。在整个过程中，幼儿直观体验到了管道的搭建结构以及水的流动规律——水从高处往低处流，进一步深化了排序、空间、距离等数学方面的认知。

需求解读

华东师范大学华爱华教授认为，当幼儿在进一步延伸和扩展游戏方面遇到困难时，教师可以用合适的方式介入[①]。案例中的阳阳发现了水倒流的情况，奇奇反复观察之后还是不知道怎么解决，情绪有些低落。此时幼儿是有师幼互动需求的，教师抓住了这个可以提升幼儿游戏经验的介入契机。

游戏支持

为支持幼儿搭建，教师在沙水区提供了管道类、支撑类、连接类材料以及相关辅助材料，并在游戏停滞不前时适时介入，通过言语引导幼儿对比观察另一节管道水的流向，引发幼儿对支架高度是否会影响水的流向的思考，从而成功解决问题。

开始引水——软管为什么会断开?

游戏观察

看到管道初步搭建完成，孩子们想用软管将涂鸦墙处的水源引入漂流管道中。奇奇、航航、宁宁、一一和小予分头到园里 15 个游戏区找来 10 余根软管准备拼接。宁宁从材料筐里找来透明胶布和剪刀说："我们可以用透明胶布把水管粘起来。"小予和航航立马行动，小予先用剪刀剪下 5 小块长方形透明胶布，航航依次将胶布粘在每两根软管的连接处（见图 9.5）。航航粘好后将软管对准涂鸦墙的水龙头开始引水，刚打开水龙头不到 3 秒钟，中间的一节软管就突然断开了，"哎呀！"大家难过得大喊起来。小予说："我知道了，透明胶布沾了水就不粘了。"一一听完跑到材料筐旁，拿起筐里的塑料袋说："我们可以用塑料袋把软管包起来，再用透明胶布粘起来。"小伙伴们合作用塑料袋将所有连接处都包起来，再用透明胶布粘住（见图 9.6）。可当他们再一次引水时，

图 9.5

① 华爱华. 幼儿游戏理论［M］. 上海：上海教育出版社. 2015：229-230.

水管还是断开了。一一弯下身检查断开的软管，发现是透明胶布不够牢固而松开了，于是她从口袋里掏出一根细绳将透明胶布和塑料袋绑在一起（见图 9.7），并笑着说："这下肯定不会断开啦！"接着，孩子们再次进行引水实验，并成功引水！

图 9.6

图 9.7

游戏解读

经验解读

《指南》科学领域"科学探究"子领域目标 2 的典型表现指出，4—5 岁幼儿"能根据观察结果提出问题，并大胆猜测答案"。在引水过程中，幼儿发现如果使用透明胶布粘水管，水会让胶布失去黏性，于是提出可以先用塑料袋包住水管，不让透明胶布直接接触水，并用细绳绑在连接处加固，最后成功引水，这充分体现了科学探究目标的达成。

问题解读

深度学习理论强调新旧知识之间的联系以及多学科知识的融合，重视在新情境下运用所学以解决问题。在引水过程中，幼儿直面"软管之间的接缝处容易断开"这个富有挑战性的问题，联系生活经验，尝试了用透明胶布粘、用塑料袋包、用绳子绑三种办法，通过一步步与周围材料的互动，运用高阶思维解决问题，向更高的游戏水平迈进，这正是一个深度学习的过程。

需求解读

因为要连接长长的引水管道，所以幼儿要打破场地限制去幼儿园各个区域寻找很多的水管。由此可见，幼儿需要一个互通互融、开放、丰富、自主的游戏空间。教师要从幼儿的视角出发，最大限度地保障幼儿自主游戏的权利，为幼儿提供探索具有无限可能性的玩法的机会。

游戏支持

《幼儿园工作规程》（以下简称《规程》）指出：“创设与教育相适应的良好环境，为幼儿提供活动和表现能力的机会与条件。”因为游戏材料的提供决定了幼儿与材料互动的质量，也决定了游戏的质量，所以在本阶段的游戏中，教师鼓励幼儿从幼儿园的各个区域里搜集自己认为有用的材料拿来尝试，并按形状和材质对材料进行分类，将材料玩法的固定性减弱，从而使幼儿自主创造的空间增加，有效地推动游戏向纵深发展。同时，教师鼓励幼儿多去尝试，例如对幼儿说：“你要不要试试看，看看哪个方法更合适。”教师努力做一名称职的观察者和倾听者，在观察游戏全局的过程中尽可能追踪幼儿的行为表现，从中反思指导是否有效，逐步优化自己的行为。

修建水池——水池里的水去哪了？

游戏观察

管道引水成功，孩子们准备修建水池。小予拿来软尺测量管道的长度和水池的宽度（见图 9.8），旁边的奇奇低下头看了看说：“我们就把水池的宽度做成管道的四分之一吧！”说完他用铲子确定了水池的位置，号召小伙伴们一起挖沙子。挖了 5 分钟，小予蹲下来用手摸了摸水池的深度，将一桶水倒进沙坑里，发现水倒进去就不见了。阳阳说：“水都流进沙子里啦，我们要拿个东西垫在下面。”他跑到小重山拿了一个黑色塑料袋，将其铺在沙坑里，奇奇说：“一个不够用，只能留住一点水。”

图 9.8

于是孩子们又合力收集了 6 个塑料袋，然后将 7 个塑料袋铺满池底，将一桶水倒入（见图 9.9），水池里面的水慢慢变多。过了 10 分钟，阳阳突然趴下来，朝着水和袋子间的缝隙看，发现水正在从袋子的缝隙流到沙子里（见图 9.10），他大声说：“水都从袋子的缝里流出去啦。”奇奇听到后，走过来看着水池思考了下，然后对阳阳说：“我知道啦！我们把袋子扯开变大，这样袋子间就不会有缝隙了。”他们一起将袋子扯开铺在沙坑里（见图 9.11），接满水后，仔细看了 2 分钟，确认没有漏水的情况。阳阳发现塑料袋慢慢往下滑，于是马上抓了一把沙子压在塑料袋上，可是没有效果。奇奇拿来小小的鹅卵石压在塑料袋上面，塑料袋依旧在往下滑。奇奇抓了抓脑袋说："这可怎么办呀？"这时小予看了看四周，突然惊呼起来，她发现小石潭的角落里有工人师傅留下的砖头。她搬来一块砖头压在塑料袋上，其他小朋友看到后，一个接着一个搬起了砖头，很快将塑料袋压得紧紧的（见图 9.12）。

图 9.9

图 9.10

图 9.11

图 9.12

游戏解读

经验解读

《指导要点》学习准备之"学习能力"的具体表现指出："能在教师指导下，尝试运用数数、排序、简单的统计和测量等数学方法解决日常生活中的问题。"在修建水池的过程中，幼儿能迁移运用关于测量的已有经验，运用标准化测量工具（软尺）确定水池的宽度，并用"管道的四分之一"来表述。由此可见，幼儿对量的比较和测量等数学经验掌握得较好。同时，幼儿在实践中重复练习挖、铲、舀、倒等大肌肉动作，也进一步提升了手部动作的协调性和精准性。

问题解读

美国心理学家爱德华·李·桑代克（Edward Lee Thorndike）提出的试误理论强调，“在学习和解决问题的过程中，人们会不断地尝试不同的行为，通过反馈来评估这些行为是否有效，最终建立起正确的认知和行为模式”。在本阶段的游戏中，幼儿因地制宜地尝试用塑料袋、沙子、鹅卵石和砖头等多种材料解决水流失、塑料袋下滑等问题。整个过程中，幼儿极富耐心，主动思考，解决了一个又一个问题，持续获取新的经验，而内化后的经验又被幼儿灵活运用于后续的新问题。通过一遍遍地试误、调整，幼儿不仅观察到了渗透的现象，获得了沙子会吸水等科学经验，还构建了科学思维。

需求解读

幼儿需要的是宽松的心理氛围——允许试误、犯错，拥有深度探究的安全感。幼儿在这样的氛围中通过直接感知、亲身体验和实际操作，将复杂的科学概念转化为自身的“朴素理论”。

游戏支持

在该游戏中，教师通过一对一倾听、游戏故事分享、提问与引导等方式，在让幼儿将游戏经验分享给班级其他幼儿的同时，进一步帮助他们梳理经验，让经验升华。在游戏回顾与总结环节，教师请幼儿以气泡图的方式绘制自己在修建水池时遇到的问题，组织他们进一步讨论解决问题的办法以及下一步的操作设想，让构建知识、发散思维的过程可视化；同时，将幼儿在游戏分享时的讨论与疑惑发至班级家长群，请家长与孩子们一起讨论如何完善漂流站，怎样利用多孔板搭建墙面管道，或者一起尝试做亲子小实验，如虹吸实验、冰块实验、水的沉浮实验等，在提升孩子兴趣的同时，进一步深化他们的探究活动。

优化升级——挑战搭建大型漂流站

游戏观察

随着游戏的推进，奇奇、航航、一一、小予、阳阳、宁宁想进一步改进作品。航航快速并熟练地将支架底座拼得跟 1.2 米的洞洞板一样高，并将三根水管连成三通管道，将其固定在洞洞板上（见图 9.13）。接着小予与一一各拿来一根软管和一根麻绳，小予将软管对准涂鸦墙处的水龙头，一一将麻绳绕着软管打结，将软管的一端与水龙头绑在一起，将软管的另一端连接到三通管道上。阳阳按照之前的办法将管道从高到低固定在支架上，但航航发现支架因太高而不稳，导致管道容易滑落。于是航航搬来一个井字梯，将其放在管道下，但发现梯子太矮了，于是又重新搬来双梯（见图 9.14），然后自己站在砖头上，轻轻地将管道放在双梯上，说：“这次肯定够高了吧！”在大家的共同努力下，大型漂流管道做好了。

图 9.13

图 9.14

孩子们开始挖大沙坑来建造水池（见图 9.15），5 分钟后，奇奇摸了一下沙坑的深度说：“这个沙坑已经很大了，但是我们没有这么大的塑料膜啊！”正巧旁边的小重山处的索道在修缮当中，小予抬头看见修缮索道的工人叔叔脚边有一块大大的尼龙膜，她走过去对工人叔叔说：“叔叔，你好，你可以把这块‘布’借给我们修水池吗？”工人叔叔同意了，小予叫来小伙伴一起将这块尼龙膜铺在池底（见图 9.16），

图 9.15

图 9.16

优化升级——挑战搭建大型漂流站

并用砖头将周围压紧。奇奇说：“可以放水啦！”航航跑去打开水龙头，并在管道里放了一个乒乓球。孩子们观察乒乓球能否成功通过管道流到水池里，当发现乒乓球在管道的某一处停住不动时，他们就会降低该处的管道支架高度以让乒乓球成功通过。在他们反复尝试了 4 次后，乒乓球终于顺利穿过长长的管道滑到了水池中。（见视频“优化升级——挑战搭建大型漂流站”）

游戏解读

经验解读

斯特拉·路易斯等人认为，当婴幼儿的想法和思考促使大脑形成更丰富的联结时，婴幼儿在他们的游戏和探索活动中常会表现出不止一种图式，可能会出现多个图式组合的行为[1]。随着游戏的推进，幼儿开始运用大型洞洞板引水，搬来双梯以提高水管支架的高度，找来大块的尼龙膜以增加水池面积。幼儿对材料的使用从简单到丰富，更具创造性，围合、搬运、连接、定位等图式多次以组合的形式出现。同时，幼儿积极主动与同伴交往，在合作游戏中越发默契，体会到团队的力量，并共享成功的喜悦。

问题解读

本阶段幼儿的目的明确，希望在原有基础上建造一个更大更险的漂流通道。在面对“洞洞板和小木房之间的管道无法连接，支架高度不够，游泳池不够大”等问题时，幼儿先后搬来单梯、双梯，尝试提高水管支架的高度，找来大块的尼龙膜以增加水池的面积，并不厌其烦地反复调整管道，最终让乒乓球成功通过管道流到水池里。所以，教师要相信幼儿是有能力的学习者和建构者，他们已具备一些经验和知识来支撑自己的假设，形成合理、有效的行动方案，并且有能力对行动方案进行检验与调整。

需求解读

幼儿需要展现自己的图式，发展自己的图式。在本阶段的游戏分享环节，教师了解到，幼儿已经发现了乒乓球和塑料船漂流成功后在水池中的沉浮现象，对制作能漂

---

① 路易斯，贝斯威克，费瑟斯通，等．认识婴幼儿的游戏图式：图式背后的秘密［M］．张晖，范忆，时萍，译．北京：中国轻工业出版社，2019：102.

浮在水面的物体产生了浓厚的兴趣。

游戏支持

幼儿的游戏内容蕴含着丰富的学习机会。教师以游戏深化课程，借助于多种活动形式继续引导幼儿通过对水上游戏材料的操作，了解水的循环、重量和浮力等相关知识；激励幼儿进一步探究与思考如何运用阻流片、水阀等材料影响水的流动速度，营造出气垫船冲入水中产生水花的效果，以使其更加符合现实漂流的情境。

* * *

幼儿的游戏从 3 月 22 日至 4 月 7 日共经历了四个阶段，其间既有围绕“管道里的水为什么会倒流？”“软管为什么会断开？”“水池里的水去哪了？”等问题开展的讨论，也有幼儿间的协商讨论、出谋划策、相互帮助、默契配合和分工合作，但更多的是“发现问题—提出猜想—实验探究—行动验证”的过程。没有既定玩法的材料为幼儿提供了丰富的想象空间，让幼儿在游戏中获得了跨越学科领域的知识与经验。在之后的日子里，教师也将持续以幼儿为主体推动游戏中探究活动的深入开展和游戏内容的扩展，不追求轰轰烈烈的游戏现场，而是在观察与支持中体会师幼之间细水长流的相互滋养。

（作者：湖南省永州市第一幼儿园　杜周雯妮；指导教师：谭宇，王辉）

案例十　我们的公园

幼儿园的大型建构区是孩子们喜爱的乐园之一。中班幼儿建构的目的性、坚持性增强，建构技能的发展开始由单一向多元过渡。幼儿的思维更加活跃，生活经验更加丰富。随着“逛公园”主题活动的推进，孩子们在家长的带领下陆续走进公园。周二午餐后，大家坐在一起聊起了周末去公园游玩的经历。

果果：“我去的公园里有好玩的滑梯。”

天天：“我和妈妈还在公园的凉亭里吃了好吃的东西。”

优优：“我们小区里的公园还可以荡秋千呢。”

甜甜：“我也好想去你们说的那些公园里玩，要是可以和你们一起去就好啦。”

糖果：“那我们可以在幼儿园里搭一个公园，我们班的小朋友就可以一起玩啦！”

糖果的想法得到了大家的一致认同，由此，“我们的公园”活动应运而生。

初建公园

游戏观察

幼儿按照自己设计的公园图（见图 10.1），开始搭建公园。

图 10.1

舒适休闲区

负责搭建“休闲区”的幼儿立马行动起来。阳奕带领两个小朋友搭建长椅。阳奕搬来多个圆柱体积木做长椅的“腿”，在放上长木板后，发现长椅并不稳定。于是，阳奕用手臂测量圆柱体间的距离，并对其进行调整。当他第二次放上长木板后，长椅仍然不稳定。第三次，他将圆柱体全部挨紧后再放长木板，但是做出来的长椅依旧摇晃。心心比画着手说：“越高越不稳定，越矮越稳定！”阳奕再次进行调整，他将下面的高圆柱体全部换成矮圆柱体。当几名孩子再次合力放上长木板后，他们坐在长条椅上，挪了挪身体，叮当喊着：“稳定了，稳定了！”（见视频“幼儿搭建休闲长椅”）玩了约 5 分钟，阳奕将替换下来的高圆柱体全部弄倒，依次排成一横排，并在上面放置了一块长木板。孩子们坐在上面，前后摇动起来，口里念叨着“摇啊摇……”。

幼儿搭建休闲长椅

趣味滑梯

“滑梯组”幼儿对照自己设计的图纸进行搭建。琪琪和点点搬来人字形木架和长木板，把长木板架在木架上，形成一个滑梯。睿睿说：“这个不安全，木板容易滑下来，我们用那个有卡子的长木板吧！”说完，他和同伴搬来镶嵌式木板，合力将它搭在木架上。点点把手搭在木板上摇了摇说“很稳固”，并提出新的想法：“这个滑梯太简单了，一点也不刺激，我们再增加一点难度吧！”孩子们又搬来一些长木梯和木板，合作搭建出更高、更陡、更长的滑梯（见图 10.2）。完成后，他们在搭好的滑梯上游戏，佐佐说：“在这个滑梯上我滑得好快，真是太好玩了！”

图 10.2

游戏后，教师组织幼儿进行分享与讨论。佐佐说：“我发现今天搭建的公园和我爸爸带我去的不一样。”教师追问：“怎么不一样呢？”佐佐说：“我见到的公园外面有围墙，我们这个没有。”糖果说：“我之前去的公园里面还有小花小草呢。”好几个孩子争相说：“公园门口旁边有卖零食的店铺。”教师回应道：“你们提出的点子很不错，那我们把说的这些点子加进设计图吧。”

图 10.3

幼儿在第一版公园设计图的基础上，添加了围墙、花草等元素，形成了最新的设计图（见图 10.3）。接着，幼儿又开始讨论用什么材料搭建围墙以及从哪里获得花草。佐佐说：“我们可以把圆柱体当成围墙的柱子，然后用长木板连起来就有围墙了。”悠悠说：“我家里还有塑料花，我可以带过来。”果果说：“我还可以带些小玩具过来，把它们放到休闲区玩。”

游戏解读

经验解读

《指导要点》学习准备之“学习习惯”“学习兴趣”的具体表现指出：“做事有一定的计划性；对生活情境中的文字符号感兴趣，愿意用图画、符号等方式记录自己的想法和发现。”幼儿在游戏前能根据已有经验设计“我们的公园”，体现了他们做事的计划性和分工合作能力，而这些将被幼儿迁移到他们的日常生活中，为他们今后进入小学乃至终生的学习奠定良好的基础。游戏后，教师组织幼儿围绕游戏进行讨论，分享自己的发现以及探究过程、方法，在表征与反思中培养幼儿的倾听和表达能力。

《指南》科学领域“数学认知”子领域目标 3 的典型表现指出，4—5 岁幼儿“能使用上下、前后、里外、中间、旁边等方位词描述物体的位置和运动方向”。游戏中，幼儿能区分建构材料的长短、粗细，能使用上下、前后、旁边等方位词描述物体的位置。

问题解读

《指导要点》学习准备之“学习兴趣”的具体表现指出：“愿意用数学的方法尝试解决生活和游戏中的问题，体验解决问题的乐趣。”当第一次搭建的滑梯不够刺激时，幼儿能通过协商、合作，搭建出滑得更快的滑梯。这充分说明，游戏中的幼儿已经掌握滑得更快的方法（滑板角度与长度的关系），并通过实际操作感受到搭建目标的平衡性和稳定性。在搭建长椅时，幼儿用手臂测量圆柱体积木间的距离是否均等，初步尝试用数学方法解决游戏中的问题。幼儿的这些积极表现突出反映了他们发现问题并解决问题的游戏状态。

需求解读

游戏的产生来源于幼儿的一次偶发性谈话，他们在谈话中萌发了搭建公园的想法，产生了游戏需求。游戏前，他们设计图纸，使搭建的目的更加明确。游戏过程中，搭建长椅的幼儿需要大小统一的圆柱体，滑梯组的幼儿需要人字梯、长木板等。由此可见，幼儿对材料的需求是推动公园搭建的基础。

游戏支持

在该游戏前，教师引导幼儿规划“我们的公园”；随后，在幼儿的提议下，幼儿分组开展游戏。根据搭建内容，幼儿分成 4 组，并自由选择组别。幼儿还商量选出了小组长，讨论负责的区域该怎么搭建，需要哪些材料等。教师通过引导幼儿设计公园图纸、讨论游戏玩法和材料准备等，唤醒和拓展幼儿的经验，给幼儿的游戏提供了支持。

游戏后，教师组织幼儿集体交流与分享，帮助幼儿反思、梳理、概括和提升游戏经验。在此过程中，教师通过展示幼儿在游戏中的照片，紧扣幼儿发现的公园不完善的问题，引导幼儿一起找到问题的关键点，思考、讨论解决方案。幼儿设计出第二版公园图，解决了元素不足的问题。

完善公园

游戏观察

佐佐带着小伙伴搬来圆柱体积木和长木板搭建围墙（见图 10.4），约 7 分钟后，积木用完了，但围墙还有一大半没有完成。果果说：“没有这样的积木了，怎么办？”佐佐说：“班上还有奶粉罐可以做柱子，我们去搬过来吧！”两个小朋友从班级搬来奶粉罐，还去别的班借了些。随后，他们继续搭围墙。用完所有奶粉罐后，佐佐又从玩具柜里搬来几块长方

图 10.4

图 10.5

体积木，把它们叠起来，和奶粉罐比对了一下说："这样就可以了！"

另一边，幼儿将长梯平铺在地上做小路，又将从家里带来的塑料花摆在小路两边。悠悠说："我还带了布娃娃呢，把布娃娃放在哪里呢？"小曼说："我也带来了一只玩具小狗，要不我们去给它们搭一座小房子吧！"他们叫来甜甜和葫芦一起搭建房子（见图 10.5）。凡凡看见了说："我这里还有很多玩具，我们去搭一间玩具屋吧。"两个幼儿跟着凡凡一起搭玩具屋，他们将海绵垫铺在地上，并用其他海绵垫围合，形成一个玩具屋（见图 10.6）。

佳佳叫上小伙伴搬来两个木箱和拱桥积木为公园搭建大门，多多和八一还搬来镶嵌式积木为大门搭好了门框（见图 10.7）。

图 10.6

图 10.7

游戏解读

经验解读

游戏材料中有大量圆柱体、长方体、正方体积木，幼儿通过触摸、观察来感知不同图形的关键特征，了解不同形状可以合成新的形状，如两个弧形积木可以合成一个圆柱体积木，两个正方体积木可以合成一个长方体积木等。游戏中，幼儿搭建的围墙是由圆柱体和长条积木组成的，他们始终采用两个圆柱体— 一个长方体的连接模式，并利用弧形积木和三角形积木的间隔来修饰围墙，这反映了幼儿的模式排序经验。

问题解读

《指导要点》学习准备之“学习习惯”的具体表现指出：“能坚持做完一件事，遇到困难不放弃。”幼儿搭建围墙时，发现材料不足，于是想到用奶粉罐代替圆柱体积木；当奶粉罐用完时，他们又想到了用长方体积木堆砌，使之与圆柱体积木的高度保持一致。他们这种直面问题并持之以恒解决问题的品质在游戏过程中得到了培养，并会使他们在今后的学习中受益。

需求解读

基于第一次游戏后的讨论，幼儿按照最新设计图添加了围墙、花草，并在游戏过程中生成了新的场景——搭建小房子、玩具房和公园大门。幼儿的生活经验结合游戏需求，使公园里的设施越来越丰富。

游戏支持

对于游戏中的幼儿，教师首先应该尊重他们的游戏意愿，相信他们的游戏能力，学会等待，给予他们充分的自主游戏、自主探索的空间，这是对幼儿最大的支持①。游戏中，当幼儿发现材料不足时，教师相信他们解决问题的能力，留给他们充分游戏、自主解决问题的空间。当幼儿萌生了为布娃娃和玩具小狗搭房子、为玩具建玩具屋的想法时，教师不囿于孩子们的原计划（图纸），尊重和支持他们的新想法，为幼儿主动参与游戏、推进游戏创设了良好的环境。

公园里的奶茶店

游戏观察

幼儿再次玩公园游戏。天气炎热，洋洋和妹妹拿来海绵垫搭起凉棚，说是他们的“奶茶店”，并将长凳当作售货台，台上摆满了用镂空正方体积木和小圆柱体积木拼成的“奶茶”。“卖奶茶啦！卖奶茶啦！”孩子们叫卖起来。1 分钟左右，小朋友们都跑了过来（见图 10.8）。

---

① 董旭花，韩冰川，阎莉，等. 自主游戏：成就幼儿快乐而有意义的童年［M］. 北京：中国轻工业出版社，2021：236.

图 10.8

睿睿走过来左看看右看看，洋洋问他要什么口味的奶茶，睿睿说："我要草莓味的。"洋洋说："你先付钱。"睿睿拿了旁边的一块小木板递给洋洋。洋洋说："一块不够，还要。"睿睿又给了一块木板。优优走过来，她手里拿着一块积木，接过奶茶后，拿着积木对着旁边"扫码付款"。

妹妹吆喝着："卖奶茶啦，好喝的奶茶，冰凉的奶茶！"佐佐走过来说："你们这儿有冰激凌吗？我想买冰激凌。"洋洋用圆柱体和三角形积木做了一个冰激凌，递给佐佐，说："给！你要的冰激凌。""冰激凌看上去很美味，给我来一个！"一边的教师也忍不住想尝尝了。

游戏解读

经验解读

受天气"启发"，幼儿萌发了搭建奶茶店的想法，这既是游戏发展的契机，也体现了游戏的本质，即自主、自由、自发。在奶茶买卖游戏中，当"老板"提出"一块不够"时，顾客很配合地又递上一块，可见孩子们对"买卖"交易原则和交易数值有了基本认知。与此同时，优优用"手机"扫码付款，非常符合生活现实。由此可见，幼儿的游戏是依赖生活经验、个体认知和具体情境逐步发展的。

问题解读

为了让自己的商品卖得更好，妹妹有模有样地叫卖，并吸引了其他客人。当顾客想买冰激凌而店里没有时，他们选择将圆柱体和三角形积木拼起来，组合成一个冰激凌的形状，这既体现了幼儿的生活经验和幼儿对拼搭材料的熟悉，也反映了"中班幼儿能将积木形状与自己生活中积累的经验相结合，较多地考虑形状的逼真"[①]。

需求解读

幼儿的游戏从最开始的建构游戏向角色游戏发展，这说明"幼儿的建构游戏经常

---

① 邱学青. 学前儿童游戏［M］. 南京：江苏教育出版社，2008.

伴随着角色游戏的开展”[①]。“玩即目的”，幼儿的游戏体验在游戏活动之内已然产生。游戏中的多处细节，是幼儿生活情境的再现，在游戏中，他们感受到了自主和快乐。

游戏支持

游戏中，教师提供了大量不同形状、大小的建构材料供幼儿自取，满足了幼儿游戏的需要，更有效地支持他们的游戏。

对于游戏中的幼儿，教师尊重他们的游戏意愿，相信他们的游戏能力。当幼儿萌发搭建奶茶店的想法时，教师并没有急着介入，而是先退后观察，留给他们充分的自主探索的空间，然后以游戏者的身份参与他们的游戏，与幼儿互动，支持和推动幼儿的游戏，让幼儿充分体验到游戏中的成就感。

游戏结束巧整理

游戏观察

游戏结束，孩子们一起整理游戏材料。他们按照材料的质地、长短、大小、形状等特征进行分类，并将其放回相应的玩具柜。小曼、果果、优优开始从上往下拆房子；洋洋推来小推车，一边往里面放积木，一边数“1，2，3，4，5……”；一些幼儿两个一组抬着长木板和木梯送往玩具棚；小沐爬进玩具柜内，将玩具摆正……（见图 10.9、图 10.10）

图 10.9

图 10.10

① 董旭花，韩冰川，张海豫．幼儿园户外环境创设与活动指导［M］．北京：中国轻工业出版社，2018：130．

游戏解读

经验解读

因为每天常态化开展的室内外自主游戏，幼儿养成了游戏后自主收纳、整理的好习惯。在整理游戏材料时，幼儿会用到分类，即把不同形状的积木区分摆放。“分类是观察和比较过程的延伸和应用，也是贯穿幼儿认识周围环境过程的一种认知能力。”①

问题解读

当玩具柜内的叠放高度不够时，幼儿会将两个直角三角形积木拼成一个方形、将两个桥形积木拼成一个圆圈，这样便充分利用了收纳空间，让玩具摆放得更加整齐。《指南》科学领域“数学认知”子领域目标 2 的典型表现指出，4—5 岁幼儿“能通过数数比较两组物体的多少”。在用小推车运送积木的过程中，幼儿用数数的方法得知一个小推车能容纳 6 根短圆柱体积木或 3 根长圆柱体积木，节省了收纳时间，也体现了幼儿计数能力的发展。

需求解读

《指导要点》生活准备之“生活自理”的教育建议指出：“指导幼儿逐步学会分类整理和收纳衣物、图书、玩具、学习用品等。”每次游戏结束，幼儿都需要整理、收纳玩具，这是整个游戏的一部分，更是幼儿养成良好习惯的重要内容。教师要注重幼儿收纳习惯的培养。

游戏支持

在整理材料的过程中，教师留给幼儿充足的时间，让幼儿根据自己的已有经验对游戏材料一一摆放、整理。在这段时间里，教师不仅允许幼儿花时间去整理材料，还从中发现幼儿的“亮点”，让幼儿在这种宽松的环境中做到不紧不慢，按自己的节奏整理、收纳。整个整理游戏材料的过程，是幼儿在行动中学习的过程，更是幼儿运用已有经验解决问题的实际体验。

* * *

“我们的公园”主题建构游戏以幼儿为主体，游戏的发展源于他们对前一次游戏

① 黄瑾，田方. 学前儿童数学学习与发展核心经验［M］. 南京：南京师范大学出版社，2015：20.

的思考和需求，教师作为观察者和支持者，不断鼓励、推动他们实现自己的想法。在建构过程中，幼儿熟练地取放各类材料，灵活地运用堆叠、平铺、架空、围合、穿插、镶嵌等搭建技能，在分工合作、互相交流、情境生成中，使游戏从最初的建构游戏逐步发展为角色游戏。可见游戏过程能使幼儿感到满足，幼儿专注于游戏本身并获得了多元化发展。

（作者：湖南省湘潭市韶山市第一幼儿园　李凯利；指导教师：庞媛媛，周梦婷）

案例十一　小小工程师

幼儿在开展“我爱家乡”的主题教育活动中，对长沙著名的人文景观橘子洲很感兴趣，还在家长的陪伴下实地参观了橘子洲、湘江。沙水游戏是幼儿最喜欢的游戏之一，因为它在很大程度上满足了幼儿的游戏需求并支持他们的自主选择与自由探索。由于幼儿园的游戏区沙水分离，幼儿从单独的玩沙、玩水游戏逐步过渡到与同伴合作利用管道将水从旁边的水龙头引进沙池，并挖沟渠。幼儿在自主探索的过程中，丰富了挖沟渠、用管道引流、用模具堆沙堡等相关经验。在近期的沙水游戏中，有幼儿挖出了许多水道，并称之为“湘江”，这一下吸引了不少幼儿纷纷化身为“小小工程师”，一起开启了建设美丽“湘江”之旅！

美化“湘江”

游戏观察

孩子们在沙水区挖出许多水道，将其称为“湘江”，并用收集来的“宝贝”一起美化湘江。琪琪用树枝建了绿化带；宗宗用积木搭了“杜甫江阁”，还热情地介绍：“这是杜甫江阁，晚上的时候我妈妈带我一起看过，它还会发光呢。”在幼儿的邀请下，教师也加入了他们的队伍。芊芊邀请汐汐看她堆砌的人物雕像，汐汐却说：“怎么像个杯子，还是让我给你捏一个吧。”接着她们就开始捏沙砾（见图 11.1），可是沙砾瞬间就散开了。芊芊说：“加点水。”加水之后沙砾还是很难定形，涵涵很快说：“我们用胶水吧！”芊芊说：“那会把手粘住的，你的手还怎么用来吃饭呀。”

图 11.1

教师发现她们把思考重点放在了如何粘住沙砾，但制作雕像除了要粘住沙砾，还需要思考雕像的形态，于是引导说：“你们可以加点别的东西，让雕像不散掉吗？”汐汐说：“粘不起来，我们用泥巴吧。”芊芊说："会弄脏手啊。"这时昕昕走过来说："用彩泥啊。"芊芊问："哪里有彩泥呀？"昕昕说："只能去涂鸦区拿。"说完，他就去涂鸦区拿了彩泥，将彩泥和沙砾混在一起开始和芊芊捏造型（见图 11.2）。汐汐找来树枝和石头，将其放在捏好的雕像上当作眼睛和嘴巴，雕像初具雏形。

图 11.2

游戏解读

经验解读

汐汐认为芊芊制作的雕像像杯子，不像她见过的雕像，于是想出了用沙砾捏雕像的办法。《指南》艺术领域"表现与创造"子领域目标 1 的典型表现指出，4—5 岁幼儿"经常用绘画、捏泥、手工制作等多种方式表现自己的所见所想"。很显然，汐汐的表现说明她已经达成了这一目标。《指导要点》社会准备之"热爱集体"的具体表现指出："初步形成爱家乡、爱祖国的情感。"湘江被称为湖南省的"母亲河"，游戏中，幼儿迁移生活经验，在沙水区创造出"湘江"，并萌生了美化湘江的愿望，体现了爱家乡的情感。《指导要点》身心准备之"动作协调"的具体表现指出："手部动作协调，能使用简单的工具和材料。"幼儿在挖渠、引流、美化"湘江"的过程中锻炼了精细动作、发展了大肌肉动作，促进了动作协调。同时，在捏雕像的过程中，幼儿有意识地注意个人卫生，在选择材料时会考虑整洁性等，也体现了他们良好的生活习惯。

游戏中幼儿将水道之间挖通进行连接，展示出对连接图式的兴趣。在这一过程中他们思考"如何将水源连接到我需要的地方"，并用水管、水道运水，展现出对搬运图式的兴趣。捏雕像时，幼儿进行讨论、思考，通过增加新材料来改变沙砾原本易散的特性，通过操作来验证自己的想法，展现出对变换图式的兴趣。在美化"湘江"时，他们用小草、树枝修建绿化带，对水道周围进行装饰，这些行为展现出他们对围合图式的兴趣。

沙、水是低结构材料。在沙水区，幼儿在与材料的互动中感受沙、水的特性，增进对沙、水的了解。

问题解读

游戏中幼儿主要遇到了两个问题：一是利用物体间的相似性进行以物代物，例如，芊芊将雕像做成了杯子的形状，但是汐汐觉得不像，因为她对事物的理解主要依靠具体形象；二是在两人商量捏雕像时，由于沙水区的沙砾太大，雕像无法成形，这反映出他们不熟悉沙砾容易散的特性。

4—5 岁幼儿处于从联合游戏向合作游戏过渡的阶段。从游戏结束后的反思、分享可以看出，幼儿在和自己的好朋友合作游戏的过程中也关注到了其他幼儿的游戏行为。不过，他们各自按自己的愿望进行装饰，彼此间的沟通较少。

需求解读

幼儿在日常生活和对湘江风光的观察中感受并体验到身边的造型美、色彩美等，他们想用自己的方式表现自己的感受，于是教师在沙水游戏中给予了幼儿充足的时间、空间和材料进行表现。捏雕像时沙砾比较大，不容易黏合成形，于是幼儿想到通过添加其他材料来进行黏合。他们结合已有经验筛选了一些材料，但后期的操作仍需要材料的支持，这反映了幼儿对材料的需求。

游戏支持

当幼儿结合生活经验，将挖出的水道称为“湘江”时，教师给予了积极反馈，即时支持幼儿的游戏，鼓励幼儿大胆装饰，同时视情况加入游戏，与幼儿一起装饰。当幼儿对材料的特性存在疑惑时，教师用语言即时引导幼儿思考所需材料的特性——增加沙砾的黏性才有助于造型，并提供充足的材料支持幼儿验证自己的猜想。

游戏结束后，教师鼓励幼儿用语言分享自己的游戏过程和想法，或者进行游戏故事记录，加深幼儿对游戏的反思和对材料的认识。教师可以通过引导幼儿思考“还有什么材料更适合做造型？为什么沙砾无法黏合？”等问题，鼓励幼儿再次感受沙砾的特性。结合幼儿关于湘江风光带的已有经验，教师可以提供长廊、雕塑的图片、视频，引导幼儿思考还可以怎么美化湘江，鼓励幼儿在后续的沙水区游戏中表现出来。

干涸的“湘江”如何蓄水？

游戏观察

正当孩子们为装饰好的“湘江”欢呼时，大家又遇到了新问题。果果发现水道里的水越来越少了：“水去哪里了，谁把水偷走了？”汐汐说：“是沙子把水吸走了呀。”怎样留住水呢？果果说：“可以用积木，积木是木头的，又没有缝隙，肯定可以留住水。”帆帆说：“那边的泡沫板应该也可以吧。”阳阳说：“还有水管也可以用，我们刚刚就是用水管引水过来的。”楷楷说：“我觉得塑料袋应该也可以，我妈妈上次买鱼时就用了塑料袋装水和鱼，到家的时候鱼都活着呢，水也没少。”泡沫板、水管、积木、塑料袋是不是都能留住水呢？孩子们依次尝试后发现：泡沫板不能改变形状，还浮于水面，不行（见图 11.3）；水管在水流交汇处无法拐弯，不行（见图 11.4）；积木漏水，不行（见图 11.5）；塑料袋能留住水，也能改变形状，还可以用在交接处（见图 11.6）。但在铺设塑料袋时大家发现，它容易被水冲走。楷楷率先用积木压住塑料边缘，琪琪马上用铲子铲了一堆沙，最终成功留住了水。（见视频“给干涸的‘湘江’蓄水”）

给干涸的“湘江”蓄水

图 11.3

图 11.4

图 11.5

图 11.6

游戏解读

经验解读

《指南》语言领域“倾听与表达”子领域目标 2 的典型表现指出，4—5 岁幼儿“愿意与他人交谈，喜欢谈论自己感兴趣的话题”。幼儿发现“水不见了”后，自主讨论，分析原因，发表见解。科学领域“科学探究”部分针对 4—5 岁幼儿的目标 2 指出：“能根据观察结果提出问题，并大胆猜测答案。”游戏中，幼儿动脑思考如何留住水，结合已有经验进行猜测，并动手探究、验证。《指导要点》社会准备之“交往合作”的具体表现指出：“能与同伴分工合作共同完成任务，遇到困难互帮互助，发生冲突时尝试协商解决。”探究中，幼儿与同伴一起进行尝试，体现了这一点。

4—5 岁幼儿以具体形象思维为主，主要依靠头脑中的表象进行思维，经常会依照具体的生活经验进行判断[①]。在思考怎样留住水时，幼儿结合已有的生活经验来思考问题。他们试图用不同的材料留住水，将水放在这些材料上方，通过减少水和沙子的接触来留住水，这体现了幼儿对包裹图式的兴趣，也显示幼儿的图式游戏发展到了水平三，即功能性依赖或因果关系（功能性依赖是指儿童将他们已有的知识应用到新的情境中，这需要儿童利用他们在亲身实践中吸收和同化了的知识[②]）。

问题解读

游戏中幼儿主要遇到了两个问题：一是水不见了，汐汐在日常游戏中发现了沙子会吸水的现象，故在果果提出问题之后能及时回应；二是用什么留住水，当幼儿在游戏中遇到“水不见了”的问题时，他们结合不同材料思考用什么合适的材料才能留住水，通过多次尝试，发现留住水的重要因素——可塑性、密封性。

需求解读

游戏中，幼儿的疑惑（“谁把水偷走了？”）体现了他们对水的需要。幼儿通过观察发现水不见了后，寻找合适的可以留住水的材料，这体现了他们对材料的需求。他们自发寻找合适的材料并进行操作，在选择材料时结合已有经验进行思考，表现了幼儿对生活经验的需求。

---

① 陈帼眉. 幼儿心理学［M］. 北京：北京师范大学出版社，2017：103-111.

② 路易斯，贝斯威克，费瑟斯通，等. 认识婴幼儿的游戏图式：图式背后的秘密［M］. 张晖，范忆，时萍，译. 北京：中国轻工业出版社，2019：29.

游戏支持

在前期观察中教师发现，班级幼儿在遇到困难时有独立思考的能力。为了保护幼儿的好奇心和主动性，在发现“水不见了”时，教师没有直接介入，而是选择倾听幼儿的想法；在幼儿有了自己的猜想后，支持他们的探究行为，鼓励他们大胆验证自己的猜想。最终，幼儿在尝试—失败—分析原因—更换材料—继续尝试的反复探索中，找到了最合适的材料。

游戏结束后，教师可以引导幼儿思考“河流是如何蓄水的？”，以鼓励幼儿关注、了解蓄水工程。教师还可以与幼儿共同讨论“还有什么材料可以留住水？”，以支持幼儿共同寻找材料进行尝试。

如何修建安全的桥？

游戏观察

经过一次次的探索，沙水区的河道越来越宽，孩子们发现跨越“湘江”没那么容易了。阳阳说：“我想把草种到对面去，搭一座桥吧。”他用平衡板修了“橘子洲大桥”，还邀请祺祺去看。祺祺却说：“你搭的这座桥，女孩子都不敢过去。”阳阳说：“那我换一座桥。”于是阳阳找来积木搭桥，并走上去试了试，发现积木板有点晃。祺祺说：“我们用沙子把它埋起来。”大家用积木做桥面，用沙子、石头固定桥的两端，共同想办法维持桥的稳定。就在新的“橘子洲大桥”成为沙水区热门“景点”，小朋友们都来过桥时，熙熙发现桥有点滑，人站在上面容易摔跤。宗宗说：“这桥上有水，所以桥比较滑。”一时间“橘子洲大桥”成了“危桥”。怎样让大桥更安全呢？帆帆说：“要不我们换一块积木吧。”楷楷说：“那我们给它安装栏杆吧。”祺祺抱来新的积木说：“试试我拿的这块积木吧。”他们还在桥的两边安装了两块积木当护栏。阳阳走上去，顺利通过。其他小朋友也找到了不同的积木，一个一个进行尝试，最后发现用灰色积木搭的桥不滑、最安全。孩子们说：“哇，好神奇呀，为什么呢？”基于孩子们的兴趣，教师引导他们一起观察、比较两种积木的区别，最终发现：灰色积木上有竖条纹理，能产生摩擦阻力；棕色积木的表面很光滑，如果积木上面有水，积木的表面会更滑。（见视频“修建安全的桥”）

修建安全的桥

游戏解读

经验解读

《指南》科学领域“科学探究”子领域目标 1、2 的典型表现指出，4—5 岁幼儿“常常动手动脑探索物体和材料；能对事物或现象进行观察比较，发现其相同与不同”。游戏中幼儿发现问题、思考问题，并结合经验，模仿修建更安全的桥，还和教师一起观察和探究了两种积木的异同。《指导要点》生活准备之“安全防护”的具体表现指出：“能自觉遵守基本的安全规则和交通规则，有自我保护的意识。”游戏中幼儿发现了安全隐患——跨越水道有困难、桥面有点滑，于是他们自主寻找合适的方法来修建安全的桥，还在过桥时自发排队，遵守规则。

幼儿在思考“水道太宽过不去”时，想到了修桥解决，表现出他们对连接图式的兴趣，而他们安装护栏的行为，则展现出他们对围合图式的兴趣。

问题解读

游戏中幼儿遇到了“跨越水道不方便”“如何修建安全的桥”“用不同积木搭的桥为什么有的滑，有的不滑”三个问题。他们基于已有经验修桥解决跨越问题，发现桥不安全后寻找多种材料、尝试用不同方法进行改良，通过比较、观察，发现了积木间的异同。

需求解读

幼儿发现水道不易跨越后，选择修桥，体现了他们对环境的需求——他们需要一个方便通行的游戏环境，其中可能还有担心被打湿、弄脏衣物等原因。在用平衡板修桥后，他们发现桥不安全，进而对桥有了安全的需求，尝试通过改变修建的材料等来加固桥。

游戏支持

游戏期间，正值班级开展“我爱家乡”主题活动，幼儿通过与父母实地游览湘江，获得了一些相关经验。在修建“橘子洲大桥”游戏中，幼儿真切地感受到危险的存在，有效地增强了自我保护意识，真正实现了在游戏中学会保护好自己；同时，切实感受到护栏的功能及重要性。教师为幼儿提供充足的材料，引导幼儿在游戏中迁移知识、经验，发现摩擦力的奥秘。在教师的支持下，幼儿以游戏的方式了解相关科学知识，又将科学知识运用到游戏中。

游戏后，教师鼓励幼儿进一步观察并持续探索身边更适合做桥面的材料；激励幼儿在家长的帮助下查询资料，了解生活中使桥面防滑的技巧。

* * *

在这个沙水游戏中，教师感受到一个有准备的环境对幼儿来说非常重要。幼儿在自由自主、有秩序、生气勃勃、愉快的环境中能更自然地进行游戏，并积极地独立思考。幼儿结合已有经验将水道与湘江联系起来，以小见大，在沙水区建造自己的“湘江”，每个小朋友都在沙水区收获了“小小工程师”的体验。教师也在游戏中见证了幼儿自己解决问题的过程：发现问题—思考讨论问题—收集材料—动手操作—反思优化。幼儿在解决一系列问题的过程中运用已有经验并获得新经验，教师及时给予相应支持，引导幼儿成功解决问题，以获得积极的游戏体验。

（作者：湖南省长沙高新区中心幼儿园　高文慧；指导教师：龚苗，刘怡湘）

案例十二　垫子密室

收拾户外材料时，有孩子发现在垫子上蹦蹦跳跳、翻滚或将垫子卷起来特别好玩，这一举动很快吸引了其他孩子加入。垫子质地软、可折叠、能与多类材料组合拼搭，属于低结构游戏材料。孩子们通过合作探究、讨论材料玩法、不断验证等方式，逐步丰富了垫子的玩法。整个游戏过程中，孩子们自主制订计划、自主探索玩法、主动交流分享，教师追随幼儿的兴趣和需求，助推游戏步步深入。

垫子初体验

游戏观察

孩子们对垫子这一低结构材料的兴趣浓厚。球球说："我可以在垫子上蹦蹦跳跳，还可以翻滚。"玥玥说："我想用垫子搭一个跳高台。"

图 12.1

户外游戏时，玥玥找来两块小垫子，将其垒高成跳高台，然后爬上去纵身一跃，并笑着大喊："雄鹰起飞！"（见图 12.1）鹏鹏和诗诗躺在垫子上翻滚了几次，便开始蹦蹦跳跳，随后又把垫子立起来，将垫子变成两个山洞，躲在里面（见图 12.2）。"我们躺在垫子上面，你能把我们卷起来吗？"呱呱边说边拉着同伴躺着。球球和锐锐把他们三个卷起来，大笑着说："夹大汉堡啦，夹大汉堡啦。"（见图 12.3）

游戏分享环节，球球说："我需要很多垫子搭跳高台，可是垫子不够。"

辰辰说："乐乐拿了好多垫子搭迷宫，看着好像很好玩。"

凡凡说："我们可以把垫子放到一起，玩'密室闯关'游戏。"

辰辰说："那我们要先搭一个'密室'，这样大家才能一起玩！"

"密室闯关"游戏由此开始。

图 12.2

图 12.3

游戏解读

经验解读

《指导要点》学习准备之“学习习惯”的具体表现指出：“做事有一定的计划性。”在游戏开始前，幼儿根据自己的想法制订游戏计划，如在垫子上蹦跳和翻滚等，培养了做事情的计划性。《指南》科学领域指出：“幼儿科学学习的核心是激发探究兴趣，体验探究过程，发展初步的探究能力。”在游戏中，幼儿根据垫子的材质特点，探究垫子的垒高、平铺、张合、竖立等多种玩法。在这个过程中，他们的大肌肉动作也得到了发展，身体动作的协调性和灵活性也得到了提高。

问题解读

在游戏分享环节，幼儿大胆分享自己的游戏经历。球球说：“我需要很多垫子搭跳高台，可是垫子不够。”针对这一问题，大家提议将垫子放在一起玩“密室闯关”游戏。就这样，通过讨论，幼儿发现并共同解决了垫子数量不够的问题。可见，只要教师给幼儿自主思考和解决问题的机会，新的游戏就会产生。

需求解读

游戏分享环节，凡凡和辰辰的表达，说明了他们有玩新游戏“密室闯关”的需求，而且需要材料支持——很多垫子。

游戏支持

当幼儿发现垫子数量不够并想要把垫子放到一起搭密室时，教师支持他们的想法，并放手让幼儿探索，鼓励幼儿根据自己的想法进行自我调整，从而引发新的游戏情境。

游戏中，幼儿对于普通的垫子能玩出雄鹰起飞、钻山洞、夹汉堡等多种玩法，并结合生活经验联想到“密室闯关”。在整个过程中，教师没有直接介入与指导，只是静静地观察与倾听。只有给幼儿充足的时间、空间，支持他们自主探索，游戏才会真正属于幼儿。

密室初现

游戏观察

要玩“密室闯关”，怎样设计好玩又刺激的“密室关卡”？每一个关卡可以用哪些材料搭建？

球球指着自己制订的游戏规则（见图 12.4）描述道：“先把垫子平铺，中间摆几个障碍物（积塑），放几个炸弹，先过桥，再跨岩浆（碳化积木）跳过去，经过螺旋式迷宫爬上跳高台（垒高的垫子），跳下去就到了三角区终点。”

玥玥指着自己制订的游戏计划（见图 12.5）描述道：“我设置了鬼屋门和天使门，还有紫色禁区，打叉叉的地方是不能走的，闯关者需要根据箭头前行，躲避各种障碍物袭击。这里有香肠补充能量站，还有一个旋转门，闯关者可能会被弹出去。”

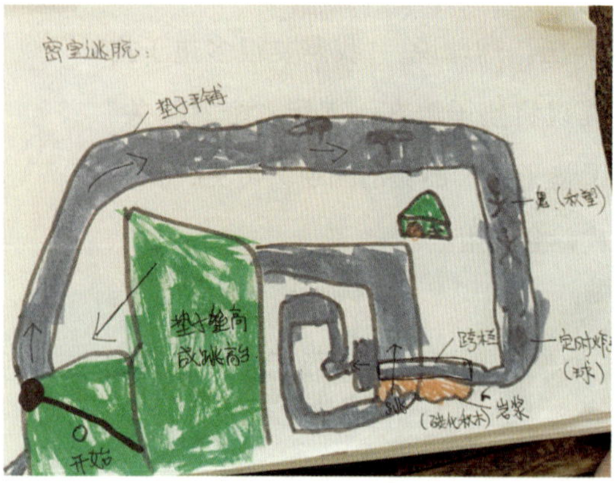

图 12.4

图 12.5

游戏中，清清搭建了独木桥（见图 12.6），她用跨栏做桥墩，用一块长板做桥面。第一次，清清走到桥中间时，发现桥有些晃动，立马下来了。接着小礼走到桥的末端时，板子翘起来打到了他的背。泓锐也尝试在桥上走，板子仍然会打到他的背。第二次，润润又找来一块长板，桥面变成两块板子。恒恒一只脚踩一边，快挪到终点时，突然停下来喊："我怕板子翘起来！"沐沐大喊："太重了，木板都有裂痕了。"第三次，润润比量了一下，找来几块宽度一样的小木块，将其填充在桥面下方，桥还是摇摇晃晃。（见视频"搭建独木桥"）泓锐说："应该是长板子太薄了，攀爬架上的厚板子肯定可以，但放跨栏上不行，因为跨栏是塑料的。"润润说："那就放垫子上呗。"第四次，他们用垫子做桥墩，将厚木板架在垫子上，终于顺利过桥了（见图 12.7）。

搭建独木桥

图 12.6

图 12.7

游戏解读

经验解读

游戏中，当发现清清搭建的桥不稳固时，泓锐和润润马上加入，一起寻求解决方法。他们先后做了三次调整：先把两块板子并拢在一起做桥面，在发现木板有裂痕后，在木板下面垫上小木块，当察觉到塑料跨栏承受不了木板的重量时，又用垫子做桥墩，将厚木板架在垫子上。就这样，他们在观察、尝试、分析、调整、再尝试中解决了问题。在这个过程中，幼儿的问题解决能力和合作意识不断增强，批判性思维得到了发展，不怕困难、敢于尝试等学习品质得到了培养。另外，从游戏过程可以看出，相较于同伴，润润的思维更为灵活，生活经验也更为丰富。

问题解读

游戏中，幼儿遇到"怎样搭一座稳固的桥？"这一问题，他们在多次尝试和调整中，通过解决桥面"承重"问题、增大桥面接触面积、在桥面下放支撑物、更换更结实的厚木板、将桥墩换成更稳固的“垫子”等方式，成功解决问题，顺利过桥。

需求解读

中班幼儿搭一座稳固的桥并不容易，他们在与同伴讨论、合作和多次探索中，通过发现问题、提出猜想、大胆尝试、不断调整来解决问题。这一过程既是幼儿不断挑战、升级游戏的过程，也是幼儿深度学习的过程。在这一过程中，幼儿需要教师给予他们充足的空间和时间去自由探索，也需要教师为他们提供丰富的材料去实现自己的目标。

游戏支持

《指导要点》学习准备之“学习习惯”的教育建议指出：“专注力、坚持性、计划性等学习习惯的养成，有助于幼儿入学后更好胜任新的学习任务，且受益终生。”在制订游戏计划时，教师适时抛出问题——密室需要搭建哪些关卡、可以用哪些材料完成搭建等，引发幼儿思考，有效推动游戏情节的发展，促使幼儿空间想象、逻辑思维、规划能力的提升。

游戏过程中，教师全程观察、记录，未直接介入幼儿的游戏，而是给予幼儿充足的时间和空间，支持他们自主探索，让他们有机会和环境、材料、同伴互动，满足幼儿游戏发展的需要。

密室闯关升级

游戏观察

孩子们提议将密室关卡升级，于是开始了新的讨论：增加哪些关卡、如何搭建、如何分工……（见图 12.8）

图 12.8

云云在独木桥上增加跨栏，用万能磨盘做“地雷”，将呼啦圈当作石板桥。乐乐将垫子垒高，再将其他垫子打开斜放，使滑梯坡度变得更高。凡凡建造了一排黑洞密室，将摇摇板放在里面，可辰辰体验之后说：“密室太矮了。”于是，辰辰找来长梯，将梯子放到密室里。凡凡有些不开心，朗朗建议说：“再在里面放点地雷吧。”两人边商量边开始搬运材料。

沐沐搭了极速攀岩和飞速跳跃密室，他得意地说：“这是按照我的游戏计划设计的，最刺激、最好玩。”于是，更具挑战性的密室闯关游戏开始了（见图 12.9）。

图 12.9

游戏结束后，幼儿在教师的辅助下进行了表征（见图 12.10、图 12.11），并和同伴分享自己的游戏体验。孩子们提议为密室的 6 个关卡起合适的名称，通过讨论产生了 23 个。他们通过举手投票，确定了 6 个名称，即平衡过桥、滑梯跳跃、穿越时空、飞檐走壁、穿弹酷跑、跨越岩浆（分别对应图 12.9 中的一、二、三、四、五、六）。

图 12.10

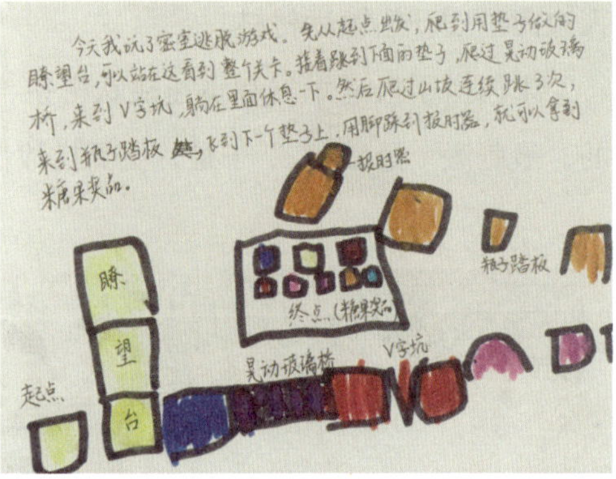

图 12.11

游戏解读

经验解读

“教育 4.0 全球框架”的关键特征包括创新和创造技能、人际关系技能、基于问题和协作的学习等，这些关键特征为未来学校培养幼儿提供了指导。游戏中，为了将密室关卡升级，幼儿发挥各自的想象力和创造力进行搭建，如将滑梯坡度变得更高。当凡凡因为辰辰的操作而感到不开心时，朗朗提出了一个建议，不仅顺利解决了问题，而且让彼此感受到了团结合作、互帮互助的快乐，增进了他们之间的人际关系。《评估指南》的第 26 个考查要点指出：“支持幼儿参与一日生活中与自己有关的决策。”游戏中，幼儿通过投票为密室的 6 个关卡选出了合适的名字，行使了自己的决策权。《评估指南》的第 28 个考查要点指出：“重视幼儿通过绘画、讲述等方式对自己经历过的游戏、阅读图画书、观察等活动进行表达表征。”游戏后，幼儿在教师的辅助下对自己的游戏体验进行了表征，进而梳理自己的游戏经验和游戏中遇到的问题，为接下来的游戏做了铺垫。

问题解读

游戏中，辰辰说密室太矮了，放摇摇板会让密室的空间显得更拥挤，便将梯子放到黑洞密室里。当辰辰替换凡凡设计的关卡时，凡凡表现出了不乐意，朗朗立马提出了增添地雷的建议，成功转移了凡凡的注意力。就这样，孩子们自主解决了问题。

需求解读

游戏中，孩子们提议将密室关卡升级并给它们命名，表现出勇于挑战、不断创新的需求。他们需要重新制订计划，也需要不同的材料来支持计划的实施，还需要与同伴合作、协商……随着关卡的升级，他们的需求也在升级。

游戏支持

教师在游戏中尊重幼儿的想法，给予其充分表达、表现的机会，在幼儿积极主动探索时扮演观察者角色，尽可能地减少干预。游戏后教师组织幼儿进行分享，倾听游戏的寻常与不寻常之处，帮助幼儿从游戏中获得经验，一起探讨如何进一步深入开展游戏。当孩子们提议要给关卡起名时，教师支持孩子们的想法，孩子们在讨论后起了23个名称，并通过投票选出6个。这说明，儿童是独立的、能够进行自我建构的主体，对游戏有着独特的见解和不可估量的潜能。只有相信孩子，才能把握孩子的最近发展区，发掘出孩子的最大潜能。

密室大战

游戏观察

户外游戏时，辰辰用万能磨盘和管子搭建大炮，呱呱说："没法隐蔽，太容易中弹了。"教师反问："怎样解决这个问题呢？"大家立马讨论，提出建堡垒、修城墙等方法。于是，男孩开始探索堡垒、武器、军营以及对战游戏（见图12.12）。辰辰队的润润组装大炮，他搭建出来的大炮高矮不同并可以旋转，他神气地说："看我的超级

图 12.12

大炮，360°无死角！”朗朗队每人拿着一根积塑管，说：“它能当望远镜，也能当机关枪。”呱呱队找来垫子，试图把垫子竖立起来做城墙，可垫子不一会儿就倒了，七仔搬来几个大轮胎撑在后面，成功解决了垫子倒塌的问题，乐乐说：“还是你厉害！”呱呱说：“还需要炸药包，器材室里的沙包能当炸药包。”

“密室大战”开始，大家嘴里不断发出“轰轰轰，轰轰轰”的声音，呱呱队趁对方没注意，在对方军营里丢了几个“炸药包”，辰辰发现后，冲过去把他们的城墙全推倒了。乐乐顿时手叉腰、红着脸大声说：“你为什么要推我们的墙？给我们修好！”朗朗和队友帮他们修好，大家又继续游戏。整个对战游戏持续了将近40分钟，孩子们一个个举着枪支和炮弹奔跑着、躲避着……即使汗流浃背，也迟迟不肯结束游戏（见图12.13、图12.14和视频“密室大战”）。

密室大战

图12.13

图12.14

游戏解读

经验解读

北京师范大学刘焱教授指出：“户外游戏活动是幼儿认识自我以及探索、体验和认识外部环境的重要方式，它有益于幼儿的心理健康，可以促进幼儿各方面的学习与发展。”[①] 在建堡垒、修城墙、组装大炮的过程中，幼儿的建构能力、材料使用能力、创造性思维能力在不断积累和提高。同时，幼儿在游戏中“追逐、冒险、躲避、对战”等发展了大肌肉动作，提高了动作的协调性和灵活性，增强了力量和耐力。此

① 刘焱．儿童游戏通论［M］．北京：北京师范大学出版社，2004．

外，游戏中他们通过分析、讨论和协商解决问题，问题解决能力也得到了锻炼。

问题解读

对战游戏中，因为一方战胜另一方，辰辰队把呱呱队的城墙推倒，从而引发了矛盾。中班幼儿争强好胜，当自身需求和愿望得不到满足时，难免会出现一些过激行为。游戏中，幼儿意识到自己不对，愿意听从他人的建议，商量解决问题，乐意合作修好城墙，这不仅使游戏进程得以推进，也使幼儿的社会能力得到发展。

需求解读

游戏中，男孩表现出对战的需求。他们根据自己的兴趣，联系已有经验，借助于游戏材料组装枪支、炮弹，并不断进行调整，让游戏进一步升级。幼儿一个个汗流浃背，却仍能持续玩将近 40 分钟，这说明他们需要一定的游戏时长，也说明兴趣才是幼儿投入游戏的前提。

游戏支持

当呱呱发现没有地方躲避辰辰的大炮时，教师以提问引发大家思考。之后，幼儿与同伴共同协商解决问题，通过搭建可以做掩护的堡垒和城墙，助推游戏从“密室闯关”过渡到“密室大战”。这说明好问题是激发幼儿智慧火花的关键，也是影响游戏能否继续的关键。

在整个游戏过程中，教师通过观察了解幼儿游戏的全貌，不急于介入或干扰幼儿的游戏，支持幼儿自主思考、解决问题。探索堡垒、武器，用积塑管当望远镜、机关枪等，都是幼儿通过探索低结构材料萌发创造性的表现。

* * *

从“垫子初体验”到“密室大战”，教师秉承以儿童为中心的理念，放手让幼儿探索，相信他们是天生的学习者，激发他们主动参与游戏的愿望与兴趣。同时，发现幼儿的潜在能力，创设自主的游戏环境，提供丰富的游戏材料，用幼儿喜欢的方式支持他们自主学习、自主探究、自主创造，在游戏中收获经验和问题解决能力，养成良好的习惯和品质，让每个幼儿都能通过自主游戏获得多方面的发展。

（作者：湖南省岳阳市平江县幼儿教育中心第二幼儿园　江玉；
指导教师：曾小玲，陈坤）

案例十三 沙水记

自小班起，幼儿就对沙水区非常感兴趣，渴望玩沙玩水。中班下学期第二周，孩子们终于盼来了沙水区游戏，一个个喜出望外、兴奋不已。

春天是播种的季节。在这个季节背景下，孩子们对灌溉、种植产生了浓厚的兴趣。他们搭建水渠、播种、灌溉水稻，一系列行为伴随着在游戏中的探索而产生，越来越多关于游戏的想法也在生根发芽。

搭 建 水 渠

游戏观察

运海洋球

游戏一开始，元宝、诚诚、翔翔和其他几个小伙伴就约定结伴游戏。他们选定有水龙头的一处沙池，翔翔将透明长管与水龙头连接，元宝提议："我们试试看能不能把长管堵住，让水流不出来。"他们一起拿来铲子，铲沙将透明长管口堵住（见图 13.1）。1 分钟左右，豆豆大声说："啊，水流出来了！"元宝和诚诚又继续堆沙，堆成了一个小山丘，元宝还时不时地用铲子拍打一下沙堆，把它拍得紧紧的，于是水慢慢往回流。"快看，水往上走啦！"翔翔大喊一声。这时，苗苗往长管里放了一个海洋球，说："你们看，海洋球要被水运出来啦！"（见图 13.2）孩子们都停下来，看着海洋球随着水位不断上升，直至被运出来。

图 13.1

图 13.2

水渠堵住了

图 13.3

海洋球被水运出来后，元宝把沙堆铲开，水“哗”的一下从水管里全淌进沙池中。他们发出“哇”的一声，引来更多小朋友观看。翔翔说：“我们现在把水管加长吧。”小伙伴们去拿材料，将透明水管和 PVC 管连接，康康和南歌往 PVC 管中铲沙子。祺祺看着康康和南歌说：“不要再放沙子了，这里都堵住了，我们快点把沙子弄出去。”于是，有的幼儿用铲子把沙子推到管道口，有的幼儿用手把沙子抓出来（见图 13.3），约 2 分钟后，管道里的沙子变少，水路逐渐畅通。

转弯的水渠

这边，小鱼和珍珍把水管拼好后，打开水龙头，但出水口没有水流出。小鱼蹲下身看着透明水管，在透明水管与 PVC 管连接的缝隙处挖了一个洞，将竹竿放至缝隙下，又把竹竿拿开，在缝隙下堆沙子，接着又蹲下身，往 PVC 管两端接口处看了看（见图 13.4）。随后他拿起透明管道一端，用另一只手拿着 PVC 管，将 PVC 管拼插进透明管道，将其连接好以后，又去另一端进行同样的调整，然后转身打开水龙头（见图 13.5）。水路通了。

图 13.4

图 13.5

水渠通水了，珍珍指了指在水渠旁立着的竹竿，说："你看，小鱼，我刚在你旁边种了一棵树，我们一起来给它浇水吧。"小鱼说："好的，我去拿水盆。"小鱼说完就去拿了不锈钢水盆，蹲下身在管道口接水，接满后把水盆递给珍珍："给你，你快去吧，待会儿如果你还需要，我再给你接。"珍珍说："好，我要赶快去了，小树都快干死了。"

浇完水，珍珍把空盆递给小鱼，说："这里只有一棵树，这个沙漠太干了。"小鱼说："我们可以多种点树，这样沙漠里就会有很多小树了。"珍珍说："那我们再去拿点竹竿来。我来种树，你就接水，不然待会儿树都要干死了。"小鱼说："可以，那我马上去接水。"小鱼拿着盆走向水渠边，蹲下身开始接水。珍珍在旁边种下一棵棵"小树"，对小鱼说："你要快点，我种了好多树了。""好的，马上！"小鱼接完一盆水就拿过来，等珍珍浇完水再去接。

图 13.6

5 分钟过去，珍珍种了好几棵树，小鱼一共只接了两盆水。珍珍说："不行，我们这样太慢了，小树都喝不到水。"小鱼说："要不我们把水管接长吧，直接通到小树旁边，那样你就可以拿小杯子舀水。"珍珍说："好呀好呀。"小鱼将转接头连接到水管的终端，水渠开始转向了，他又将水管进行延长（见图 13.6），离"小树"越来越近了！

游戏解读

经验解读

皮亚杰认知理论表明，图式是主体对于某类活动的相对稳定的行为模式或认知结构[①]。游戏中，幼儿在与自然材料（沙、水）、辅助材料（塑料管）等的互动中，表现出了连接图式与搬运图式、随着游戏的推进，幼儿图式的发展水平也不断提升，从感知－运动水平发展到符合表征水平，比如把竹竿当作小树。

3—6 岁儿童处于语言发展的关键期，《指南》对学龄前儿童提出的倾听与表达目

---

① 石向实．论皮亚杰的图式理论［J］．内蒙古社会科学（文史哲版），1994（3）：11-16．

标有“认真听并能听懂常用语言”“愿意讲话并能清楚地表达”。游戏中幼儿通过实际操作对沙水的特性进行探索，沟通时对复杂指令如“不要再放沙子了，这里都堵住了，我们快点把沙子弄出去”能做出准确回应，部分幼儿还能结合情境理解一些表示因果、假设等相对复杂的句子，说明了其理解性倾听能力和表达能力的发展。

幼儿在与自然连接的过程中，感受沙水的流动性和可塑性，观察渗透、流动、凝固、沉淀等现象，感知粗细、冷热、多少、深浅等概念，发展了科学探究与数学认知能力。

问题解读

《指南》指出：“幼儿的科学学习是在探究具体事物和解决实际问题中，尝试发现事物间的异同和联系的过程。”当游戏中出现管道漏水、堵塞等情况时，幼儿主动发现问题所在，调整管道的连接方式，及时用语言提醒同伴，和同伴一起利用材料解决问题，在尝试判断、推理的过程中，其逻辑思维能力逐步发展。但幼儿对部分材料（如沙子、竹竿）还处于简单探索的阶段，对其特性缺乏全面了解，因此解决漏水问题时会采用这两种材料。

需求解读

游戏中，幼儿的多种游戏行为都指向水的流动这一问题。在找寻使水流动得更通畅的方法时，幼儿展现出极大的兴趣和需求。这一问题在得到解决的同时，也为下一步游戏奠定了基础。

游戏支持

游戏中，教师并未提供显性的游戏指导，而是采用隐性的观察，以发现幼儿的兴趣和需求。游戏后，教师组织幼儿进行游戏分享和反思，引导幼儿观察两组图片的不同之处，从而发现使水流得通畅的方法。教师还组织幼儿讨论：如何让水更好地流动？通过小组讨论，幼儿拟从管道连接、摆放角度、清洁度及水流大小等方面解决水流的通畅问题。

“岩浆”行动

游戏观察

阻止“岩浆”流出

小鱼、紫淇、南歌去材料区拿了些长 PVC 管和铲子，小鱼将 PVC 管连接至水龙头，将一个转接头连接到 PVC 管底部，南歌走过去将水龙头打开。紫淇说：“你把水弄到我身上了，待会儿我的身体就会被弄湿。”小鱼说：“是的，现在是春天，水弄到身上会使人着凉，要不我们把它当作岩浆吧。”南歌说：“是火山爆发后喷出的岩浆吗？”小鱼回应道：“对呀，那个岩浆可危险了，一定不能让它溅到身上，不然就会被烧伤。”紫淇说：“好呀，我们就实施岩浆行动吧，但是一定要注意安全哦！”

图 13.7

紫淇和小鱼把沙子盖在转接头上（见图 13.7），元宝正要打开水龙头，俊俊说：“开小一点哦，待会儿岩浆就会喷到我们身上了。”元宝轻轻拧开水龙头，伴随着小朋友们的惊叫声，“岩浆”流出来了。

约 2 分钟后，“岩浆”慢慢地将转接头处的沙子浸湿了，小朋友们都凑过去看。南歌说：“不好了，岩浆要出来了，我们有危险。”九九说：“我们得想个办法了！”小鱼说：“要不我们在旁边挖个洞，把岩浆引到这里来吧。”

图 13.8

转移“岩浆”

说做就做，元宝和小鱼拿着铲子在管道口你一铲我一铲地挖沙坑（见图 13.8）。不到半分钟，小鱼停下挖沙动作，对南歌说：“这里人满了，你去把被岩浆浸过的沙子清理一下吧。”南歌点点头，用铲子把转接头上的沙子往下刮，3 分钟后，沙子被全部清理完毕。九九又抱了一些 PVC 管，将其放下后说："你们挖这个怎么能把岩浆引过来？难道你们不用管子接吗？我拿了很多管子，我们要把管子连接一下。"

九九将手里的 PVC 管与南歌清理的管道连接，小鱼挖好沙坑后过来了。九九说："俊俊，你再去拿点这个管来，我们把它接长一点，把岩浆转移到很远的地方去。"小鱼说："九九，我也来帮你一起接管子。"

九九递给小鱼一根 PVC 管，两个人一起行动，将所有材料连接好了。九九说："我们的岩浆管道要进行测试了。"瑾瑜说："我要准备释放岩浆啦，大家要小心。"

站在一旁的小朋友听后，立马远离管道，"岩浆"从水管里开始流动了。小鱼说："哎，岩浆流到地上了，没经过下面的管道，待会儿会流到我们身上的，这样不行。"瑾瑜立马把水龙头拧上，问："到底是哪里出问题了？"

小朋友们围过来，元宝拿着铲子，将沙子堆在其中一个漏"岩浆"的接口处。小鱼走到"岩浆"断流处，立马说："我知道了，我们连接管道的方式不对，要把这个管道插进透明管道里面，我上次也是这样的，你们看。"小鱼边说边调整了管道连接方式，并继续看下一处。在把管道连接方式都调整好后，瑾瑜再次打开水龙头进行测试，"岩浆"从水管流进了沙坑中。"耶，我们保护了自己，岩浆转移啦！"小朋友们都笑着拍拍手。

接"岩浆"

"岩浆"开始流动后，九九站在管道旁，歪头看着管道下端（见图 13.9），说："你们看，其实岩浆还是会漏出来，如果一直流，会弄到我们身上，待会儿沙地中都

图 13.9

是岩浆，我们都走不了。”俊俊说：“我们要不用沙子堵住这里吧？”南歌说：“沙子堵不住呀，你忘了，它还是会流到沙子上。”紫淇说：“我们用盘子接一下，不让它流到沙地里。”孩子们都点了点头，他们拿来小盘子，将其放于每个“岩浆”泄漏之处，危机再一次解除。

游戏解读

经验解读

《指南》社会领域“人际交往”子领域目标3的典型表现指出，4—5岁幼儿“能按自己的想法进行游戏或其他活动”。游戏中，幼儿为避免水溅湿衣服而发起躲避“岩浆”的游戏，且有意识、有目的地利用管道、水流大小、工具等。整个过程中，幼儿围绕计划专注地游戏，将所想、所说与所做联系起来，这既是幼儿学习主动性的表现，也是幼儿良好的学习习惯的表现。

3—6岁是儿童习惯养成的关键期。《指南》健康领域“生活习惯与生活能力”子领域目标3提出，幼儿应“具备基本的安全知识和自我保护能力”。在“岩浆”行动中，幼儿对“岩浆”的流动、喷发有一定的安全意识，知道“岩浆”是非常危险的液体，这反映出幼儿的生活经验丰富，能做出有益于健康的选择，知道要保护好自己的身体。

问题解读

幼儿在“岩浆”行动中发现“岩浆”出现泄漏和不流通的问题时，能通过回顾之前的游戏经验，发现问题所在，并以此为依据调整自己的游戏行为。

需求解读

转移“岩浆”时，教师观察到幼儿寻找PVC管和转接头花费了较长时间（约有10分钟），这说明材料类型、材料投放位置等可能还满足不了幼儿的游戏需求。

游戏支持

游戏过程中，教师关注到幼儿取材料的时间偏长，便走进材料区，以儿童视角发现了材料摆放无序的问题，此时教师是一名观察者。游戏结束时，教师以即时参与者的身份，与幼儿共同摆放材料，并不断引导幼儿利用标识有序摆放，同时提出保持环境干净、整洁的要求。这不仅为下一次游戏节省了时间成本，也为幼儿在该环境中获得丰富的经验提供了可能性，符合《评估指南》和《纲要》的要求，即教师要成为幼儿的观察者、倾听者，成为幼儿学习活动的支持者、合作者、引导者。

种“水稻”

游戏观察

规划“水稻”种植地

霏霏、紫淇、沐沐、言言四个小朋友看着沙池里种的“小树”，言言说：“我们也种一点东西吧。种什么好呢？小树可以给我们带来新鲜空气，我们要不种一些能为我们提供食物的植物吧。”霏霏说：“好呀！我们这么多人，要不一起种水稻吧。如果水稻长好了，我们还能和别人一起分享。”言言来到水龙头旁，说：“我们就在这里种吧。”霏霏回应道：“可以呀，那我和你挖个大洞用来种水稻吧。”沐沐对紫淇说：“我们两个人去给她们拿材料吧，让她们守着这个场地，待会儿别让别人占领我们的位置。”

于是，沐沐、紫淇去拿了几把塑料铲过来，两个小朋友挖出种“水稻”的空地（见图13.10）。霏霏说：“我们把水稻种这么远，怎么浇水啊？”言言说：“我们可以提着水桶来浇水呀。”紫淇说：“水桶提着太累了，我们想办法把水引到这里来吧。”霏霏说：“好呀好呀，我们可以建一条长长的水渠，把水引到水稻这边。”

图 13.10

建水渠

沐沐赶紧和紫淇一起把建水渠要用的管子（两根 PVC 管）搬到沙池里。沐沐先将半圆形 PVC 管搭在圆台边和沙池连接，再将透明的 PVC 管和半圆形的 PVC 管连接。透明的 PVC 管有些晃动，言言就铲了很多沙子，把管子出水口上端盖住。固定好 PVC 管后，紫淇用手把出水口的沙子掏空，霏霏打开水龙头，水流动了（见图 13.11）。言言和紫淇坐在出水口看着管

图 13.11

图 13.12

道，说："没有水呀。"言言看向霏霏，说："霏霏把水开大一点儿，看看行不行。"霏霏笑着边点头边说："嘿嘿，我刚才怕把水弄到身上。"

霏霏把水龙头开到最大，但出水口的水依旧很小。旁边的言言看了看管道，说："水全部溅到外面去了，我们得想个办法。老师，你可以帮帮我们吗？"教师问道："你们觉得还有哪些地方可以调整呢？我们上次讨论了很多种可以让水流畅通的方法。"言言看了看水管，突然提高了音量说："哦！我知道了。"说完她走上圆台，把水龙头关了，将管子全部平铺到地上，并走上前把两个水管调换了位置，将透明水管的弯头部分对准水龙头，将半圆形水管放在下端，然后打开水龙头，开到最大，原先溅到外面的水全部流进了管道中（见图 13.12）。

灌溉"水稻"

水渠接通后，紫淇拿来一些樟树籽说："这就是我们的水稻，谁想种？"四个小朋友拿了"种子"在稻田里播种。撒好种子后就要开始浇灌了，霏霏走向水龙头处，喊道："我要放水啦！"四个小朋友看着水流入"稻田"，逐渐使田里聚满了水。

游戏解读

经验解读

《指南》科学领域"科学探究"子领域目标 2 指出，幼儿应"具有初步的探究能力"。游戏中，幼儿根据观察猜测"水流过小、管道类型不合适"是水流不畅通的问题根源，且通过实践验证猜测，独立解决了问题。

4—5 岁幼儿的社会交往能力明显提高，有意行为开始发展。游戏中，幼儿能根据游戏主题相互协商，约定角色分工，共同围绕主题持续进行游戏，并伴随友好、助人、合作等行为。

象征性游戏是 2—6 岁幼儿典型的游戏形式，且随着儿童年龄增长进入发展的高峰期和成熟期。游戏中，幼儿在种植"水稻"的过程中出现的以物代物，如用"樟树籽”代替“水稻种子”，以及扮演农民伯伯的角色，都说明象征性游戏是该阶段最常见、幼儿最喜爱的游戏形式，而该游戏也是真正反映人类活动特点、具有社会意义的活动。

美国创造心理学家泰勒将创造力划分为五个层次，幼儿处于表达式的创造阶段（第一层次），即以自由和兴致为基础，因情境而产生，随兴致而感发，却具有某种创意的行为表现[①]。幼儿游戏主题的发起，以及随主题产生的开垦“稻田”、种“水稻”等一系列游戏行为皆是他们随兴趣、情境而产生的，即泰勒所说的创造力的第一层次。幼儿的创意看似天马行空，缺乏严密的逻辑性，但我们不能否定幼儿创造力的潜在价值，它是高水平、高层次创造力的基础。

问题解读

幼儿在搭建水渠过程中发现水流不畅通时，先基于问题进行观察，进而推断是水流过小的缘故，于是加大水流进行调整，最后验证自己的猜测。虽然这不是最终原因，但是幼儿解决问题的过程体现了他们的思维具有一定的逻辑性和连贯性，体现了幼儿发现并解决问题的思路或策略。

需求解读

游戏中，幼儿有着显性的需求，即当他们面对困难时，会用语言求助。这反映出他们对材料特性的了解不足，他们需要在了解不同材料的优势和不足的基础上，开展后续游戏。

游戏支持

当幼儿遇到困难向教师求助时，教师即时介入，采用引导性问题，有效助推幼儿的深度学习。教师的提问，可以唤醒幼儿的已有经验，启发他们主动思考解决问题的办法，在积累经验的同时内化经验。

* * *

在沙水区的游戏中，幼儿收获满满。幼儿经过不断探索，对沙水有了更立体、更深入的认识。随着游戏不断推进，幼儿也丰富了对粗细、冷热、多少、深浅等概念的

① 王小英. 幼儿创造力发展的特点及其教育教学对策［J］. 东北师大学报，2005（2）：149-154.

认知，发展了同伴间的合作协商与交往能力、解决问题能力、想象创造能力、逻辑思维能力；同时，培养了坚持、专注的学习品质，收获了参与游戏的快乐。幼儿对沙水游戏如此感兴趣，作为教师，应鼓励幼儿持续推进游戏、创造游戏，深挖游戏价值，在游戏不断进阶的过程中让幼儿获得更好的游戏体验和成长空间。

（作者：湖南省人民政府直属机关第一幼儿院　廖苗）

案例十四　跳水板上的“水精灵”

这天，户外自主游戏结束后，在返回教室的路上，教师听到了孩子们的对话。搴搴说：“刚刚我看到大班的哥哥姐姐从很高的大木箱上跳下来，感觉这个游戏好好玩呀！他们真像电视里的跳水运动员，我也好想玩。”博博说：“我昨天在电视上看了跳水比赛，陈芋汐姐姐获得了冠军。”搴搴说：“我观看了奥运会，全红婵姐姐也获得了跳水冠军。”瑾瑾马上说：“我也认识全红婵姐姐，她可厉害了。”博博说：“那我们明天也玩跳水吧！”豪豪说：“跳台用什么材料搭呢？”谈起跳水，孩子们很兴奋。教师抓住孩子们的兴趣点，让他们围绕话题展开讨论，跳水游戏就这样开始了。

花样跳板跳水

游戏观察

孩子们在大木箱箱体的洞中插入两块木板，在下面铺了三块地垫。他们从大木箱跳到木板上，再跳到地垫上，还做了一个前滚翻。豪豪做了旋转跳（见图 14.1），新玩法引发了小伙伴的模仿，只有轩轩观望了 15 分钟，最后还是直接跳了下去。（见视频“花样跳板跳水”）

花样跳板跳水

游戏后，在分享与交流环节（见图 14.2），豪豪说：“我先是朝前跳，然后我就变成旋转跳了，这是高难度的。”教师问：“你是怎样让自己的身体旋转起来的呢？”豪豪回答：“身体要弯一点，膝盖也要弯一点，要背朝木板，用很大的力气跳才能完成旋转跳。”轩轩说：“我也想像豪豪一样玩，可是我害怕，我觉得木板在动。”教师问：“你们有什么好办法帮助他吗？”月月说：“他害怕，我们可以把木板固定好，木板不摇了，轩轩就不害怕了。”教师问：“怎样才能把木板固定好呢？”博博说：“我们把木板卡好就行了。”搴搴说：“多放几块木板。”博博说：“不可以！木箱的洞口处只能放两块木板，多了就不行了，如果是放在木箱上面就卡不稳了。”教师说：“明天可以试一试你们刚刚说到的把木板卡在木箱洞口里的办法，看看是否能成功。”

图 14.1

图 14.2

游戏解读

经验解读

游戏中，幼儿将木箱、木梯、木板、地垫连接起来的行为，让我们看到了“连接图式”在幼儿游戏中的体现。他们重复探索从木箱向下跳的不同方式，学习用“上”“下”“高”“低”“转”“滚”等概念表述自己的游戏行为与过程，感受游戏带来的自信与快乐，这反映了动态垂直图式，即幼儿喜欢探究有关高度的概念，进行与高度有关的活动①。斯特拉·路易斯等人认为，“穿过边界图式”是指幼儿探索让某个物体或者他们自己穿过一个边界，然后出现在另一端的情况②。游戏中幼儿将木板插入木箱的洞口中，并让木板穿过木箱的两端，体现了这一图式。

《指南》健康领域“动作发展”子领域目标 1 的典型表现指出，4—5 岁幼儿“能在较窄的低矮物体上平稳地走一段距离”。游戏中，幼儿能以手脚并用的方式爬上木箱，跳到木板上，再跳到地垫上进行前滚翻，体现出他们具有一定的平衡能力，动作协调、灵敏。

问题解读

轩轩提出自己也想像豪豪一样玩旋转跳，但是他很害怕，教师通过开放式提问（“你们有什么好办法帮助他吗？”），请其他孩子帮轩轩想办法解决这一问题。幼儿调动已有的游戏经验，想到了可以用多种办法来解决木板不稳定的问题。虽然他们的办

---

① 路易斯，贝斯威克，费瑟斯通，等. 认识婴幼儿的游戏图式：图式背后的秘密［M］. 张晖，范忆，时萍，译. 北京：中国轻工业出版社，2019：19.

② 格里梅. 观察婴幼儿的游戏图式：支持和拓展儿童的学习［M］. 张晖，译. 北京：中国轻工业出版社，2021：65.

法不一定能够成功，但思考和试误的过程比直接知道答案更为珍贵。

需求解读

游戏中，轩轩一直在看别人旋转跳，在经过 15 分钟的“内心挣扎”后，还是选择直接跳下，可见他因为没有足够的安全感而不敢尝试，但内心对豪豪的游戏又很感兴趣。这说明轩轩不仅有对材料与环境的需求，还有自身动作发展及得到同伴、教师的帮助的需求。

游戏支持

游戏前，教师和幼儿在游戏场地上放置了大量低结构、可自由组合的材料，为幼儿拓展游戏创造了有利条件。游戏中，对自己感兴趣的事情，幼儿的动机水平、参与度、坚持度与专注度明显提高。游戏后的分享与交流环节，教师的引导性提问引发了大家的讨论，幼儿在已有游戏经验的基础上各抒己见、继续思考，为后续游戏打下了基础。

调整跳板，再次跳水

游戏观察

第二天，豪豪、瑾瑾等幼儿尝试固定木板。他们先放了两块不一样长的木板，轩轩跳下后拿走了一块短木板（见图 14.3），说：“太短了。”说完，他拿来一块一样长的长木板放好。博博想调整木板，可木板掉下去了，经过反复固定，最后将木板卡在大木箱上。轩轩接着以旋转身体的姿态跳了下去（见图 14.4）。（见视频“调整跳板，再次跳水”）

调整跳板，再次跳水

图 14.3

图 14.4

图 14.5

游戏分享环节，孩子们记录游戏故事并交流游戏感受。博博说："我觉得下次我们可以挑战从更高的地方跳下来，这样更刺激！"搴搴说："我们可以再搬一个木箱上去。"博博说："木箱太重了，我们怎么搬上去呢？"搴搴说："我们一起把木箱抬上去！"轩轩说："我爷爷使用扁担搬运货物，还用过木板，我们可以试试。"教师说："很期待你们的双层跳台游戏，加油！"孩子们把自己想到的办法画了下来（见图 14.5）。

游戏解读

经验解读

《指导要点》学习准备之"学习习惯"的具体表现指出："能坚持做完一件事，遇到困难不放弃。"幼儿固定木板时发现选用的木板太短，更换为长的木板后又出现反复掉下去的情况，于是反复调整，直到最终获得成功。在这一过程中我们也看到了旋转图式和定向图式，如豪豪从第一阶段游戏开始，每次的跳跃动作都是旋转，表明他对旋转动作非常感兴趣，也说明他可能在探索从不同角度看周围环境。

问题解读

幼儿在固定木板时遇到了选择的木板太短、更换后的木板容易掉下去的问题，他们按照尝试—检验—调整—再检验的路径发现问题、解决问题。游戏分享环节，幼儿对下阶段的游戏提出了更高挑战。博博听到搴搴提出再搬一个木箱上去的想法时，提出了质疑，说明博博具有初步的批判性思维能力，能独立思考、提前预判游戏中可能出现的问题。搴搴和轩轩针对博博的质疑大胆发表自己的观点，并借鉴日常生活经验，将搬运木箱和家中运货的工具联系起来，说明他们开始探究周围事物之间的关联。

需求解读

幼儿提出"可以从更高的地方跳下来，这样更刺激"的想法，这一方面说明他喜欢具有挑战性的游戏，当前的游戏已经不能满足其需求；另一方面说明他对游戏感兴趣，希望能玩更高难度的"跳水"游戏。

游戏支持

游戏中，教师没有直接介入，而是睁大眼、竖起耳，默默观察和倾听，给予了幼儿充分的信任和放手。游戏分享环节，教师始终带着“他们会怎么说”“他们为什么这么说”的想法，聆听幼儿的心声，与幼儿交流互动，以激励的语言表达自己的期待，促进幼儿游戏的持续开展。

搭建双层跳台

游戏观察

孩子们想搬一个中号木箱到大木箱上。他们先一起合作，试图把中号木箱抬上去，但发现中号木箱太重，抬不上去。轩轩看到旁边有用木板做成的斜坡滑梯，突然想到了办法。他引导同伴搬来木板以搭建斜坡，几人共同合作，利用斜坡将木箱向上推（见图 14.6），中号木箱终于被推到了大木箱上（见图 14.7）。（见视频“搭建双层跳台”）

搭建双层跳台

图 14.6

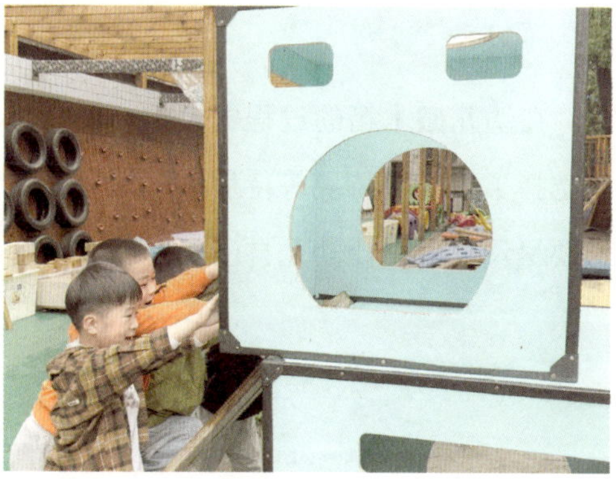

图 14.7

游戏解读

经验解读

“搬运图式”是指幼儿把物品从一个地方移到另一个地方[①]。游戏中幼儿将旁边的

① 路易斯，贝斯威克，费瑟斯通，等. 认识婴幼儿的游戏图式：图式背后的秘密［M］. 张晖，范忆，时萍，译. 北京：中国轻工业出版社，2019：78.

木板搬运到木箱旁、将中号木箱搬运到大木箱上的行为，让我们看到了“搬运图式”在幼儿游戏中的体现。当幼儿多次尝试将木箱抬上去但都没有成功时，轩轩看到旁边有用木板做成的斜坡，于是他引导同伴也搬来木板做斜坡，几人一起努力，把木箱推了上去。这体现了幼儿在探究中注意观察周围的事物与现象，能迁移运用一定的生活经验。

问题解读

游戏中，面对无法将中号木箱抬到大木箱上这一问题，轩轩巧妙地引导同伴将平滑的木板搭在大木箱上，利用木板与大木箱的坡度，将木箱推了上去。轩轩通过观察生活中的事物，巧妙地和同伴搭建了斜坡，从而更轻松地达到了目的。这说明游戏不仅来源于生活，也融于生活之中。

需求解读

木箱太重，幼儿抬不上去，他们一方面需要将木箱抬上去；另一方面需要同伴或教师的协助来完成这一任务。轩轩通过观察周围事物，成功解决了这一难题，满足了自己和同伴游戏的需求。

游戏支持

在幼儿搬木箱的过程中，教师因为担心木箱掉下来而想介入其中，但犹豫过后最终选择了继续等待。等待后教师惊喜地发现，幼儿凭借自己的努力成功了。所以，我们要尽量放手，让幼儿自己发现问题、解决问题。

高台跳水

游戏观察

在把木箱搬上去后，幼儿又发现了新问题。坛坛说：“这边没有卡住，太危险了。”（见图 14.8）骞骞说：“现在还是在危险中。”坛坛说：“拿东西撑住。”骞骞说：“拿什么撑住呢？”博博说：“我们先计算一下它们的角度和重量。”坛坛说：“我们需要找东西来撑住。”骞骞说：“这边需要东西支撑，去拿个不会倒下去的东西。”博博说：“拿这个？”博博搬来长凳（见图 14.9）。坛坛说：“用这个不行，木箱会掉下来的。”博博说：“我们需要更重的东西。”说完，博博拖来一个小木箱，把小木箱往上推，使小木箱的扣子刚好压在木板上（图见 14.10）。坛坛说：“移过去点。”坛坛把长凳挡在木箱下面，说：“我用木箱撑住了。”（见图 14.11）

图 14.8

图 14.9

图 14.10

图 14.11

博博跳时，上面的木箱翘起来了（见图 14.12）。博博说：“吓死我了！”教师及时靠近。博博说：“刚才我到那里时，木箱斜了。”豪豪说：“太松了。”博博说：“没有松，这里卡住了。”豪豪说：“因为你站在上面太重了。”骞骞说：“木箱一边太重了，就会翘起来，你可以把这边压住。”骞骞爬到后面的木板上，说：“我把这儿压住就好了。”（见图 14.13）教师回应：“你们试试！”博博又慢慢走到木板处往下跳（见图 14.14），这次他安全地着地了。（见视频“高台跳水”）

高台跳水

分享环节，博博分享了他们的游戏，并制订了下一次游戏的计划。他说：“电视里还有两个人一起跳水的时候，我想下一次和好朋友一起玩，搭两个跳水台，数‘3，2，1’就一起跳下去。”

图 14.12

图 14.13

图 14.14

游戏解读

经验解读

《指南》社会领域“人际交往”子领域目标 3 的典型表现指出，4—5 岁幼儿“敢于尝试有一定难度的活动和任务”。游戏中，几名幼儿一直不断地尝试固定跳板，整个过程持续了几分钟，说明这对于中班孩子来说有一定难度。但幼儿通过尝试，最后成功解决了这个问题。紧接着，木箱翘起来的新问题又出现了，幼儿也没有放弃，而是寻找木箱翘起来的原因，并想办法解决。幼儿在不断发现问题、解决问题的过程中，积累经验，形成良好的学习品质。

问题解读

在本阶段游戏中，幼儿遇到了两个问题：一是如何固定住跳板；二是如何不让木箱翘起来。幼儿在反复尝试后，最终解决了问题。这说明中班幼儿具备自己发现问题、解决问题的能力，也说明他们不仅具有冒险精神，还具有自我保护的意识。

需求解读

从幼儿的游戏分享中，我们看到了幼儿对下一次游戏的计划。计划的产生来源于日常生活经验，说明他们有双人跳水的游戏需求。

游戏支持

教师大胆放手，把游戏的权利还给幼儿。不论是在选择游戏主题还是在扩展游戏内容方面，教师始终以观察者、支持者的角色出现在幼儿的游戏中。当幼儿遇到问题时，教师选择观察、等待、靠近，以便在必要时可以介入。在保证幼儿安全的情况下，教师给幼儿足够的时间和空间，给予幼儿自己发现问题、解决问题的机会。

双人跳台跳板跳水

游戏观察

孩子们搭了两个跳水台玩游戏（见图 14.15）。轩轩发现地垫斜了，说：“瀚瀚，你下去把那个地垫整理好。”瀚瀚整理好后，孩子们一个接一个地往下跳。（见视频“双人跳台跳板跳水”）

双人跳台跳板跳水

在分享环节，轩轩说：“我正要跳的时候，发现地垫被移动了，太危险了，我喊瀚瀚去整理好了才跳的。”搴搴说：“跳水运动员在跳水比赛中会产生水花，水花小，分数就高，可我们没有水花呀！”大家又陷入新的思考。教师追问：“可以用什么材料代替水花呢？”瀚瀚说：“用空矿泉水瓶子！”“好！我们就可以比赛了！”博博说。

图 14.15

游戏解读

经验解读

游戏中，孩子们爬上跳下的行为，让我们看到了“轨迹图式”在幼儿游戏中的展现。他们兴奋地爬上和跳下，体会利用自己的身体探索“轨迹图式”带来的喜悦，这激励着他们进一步去冒险，而这样的冒险对他们的学习和发展至关重要。当幼儿爬上和跳下时，其身体技能（包括力量和平衡感）得到了发展。这些动作也有利于大脑中神经连接的形成，促进了幼儿的注意力和自我调节能力的发展[①]。

问题解读

当搴搴提出“跳水运动员在跳水比赛中会产生水花，水花小，分数就高，可我们没有水花呀！”时，说明游戏中出现了新问题，这让大家又陷入新的思考。而教师提出的“可以用什么材料代替水花呢？”这一问题，进一步引发幼儿深入思考。

---

① 柯蒂斯，贾伯内塔．读懂儿童的思维：支持自主游戏中的图式探索［M］．张晖，译．北京：中国轻工业出版社，2022：35．

需求解读

当寨寨提出问题后，其他幼儿想到了用矿泉水瓶代替水花的办法，说明后续游戏中幼儿会对空矿泉水瓶有需求。教师应为幼儿提供充足的低结构材料，满足幼儿不同的游戏需求。

游戏支持

当游戏中出现新问题时，教师通过提问介入，成功引导幼儿想到解决办法——用空矿泉水瓶代替水花。教师可提供一些低结构材料，供幼儿对材料进行组合创新，自主发掘更多新的玩法，满足幼儿不断挑战自我的愿望，使幼儿保持游戏兴趣。

* * *

在花样跳水游戏中，幼儿从兴趣出发，开展了 5 个阶段的游戏，每个阶段都反映了不断递进的学习过程。连续的游戏进程，让我们看到了幼儿是真正的游戏高手。他们不断地发现问题、解决问题，积累相关经验。教师为幼儿提供充足的时间、空间、心理支持条件，基于幼儿的需求投放适宜的材料，以观察者、倾听者的身份记录幼儿的游戏行为，并通过语言、行为等方式鼓励和支持幼儿，推动游戏的持续开展。

（作者：湖南省怀化市新晃侗族自治县幼儿园　沈琦；指导教师：尹敬，姚彦妃）

案例十五　玩绳变奏曲

绳是生活中随处可见的材料，幼儿的很多游戏都和绳（如荡秋千的粗麻绳、串珠子的手工绳、跳皮筋的弹力绳等）有关。

一次餐前活动中，教师表演了一个魔术：将一根毛线绳缠绕在自己的手指上，然后轻轻一扯，绳子就奇迹般地从手指上全部脱落下来。幼儿顿时对此产生了兴趣。墨墨最先抢着说："这种绳子还可以用来串项链吧！"妍妍接着说："这种绳子还可以用来绑东西，我看到奶奶用这种绳子绑过袋子。"辰辰问："啊，那是怎么绑的啊？"妍妍回应道："就是打个结啊。"洋洋也说："打个结就是一个圈圈了呀！我哥哥还用这个翻花绳呢。"……大家就这样七嘴八舌地讨论起来。教师说："原来绳子有这么多不同的玩法，请大家明天都带一根绳子来幼儿园，我们一起玩一玩吧！"于是，一场关于绳子的探索游戏就这样悄然发生了。

自主探索一根绳的玩法

游戏观察

在自主游戏时间，幼儿拿出长度、材质不同的弹力绳、毛线绳、鱼线、麻绳等，开始探索（见图 15.1）。他们或将绳子放在桌面上拨弄出不同的图案，或将绳子缠绕在手指和手腕上，或利用工字钉将绳子挂在墙上设计造型，或在绳上穿一个玩具，并将绳子系在手腕上做"手链"……洋洋一直低着头，双手拨弄着绳子，突然，他举起手上的绳子大喊："噢，我会打结了！有谁跟我一起翻花绳吗？"小朋友们扭过头，久久最先跑过来说："我来我来。"洋洋和久久交叉拉住了绳

拨弄"图案"　缠绕手指　设计"造型"　做"手链"

图 15.1

圈，再用手指去勾绳子。2 分钟后，洋洋对久久说："你放下，我翻好了你再翻。"说完他将身子转过去了一点，久久又从旁边凑过去，用手拉绳子："我也要翻啊。"洋洋大声说："不对不对，翻花绳是你一下我一下……"其他孩子听到争论纷纷围拢过来。

游戏解读

经验解读

绳子是生活中常见的低结构、开放性材料，自主游戏强调放手，允许幼儿有多样的玩法。中班幼儿具备一定的创新意识，他们的玩绳方法不一，各有各的精彩。同时，中班幼儿喜欢与同伴一起玩，有初步的合作意识，但社会行为规则还没有很好地建立起来，因此洋洋和久久对绳子的玩法产生了分歧。

问题解读

与其他幼儿不同，洋洋对翻花绳游戏有一定的前期经验，这让他收获了自信并自然而然地成了该游戏的"领导者"。其他幼儿对翻花绳有强烈的兴趣，但对玩法、规则并不了解，所以在游戏中与洋洋产生了争执。究其原因，除了洋洋在游戏中表现出的强势外，还与幼儿间游戏经验的差异性有比较大的关系。

需求解读

幼儿此刻对新游戏"翻花绳"产生了浓厚的兴趣，基于幼儿经验的不同，他们需要长时间的持续游戏才有机会不断深入探索和创造，因此，明确游戏的规则成了他们亟待解决的问题。

游戏支持

在分享与交流环节，教师以"一根绳的游戏"为话题组织幼儿展开讨论，通过思维碰撞，激发幼儿探索一根绳的玩法的兴趣，同时共同记录关于绳子的不同玩法，并请幼儿投票选择自己最感兴趣的玩法。

《指导要点》社会准备之"诚实守规"的教育建议指出："在日常生活和游戏中培养规则意识，引导幼儿与同伴讨论制定游戏、班级活动规则并自觉遵守。"在分享与交流中，针对幼儿在玩翻花绳游戏中出现的分歧，教师引导幼儿自主讨论游戏规则和玩法。最终，幼儿梳理出两种翻花绳的玩法：单人翻，即由一人用手指将绳翻出各种花样；双人翻，即一人翻出某个造型，另一人接着翻出其他花样，两人交替翻。

如何做绳圈

游戏观察

第二天，很多孩子拿着绳子围着洋洋，观看他翻花绳。果果说："洋洋，怎么翻花绳啊？"壮壮说："是不是要先做一个圈圈啊？"辰辰说："我不会做绳圈，你可以帮我一下吗？"孩子们围在一起一边讨论，一边拿着绳子不断尝试。洋洋站在人群中间，边讲解边示范："看，就是打个结呀，把这个绳子穿过去就行了。"很快，洋洋就做好了绳圈，活动室里顿时爆发出热烈的掌声和"哇"的惊叹声。越来越多的孩子模仿洋洋的动作尝试起来，一次、两次、三次……洋洋手把手地教着同伴。

游戏解读

经验解读

皮亚杰提出：儿童关于知识的理解在很大程度上是自我建构的，但儿童仍然可以从与他人的互动中学到很多内容。游戏中，洋洋做绳圈的经验比较丰富，游戏的技能水平高于同伴。经由他的榜样示范，其他小伙伴获得了"打结"这一技能。

问题解读

幼儿知道翻花绳的第一步是做绳圈，缺乏打结经验成了他们将游戏继续下去的难题。他们主动思考、不断尝试，既解决了难题，也发展了手部动作。

需求解读

中班幼儿以联合游戏为主，他们会出现简单的互动行为，比如相互指挥、模仿、命令等。因此，他们需要良好的社交氛围，以满足同伴交往的需求，获得能力的发展。幼儿模仿洋洋做绳圈的行为，为幼儿之间的积极互动奠定了良好的基础。

游戏支持

《指南》健康领域"动作发展"子领域目标 3 的教育建议指出："创造条件和机会，促进幼儿手的动作灵活协调。"《指导要点》身心准备之"动作协调"的教育建议也指出："在日常生活和游戏中……锻炼手部小肌肉动作。"教师在分享与交流时播放幼儿游戏视频，帮助幼儿总结、梳理"并拢—绕圈—穿绳—拉绳头"的打结方法，既能推动游戏的发展，又能提高幼儿的精细动作水平。

选择最合适的材料

游戏观察

有了打结的经验，幼儿与绳子的互动更多了。做好绳圈后，有的幼儿学着教师变魔术的样子将绳圈套在手腕上或勾在手指头上；有的幼儿和同伴玩起了“翻花绳”游戏……游戏过程中，各种声音传来：“我的结总是松开。”“绳子硬硬的，硌得我手疼，不舒服。”“这根绳子被拉紧的时候把我的手指都勒成一截一截的了。”“这个圈太小了，根本翻不了。”“我的绳圈好大，我的手都没这么长，哈哈！”……

游戏解读

经验解读

随着游戏的推进，幼儿对翻花绳游戏已有初步的认识，知道要用手指对绳圈进行“加工”，从而翻出造型。通过游戏，他们积累了关于材料的直接经验，如绳子的粗细、软硬、大小等方面的特点，也掌握了一定的技能，且能用比较的方法感知绳子的材质是否适合翻花绳。

问题解读

游戏中传来的各种声音，反映出幼儿在游戏中遇到绳结松、绳太硬、手指被勒、绳圈过小或绳圈过大导致翻不成等问题，也说明幼儿能自主发现问题并勇于表达。

需求解读

教师需要为幼儿提供丰富的探索环境与材料。幼儿感受到了不同材质的绳结有着不同的效果，也发现了绳圈的大小会直接影响自己在游戏中的“加工”，因此合适的材料成了他们当前的主要需求。

游戏支持

游戏后，教师采取了以下两种支持策略，引导幼儿解决问题，助推游戏深入发展。

一是引导幼儿探索材料特性，分享游戏感受。《指南》科学领域“数学认知”子领域目标 2 的典型表现指出，4—5 岁幼儿“能感知和区分物体的粗细、厚薄、轻重等量方面的特点，并能用相应的词语描述”。分享时，教师引导幼儿讲述自己的问题，探索材料的特性，尝试整理、概括自己的探究成果。幼儿发现：用很光滑的绳子打的结容易松开，太粗糙的绳子会勒得手不舒服……通过投票，他们一致认为毛线是现有材料中最适合用来翻花绳的。

图 15.2

二是鼓励幼儿感知绳子长短，自主商讨方法。通过对比、观察和实践，幼儿发现长绳做的圈更大。教师提问："到底多长的绳子合适呢？"幼儿找来直尺、记录本、笔以及长短不一的绳子进行测量（见图 15.2）。他们发现，绳子在尺子上数字"100"（厘米）的位置时，做出来的绳圈最适合。有的幼儿还发现，将短绳两头相接能形成大绳圈，这样可以节约材料。

饶有趣味地翻花绳

游戏观察

绳圈做好了，孩子们用手勾绳，翻出了各种各样的造型，并在每次翻出造型后都会蹦跳着来到同伴和教师面前展示自己的"成果"。例如：果果说自己翻出了一艘船；彬彬说他会用绳子变魔术；等等。当教师跟洋洋对视时，他急忙跑过来说："老师，你会翻花绳吗？你跟我一起玩吧，他们都不会。"说完，他就自顾自地翻出了传统翻花绳游戏中的花绳造型。教师立刻心领神会，接替翻了下去。路过的墨墨看到这一幕，驻足观察了 2 ~ 3 分钟后说："哇，你们好厉害啊！"这句话吸引了周围幼儿的围观，他们纷纷说："我们也想玩，我们也想玩……"旁边有的幼儿已经开始模仿着教师和洋洋的动作轮流翻花绳了，但尝试多次都没有成功。

游戏解读

经验解读

做好绳圈后，幼儿开始单人翻花绳。虽然很多幼儿是第一次尝试该游戏，但他们兴致高涨，能用勾、拉、绕等技能翻出很多造型，表现出大胆、自信、乐于创造的品质。愿意并敢于尝试有一定难度的游戏，是中班幼儿的特点。洋洋的游戏经验比其他幼儿丰富，于是他不再满足于现有的游戏水平，主动邀请教师和他一起翻花绳，可见洋洋喜欢有一定挑战性的游戏。

问题解读

教师和洋洋的榜样示范，使其他幼儿开始主动模仿学习双人翻花绳的玩法。中班幼儿能够遵守游戏中的基本规则，但欠缺与同伴协商制定规则的能力，所以教师尊重幼儿的想法，支持幼儿将传统玩法继续下去。

需求解读

洋洋向教师发出了邀请，说明他有玩双人翻花绳游戏的需求。其他幼儿也对双人轮流翻花绳非常感兴趣，愿意尝试。同时他们也需要通过其他方式丰富自身的翻花绳经验，从而达到推进游戏的目的。

游戏支持

该案例中，教师静静地观察与等待，给予幼儿思考和尝试的时间，让幼儿在游戏中主动习得基本技能，提高手部灵活度和手眼协调能力。另外，大多数幼儿喜欢和成人一起游戏，成人的加入能满足幼儿与成人交往的需求，还能激发幼儿的游戏兴趣。因此在洋洋发出邀请时，教师作为游戏伙伴参与游戏，满足了其游戏需求。

翻花绳是中国民间传统游戏，家长们小时候大都玩过，有相关游戏经验。于是教师把幼儿游戏的视频发给家长，亲子之间也很快玩起了该游戏。每天入园后，大家相互交流在家翻出的样式并主动用图画等方式进行表征，有的幼儿还为翻出来的造型起名字，如“木箱”“网格”“筷子”“风车”“飞机”“牛角”等。这样的亲子游戏体验让幼儿对翻花绳有了新的认知，他们收获到了成功带来的喜悦，对游戏的兴趣空前高涨。

游戏升级，创新玩法

游戏观察

接下来的两周，家长每天都会在家长群里分享和孩子翻花绳的照片和视频。幼儿在园时也积极寻找同伴玩双人翻花绳游戏。

场景一（见视频“幼儿自主结伴游戏”）：周三自主游戏时间，幼儿三五成群地围在一起，有的在翻花绳，有的在观看同伴翻花绳。

场景二：周四离园前，中中拿出自己的绳子翻出一个造型，然后走到壮壮面前说："我们来翻花绳吧！"壮壮立刻笑着捏住了绳子，但在他将绳子接替过来时绳子从他的指尖滑落下来。两人相视一笑，壮壮马上重新翻出了一个花样递到中中面前，俩人继续游戏。

幼儿自主结伴游戏

场景三（见视频"双人合作探索花绳的新玩法"）：在一次餐后活动中，洋洋指导着欣欣，两个孩子一人用左手，一人用右手先翻出花绳的第一个造型，再一起用另一只手合作将花绳翻下去。

双人合作探索花绳的新玩法

游戏解读

经验解读

首先，幼儿长时间重复玩翻花绳游戏，表明他们对这个游戏有着浓厚的兴趣。他们通过反复做同样的事情来积累经验，提高自己翻绳的能力。其次，双人翻花绳的游戏伙伴从成人转变为同伴，他们在游戏中主动沟通、相互协商，表现出了更多的合作行为。最后，当翻绳经验变得丰富以后，幼儿在玩法上有了创新，反映了他们丰富的创造力。

问题解读

随着幼儿游戏的持续，部分幼儿不再满足于现有游戏水平，但也跳不出传统玩法的模式，部分幼儿则表现出观望的状态。如何使游戏继续发展，是本阶段面临的问题。

需求解读

幼儿熟悉游戏玩法后，通过创新保持游戏兴趣。持续游戏，是他们当下的需求。教师要充分利用家长和社区资源，为不同游戏水平的幼儿提供支持，推动游戏的发展。

游戏支持

首先，翻花绳作为民间传统游戏，有其固定的玩法和规则。在自主游戏中，教师要打破传统游戏的固有玩法，允许多种可能性存在。例如：鼓励幼儿使用不同的玩法，肯定他们翻出的每一个花样。其次，在自主活动和过渡环节，幼儿都会与同伴玩翻花绳游戏，教师尊重幼儿的游戏意愿，给予幼儿自主选择的权利。最后，教师在教室里投放了多种多样的绳子，方便幼儿随时取用，满足其不断挑战的需求。

游戏的最终目的是拓展幼儿的经验，使幼儿得到全面发展。关于绳子的游戏持续到了第二学期（大班上学期），教师引导幼儿发现了不同绳子的作用，以及给生活带来的不同乐趣。比如幼儿发现：粗麻绳可以用来拔河和荡秋千；尼龙绳可以用来制作渔网捕鱼；硅胶绳可以做成船桨上的保护套等。此外，幼儿还把民间关于绳子的手工艺带到幼儿园，体验不同游戏带来的不同乐趣。

* * *

翻花绳是一种不受场地限制的民间传统游戏。游戏中的幼儿会自由地选择玩伴，相互协商和配合，使游戏得以顺利进行。这不仅能锻炼幼儿的手指灵活性，提高其手眼协调能力，还能增强同伴间的协作配合，体会与人交往的乐趣，更能感受到传统游戏的魅力。

翻花绳游戏作为民间传统游戏的一种，家长对自己小时候玩过的这个游戏记忆犹新，而且充满了感情。它可以推动传统游戏与现代游戏的共同生长，为传统游戏或与传统相关的游戏提供经验支持，同时也能让家长更好地了解自主游戏，助推家园深度连接，共同支持幼儿游戏，成为保护幼儿游戏权利的同盟军。它就像一座多向沟通的桥梁，将幼儿园、家庭、社会紧密地连在一起，促进了相互间的交流。

幼儿对翻花绳游戏的探索，是自主游戏与传统游戏融合推进的过程。我们用自主游戏的理念去开展传统游戏，同时，我们也在不断思考如何打破传统游戏的固有规则，鼓励幼儿自主创新游戏玩法。这既是对传统文化的传承，又能体现当代幼儿游戏的自主性，使幼儿在游戏中不断感知和体验优秀的传统文化，成长为一个有根有魂的现代中国人。

（作者：湖南省益阳市中心幼儿园　朱亚男；指导教师：王建红，曹子婕）

大班自主游戏

案例十六 升级吧，消防车

在班级正在开展的“生活中的交通工具”主题活动中，幼儿特别热衷于用雪花片、积木等各种材料拼装各式各样的车辆，积累了关于车的丰富知识。

幼儿园的花园游戏区里有 5 个水龙头，孩子们经常三五成群地聚集在水龙头旁用各种容器玩水。经过一段时间对水的开放式探索后，在一次集体讨论中，添添谈到了自己关于水压对水流的影响的发现。添添说：“我把管子捏住，水就可以喷得很远！”胡扬问添添：“那有消防车喷得那么远吗？”库库争着回答：“消防车的水管可以伸得很长很长，一下子就把火扑灭了！”大家展开了热烈的讨论，壮壮提议：“我们一起做一辆消防车吧！”

班级幼儿能灵活地将生活经验运用到游戏中。伴随着同伴间的交流讨论，幼儿的个别经验逐步转化为集体经验，他们自然地将自己有关“车”和“水”的生活经验迁移、运用、融合，生发了新的游戏，幼儿和消防车的故事就这样开始了。

消防车 1.0，“雏形”初现

游戏观察

孩子们在爸爸妈妈的帮助下查找了消防车的图片、视频等资料，了解消防车的主要组成部分，并绘制了自己的游戏计划。

游戏开始，壮壮搬出一筐雪花片倒在地上，嘴里念叨着：“先拼什么呢？”胡扬说：“我来吧！”添添捡起一块雪花片递给胡扬：“我给你拿，你拼吧！”胡扬先用雪花片拼出一个镂空的正方体，又在斜上方拼了一个 T 形。添添说：“快没雪花片了！”壮壮从材料架上抱了五片雪花片，将其放在胡扬脚边。三人一个负责拼、一个负责递、一个负责搬运（见图 16.1），约 5 分钟后，胡扬停下来笑着说：“看，我们的消防车！”一个由雪花片拼成的车辆雏形出现了。

胡扬昂着头对壮壮和添添介绍：“这里是车头，这是车厢，上面是警示灯，这个长长的结构是云梯。”萱萱将一个装满水的瓶子放在车上说：“用这个做消防车的水箱吧。”（见图 16.2）但是胡扬不同意，说：“这里面的水又不会自动喷出来！”

图 16.1

图 16.2

萱萱解说怎样让水瓶自动喷水

萱萱双手叉腰想了想说：“我知道了。”她从教室的活动区拿了一个工字钉，蹲下来给瓶子扎了几个洞，接着拧松瓶盖，水从小孔处喷洒出来（见图 16.3），她又用力拧紧瓶盖，水停止喷洒。“哇！”胡扬惊叹道。教师问：“怎么回事？”萱萱说：“因为我们把这个盖子打开，所以它这里就有风进去，就可以把水弄出来。你关上的时候，就没有风了，水就不会喷出来了。”“这是我妈妈在家带我做的科学小实验！”（见视频“萱萱解说怎样让水瓶自动喷水”）说着，萱萱将一些拧松了瓶盖的水瓶放在车上。

壮壮对浩浩说：“走，我们去试一下。”他们分别扶着消防车的两边，咬牙用力往前推（见图 16.4），可消防车一动不动。浩浩重重地喘了口气说：“我们往前！”浩浩边说边把身体前倾继续推，两个人推了大概 5 秒钟，消防车依旧纹丝不动。壮壮松开手，低头看着地面说：“这里都是草，推不动。”

图 16.3

图 16.4

回到教室，教师问："小朋友们，你们觉得我们的消防车制作成功了吗？有没有什么问题？"虹宇说："水瓶总是掉下来。"萱萱点点头，说："瓶子里面的水一下子就没了。"教师追问："还有吗？"壮壮回答："我们的消防车太重了，根本开不动。"浩浩也说："我一用力推，那个雪花片就散了。"教师问："怎样让消防车能移动起来又不散架呢？"胡扬说："我们给消防车装几个轮子不就行啦！"

游戏解读

经验解读

广州大学叶平枝教授等人认为，幼儿的深度学习是幼儿在兴趣和问题的内在动机驱动下，主动积极地探究并解决问题，丰富和发展认知、情感、能力和个性，并将学习所得迁移到新情境中的一种学习[①]。伴随"生活中的交通工具"主题活动的开展，幼儿对消防车萌发了强烈的探索欲望，在这种内在动机的驱动下，他们积极主动地查找消防车资料，建构了对消防车的认知；同时，对自己的合作伙伴、所需材料及每种材料的数量都做了充分、细致的思考，展现了积极建构的能力。

壮壮不知道怎么拼消防车，胡扬主动帮忙，他利用架空、对称等技巧进行搭建，并在搭建后能为各部分命名，这说明胡扬处于模型、表征建构阶段，具有较高的搭建水平，因此他成了搭建主力。添添给胡扬递雪花片，壮壮承担起搬运雪花片的任务，他们都能清楚地认识到自己与同伴之间的差异。三人能根据各自擅长的方面进行分工，合作完成消防车的搭建，体现了幼儿元认知能力的发展。

萱萱能用语言详细描述水瓶自动喷水的"原理"，说明她已经吸收了之前在科学小实验中获得的信息且能灵活迁移，体现了她的抽象思维能力的发展。幼儿在游戏中表现出来的积极建构、批判性思维、迁移学习所得和实际问题解决等深度学习的要素[②]让我们看到了幼儿的深度学习。

问题解读

对于用水瓶充当水箱，胡扬和萱萱有不同的想法，胡扬的批判性思维引发萱萱思考"如何让水瓶自动喷水？"。在这个问题情境中，萱萱运用已有科学经验，成功给

---

① 叶平枝，等. 幼儿深度学习课程设计与实施［M］. 北京：教育科学出版社，2022：10.

② 叶平枝，李晓娟. 对幼儿深度学习的深度理解与现实审视及其促进［J］. 学前教育研究，2023（7）：13-24.

消防车配备了能自动喷水的“水箱”。幼儿考虑到了消防车灭火的功能，却没有关注到它作为一辆车最基本的“移动”功能。他们以“雪花片”为主要材料制作出的消防车形似真正的消防车，但在功能上存在不易推动、不牢固等缺点。

需求解读

搭建完成后，教师引导幼儿反思，幼儿提出了许多问题：“瓶子里面的水一下子就没了。”“消防车太重了，根本开不动。”问题即需求，这些问题从侧面体现了幼儿的游戏需求——他们想要在功能上进一步升级消防车，让消防车的“水箱”水量充足，从而使其具备灭火功能，最重要的是实现消防车可移动的功能。以此为下一阶段游戏的目标，胡扬提出“给消防车装几个轮子”的愿望，幼儿对游戏材料有了更明确的需求。

游戏支持

《指导要点》学习准备之“学习习惯”的教育建议指出：“支持幼儿专注持续地完成任务……对需要多次探索的活动，要提供足够的时间和空间，鼓励支持幼儿持续完成。”在案例中，面对幼儿想拼消防车却不知道怎么拼、“水箱”不能自动喷水等情况，教师给予了幼儿深入思考和充分尝试的时间与空间，让幼儿自己查找资料、制订计划、解决问题。幼儿也各展所长，克服了困难。

幼儿的深度学习是一个循序渐进的过程。以有效提问—回应为支架的师幼互动是促进幼儿发展思维和提高问题解决能力的有力支撑[①]。游戏最后，壮壮和浩浩发现雪花片消防车容易散架、动不了，教师通过与幼儿讨论，引导幼儿反思消防车 1.0 存在的问题，营造了一个师幼对话、幼幼对话的环境，形成了师幼探究共同体。面对幼儿的反思，教师以问题来回应，师幼共同思考消防车搭建的关键问题——如何实现消防车最基础的“移动”功能。通过“有效提问—回应”这一支架，教师深入了解幼儿的游戏需要，引导幼儿深度思考，有效推动游戏的深入开展。

萱萱在展示完如何让水瓶自动喷水后，教师选择用一个疑问句代替对萱萱的赞扬。通过让萱萱解释一下她是怎么做到的，教师可以让萱萱感受到自己对她取得成功的在意与好奇，同时能推动她思考和总结成功的经验。教师的认真倾听与正面反馈能

---

① 叶平枝，等．幼儿深度学习课程设计与实施［M］．北京：教育科学出版社，2022：97.

支持幼儿的自我展现，切实增强幼儿的自我效能感。

消防车 2.0，加装轮胎

游戏观察

针对消防车 1.0 的问题，幼儿萌生了给消防车装上轮子的想法。大家组成消防车搭建小组进行讨论（见图 16.5）。教师提出问题："什么样的材料可以用来做轮胎呢？"胡扬说："肯定是圆形的。"萱萱补充："还要光滑一点才能滚得动。"池池指出："操场上就有很多汽车轮胎。"教师又问："那怎样才能把这些轮胎组装到一起呢？"多米说："我会拼模型。"教师对多米说："多米，你可以把你的想法画下来吗？"多米点点头，绘制了自己的轮胎组装示意图（见图 16.6）给组员们分享。大家一起制订了小组计划。

图 16.5

图 16.6

再次搭建时，壮壮独自用雪花片拼了一个小正方体，他抬脚迈进正方体中间，低头转了一圈，接着又沿着小正方体的外轮廓拼了一圈（见图 16.7），并用雪花片把正方体上面盖住，然后用五片雪花片往斜上方拼了一长条。池池和库库滚来四个汽车轮胎，浩浩将四个轮胎竖起，两两并排摆放好，然后慢慢地将两根竹竿分别从每对轮胎中间穿过。池池左看右看，突然喊："哎，不行！这根太短了，容易出来！"壮壮找来一根更长的竹竿换上说："这下可以了！""哎，我们来扶一下！"壮壮招呼钭钭一起扶着轮胎，池池用一架短梯卡住两根竹竿（见图 16.8），这样消防车的底盘就做好了。

图 16.7

图 16.8

壮壮和浩浩将消防车慢慢地往竹竿上放，可手一松，消防车就开始摇摇晃晃。“放不稳啊！”浩浩说。池池四下张望，突然眼睛一亮：“我们可以把消防车放在箱子里啊！”浩浩抱来两个空材料箱放在梯子上（见图 16.9），大家一起抬着消防车往箱子里装，但消防车比箱子大。壮壮说：“我们把它拆掉一些算了。”他把消防车拆得只剩一个车头，将其放在箱子上刚刚好（见图 16.10）。

图 16.9

图 16.10

胡扬和添添将水管拼接在一起，分别连接水龙头和消防车。添添打开水龙头，水缓缓流了出来。“耶，成功，我们可以去灭火啦！”大家笑起来。教师问：“你们的消防车现在可以开动了吗？”浩浩愣了一下，他双手把右边的轮胎往前推，右侧的轮胎缓慢地移动了一点位置。壮壮跑到左边一起使劲儿，消防车的四个轮胎歪歪扭扭地挪动着。“好累呀！”浩浩的脸都憋红了。壮壮说：“这个轮胎也太重了。”

游戏解读

经验解读

合作为幼儿的同伴学习提供了大量机会。胡扬在搭建消防车 1.0 时无形中成了壮壮的榜样，这种同伴示范让壮壮习得了搭建经验，因此在这次游戏中，壮壮也能独立制作消防车了。他采用架空、连接等技巧拼出消防车的外形。这说明壮壮处于模型建构阶段，其建构能力有所提高。

教育 4.0 全球框架包含的八个特征之一是“基于问题和协作的学习”，系指“将学习内容融入具有情境的问题中，问题的解决方案有多种可能，学生通过探究和协作解决当下问题，从而培养创新思维”[①]。在搭建消防车 2.0 的问题情境中，池池发现竹竿太短并容易掉出来，于是及时提醒壮壮，这凸显了其元认知监控能力。壮壮能倾听和接受池池的意见，及时更换竹竿，避免问题再次发生，体现了他良好的合作能力。消防车在竹竿上不稳，池池想到用箱子当容器；面对消防车过大的问题，壮壮果断拆掉部分雪花片，调整消防车结构。多种多样的问题解决方式与团队互助的协作探究行为折射出“基于问题和协作的学习”特征，体现了幼儿细致的观察能力、认真专注的学习品质及良好的问题解决能力和分工合作能力。

问题解读

孩子们给消防车 2.0 装上了汽车轮胎，消防车可以缓慢移动了。然而，推动消防车需要孩子们耗费巨大的力气，且四个轮胎的方向较难统一，导致消防车移动的距离很短，这与大家的目标相差甚远。因此，消防车 2.0 仍旧存在移动不便的问题，轮胎材料有待优化。

需求解读

这次游戏中壮壮没有向同伴求助，而是独立拼搭消防车；他和同伴在遇到困难时，也没有急着向教师求助。这是因为壮壮需要一定的空间来内化自己在第一次游戏中习得的经验；他和同伴也需要思考问题、解决问题的时间。尽管幼儿制作消防车底盘的想法可能会引发新的问题，但他们需要试错的时间和空间。

---

① 王永固，许家奇，丁继红. 教育 4.0 全球框架：未来学校教育与模式转变——世界经济论坛《未来学校：为第四次工业革命定义新的教育模式》之报告解读［J］. 远程教育杂志，2020，38（3）：3-14.

游戏支持

《指南》科学领域“科学探究”子领域目标 2 的教育建议指出：“鼓励和引导幼儿学习做简单的计划和记录，并与他人交流分享。”当幼儿产生给消防车装上轮子的想法时，教师支持幼儿成立消防车搭建小组，并通过小组讨论，引导幼儿从轮胎材料的选择和组装步骤开始思考。在发现多米拥有拼汽车模型的经验时，教师鼓励她以绘画的方式表征并分享自己的想法。“表征支架”可以将幼儿的思维可视化，丰富幼儿的学习途径，促进幼儿与同伴深入交流。

创造性和批判性思维是儿童有效学习的特征之一，包含“选择行动策略”这一指标。“教师需要给儿童时间去实验、思考、交谈和提问，使其对世界有更深刻和独特的理解。”[①]幼儿克服重重困难实现了自己的“加装轮胎”的想法，但这并不意味着消防车能够成功开动。当幼儿都沉浸在消防车顺利通水的喜悦中，而忽视了它“能不能移动”的问题时，教师适时介入，通过提问引导幼儿反思目标——“制作可移动且不散架的消防车”——是否达成了。幼儿因此发现轮胎材料的缺陷，开始寻找下一步解决问题的方案，促进了创造性和批判性思维的发展。

消防车 3.0，轮胎升级

游戏观察

消防车 2.0 游戏后，教师问：“还有什么材料可以用来做消防车的轮胎呢？”胡扬说：“要是有二楼操场的那种小轮胎就好了！”（见图 16.11）由于三楼没有孩子们想要的小轮胎，萱萱提议去二楼操场搬几个过来。于是，他们从二楼操场寻来了两组小轮胎。

图 16.11

壮壮和添添把两组小轮胎和一块短板拼在一起制作消防车的底盘（见图 16.12），壮壮说：“我们看看它稳不稳、能不能移动。”他和添添一坐一站，胡扬蹲下身，双手一推木板，车就

① 高梦璇，沈颖．英国《早期基础阶段法定框架》关于幼儿有效学习特征的解读与启示［J］．幼儿教育（教育科学），2023（增刊 3）：93–96．

向前滑了出去。

“没问题！”大家欢呼起来。壮壮在木板上放了一个箱子，然后用雪花片拼好“车头”，他和钭钭一起将雪花片车头架在箱子上（见图 16.13）。壮壮将一根 PVC 管插入一个装满水的瓶子里，用手倾斜瓶身，水“哗哗”流了下来。“哈哈，我的水枪。”壮壮说。伦宝像壮壮一样也制作了一把水枪（见图 16.14）。添添找到一架短梯，将其靠着箱子摆放在木板上，说：“我们可以用这个梯子做云梯。”（见图 16.15）他拿着一根软水管站在消防车上说：“好啦，我们出发吧。”钭钭说：“我来推你。”他用脚使劲一蹬，消防车顺利往前开了出去。等添添和钭钭停下来，伦宝说：“让我玩一下！让我玩一下！”他站上车，浩浩和胡扬一起推着箱子，消防车出发去“灭火”啦（见视频“消防车 3.0”）。

消防车 3.0

图 16.12

图 16.13

图 16.14

图 16.15

游戏解读

经验解读

在这一阶段，教师观察到幼儿的“搬运图式”有了新变化。从游戏第一阶段壮壮多次搬运雪花片材料，到第二阶段壮壮和浩浩搬运消防车车身，再到第三阶段幼儿终于实现了消防车载人的功能，搬运图式贯穿游戏始终，也从侧面说明幼儿的游戏一直是围绕核心问题来展开的。

《指南》科学领域“科学探究”子领域目标 2 的典型表现指出，5—6 岁幼儿“能用一定的方法验证自己的猜测”。经过数次搭建，幼儿不断探究做事的新方法。小轮胎是不是合适的材料呢？为了验证自己的猜测，在这次游戏过程中，壮壮和浩浩先针对“消防车稳不稳、能不能移动”进行了一次测试，测试通过后他们才继续安装车厢，这说明他们已经能根据首要问题来优化消防车的搭建流程，不断提高效率。幼儿的认知经验在一次次发现问题、解决问题的过程中不断得到建构和再构。

问题解读

在此次游戏中，幼儿依然围绕“消防车移动”的问题进行，他们从游戏材料和搭建方式两方面入手对消防车进行了调整。他们首先找到了可替代轮胎的材料，接着又简化了底盘的组装，使得消防车能稳固移动，解决了核心问题。同时，他们把短梯当作云梯，将 PVC 管和水瓶组合成“水枪”，采用以物代物的方式组合材料，完成消防车 3.0 的制作。

需求解读

“要是有二楼操场的那种小轮胎就好了”，胡扬说的这句话表明幼儿已经认识到消防车 2.0 材料的缺陷，想要选择一种更合适的材料来实现让消防车灵活移动的愿望。轮胎材料的选择，正是影响消防车功能实现、消防车得以继续升级的重要因素。

游戏支持

问题的解决贯穿幼儿参与的整个深度学习活动，包括活动过程中的分析、假设、验证等环节，尤其是幼儿思维发展的全过程[①]。随着游戏的动态发展，教师通过观察和倾听，了解到幼儿对移动和搬运物品的兴趣，以及让消防车动起来的游戏需求。但消

---

① 叶平枝，等. 幼儿深度学习课程设计与实施［M］. 北京：教育科学出版社，2022：26.

防车 2.0 恰恰存在着移动不便的问题，只有解决了这个问题，消防车才能继续升级。于是围绕“让车移动起来”这一关键问题，教师引导幼儿聚焦于游戏材料的筛选，找到心目中最合适的轮胎，从而推动了幼儿的聚焦式探究。

在自主游戏中，幼儿可以根据游戏的需要和已有经验自主选择游戏材料。游戏中，胡扬想要二楼的小轮胎，教师充分支持幼儿跨楼层使用小轮胎等材料的需要，鼓励幼儿自主选择材料，引导幼儿的游戏向更高水平发展。

* * *

消防车搭建游戏全程以问题为驱动，幼儿是自发、自愿、自主游戏的。他们通过讨论和反思，发现消防车存在的问题，然后围绕游戏中生发的一个个挑战，积极寻找解决办法，不断优化消防车的搭建方式，一步步解决了消防车的“喷水”“移动”等问题。消防车完成了从“无轮”到“有轮难移动”，再到“有轮可移动”的升级。幼儿是有能力、自信的学习者和沟通者，只要教师能立足儿童立场，耐心倾听幼儿内心的想法和需要，尊重他们的选择，接纳游戏发展的多种可能性，让幼儿成为游戏的主人，真正做到赋权幼儿，回归幼儿本位，幼儿的游戏力自然就会提升。

（作者：湖南省长沙市开福区教育局北辰第一幼儿园　周惠林；
指导教师：黄佳，王娟娟）

案例十七 玩家的第三只“眼睛”

自主游戏中，孩子们留意到教师拍了很多照片，并在游戏后以不同方式分享这些照片。一连几天，他们很好奇照片是如何形成的并开始问一些问题。多多说：“我想知道你是怎样拍照的。”希希问：“当你拍照片的时候，它是如何出现的呢？”跳跳说：“可以让我也试试吗？”

图 17.1

为了满足孩子们对相机的好奇和探索的需要，教师在游戏区增添了不同的相机（见图 17.1），并带来了老式胶卷和拍立得用纸。

对新朋友感兴趣

游戏观察

相机的出现立马引起了孩子们的关注。“这个按钮是用来干什么的？”“哈哈，这个镜头可以伸缩。”“哇，还能闪光呢！”他们对不同相机的开关机方式、外形特征进行探索（见图 17.2），部分有摄影经验的孩子则“倾囊相授”，反复教同伴操作（见图 17.3）。随后，孩子们开始尝试给彼此拍照，他们找伙伴、摆造型，“咔嚓咔嚓”忙不停，操场上满是笑声和呼喊声。三天下来，山坡上开花的树、露出嫩芽的萝卜，就连

图 17.2

图 17.3

图 17.4

“躲”在竹筐里的一把小勺子都被他们拍摄下来。

游戏的第四天，由于动动拍摄时跑得太快，他的手一滑，相机“啪”地掉在地上，零部件散落开来，一群人见状围了过来。挤不进人群的辰辰和帽帽跑到木工区，拿着一把螺丝刀，试图把手中拍立得的“肚子”打开看看（见图 17.4）。一番尝试后，只见帽帽拿着螺丝刀对准后盖上的小孔用力一撬，两人再用手一掰，相机终于被打开了。帽帽迫不及待地问：“里面有啥？”辰辰将手指伸到相机里面说：“咦，你看，这里有个拍的位置。”一旁的桃子被吸引过来，仔细看了看说：“为什么这里面没有照片？”辰辰说：“没有放硬纸。”帽帽拿过相机，将眼睛对着镜头看了看说：“哇，原来镜头是透明的，这样我们才能看得见。”他指着拍立得的侧面说：“这个小孔是用来干什么的？”辰辰说：“应该是用来给相机充电的。”帽帽又问：“那这块黑黑的是什么？”辰辰回答说：“当然是放硬纸的，从这里把硬纸插进去，拍照时就会有照片出来呀。”半小时过去，辰辰和帽帽继续尝试掰开其他零件，但似乎难以打开。帽帽说：“这里面什么都没有了，就这么点了。”辰辰说：“对，这已经是最后一层了，其他位置都无法打开，我们把这些东西都装回去吧。”因为零部件有凹面和凸面，需要完全对齐后才能连接到一起，他们花了 30 分钟左右的时间专注于完成这项任务。

游戏解读

经验解读

“探索连接图式的儿童特别喜欢把东西连接起来或者拆开，或者让玩具和材料以某种方式相互触碰并连接起来。”[①] 从帽帽和辰辰试图打开拍立得的“肚子”，到探索“肚子里的秘密”，再到将“肚子里的物品”归位，我们看到了他们对连接和拆分的内在需求与渴望。他们通过连接和拆分图式研究材料，专注于将相机零部件一一拆开，

① 格里梅．观察婴幼儿的游戏图式：支持和拓展儿童的学习［M］．张晖，译．北京：中国轻工业出版社，2021：26．

又通过一些方式将它们拼接在一起。像这样自发的游戏活动是幼儿学习、感知相机成像原理的最有效的方式，他们会运用自己的身体和大脑来体会概念、形成认识。在这一过程中，他们有良好的控制力、注意力和思考力，也在提高手的灵巧度和精细动作技能，一台小巧精密的机器让幼儿有了多方面的学习与发展。

问题解读

在探索不同相机的外形特征和内部结构中，幼儿产生了不少疑惑，例如：这个按钮是用来干什么的？为什么这里面没有照片？这块黑黑的是什么？……正是这一个个的疑惑与不解推动幼儿主动学习、主动探究，尝试验证各种想法并巩固自己的认识。

需求解读

《指导要点》学习准备之“好奇好问”的具体表现指出：“对身边的新事物感兴趣，有好奇心和探究欲。”看幼儿的游戏状态，我们可以感受到相机这一材料深受他们欢迎。几天下来，他们探索的热情持续高涨，拍摄的内容也越来越丰富，这说明他们对材料是有需求的，而这也推动着游戏继续发展。

游戏支持

当幼儿对相机产生兴趣时，教师提供了丰富、多元的材料。这些材料本身就极具吸引力，足以让幼儿沉浸在与相机相关的探索之中，并且为他们的游戏带来新奇感和兴奋感。当幼儿表现出连接、拆分图式时，教师没有介入其中，只是提供不同类型的相机、辅助材料以及充足的活动时间、空间，把游戏交给幼儿，并带着开放和好奇的眼光花时间观察他们的游戏，欣赏他们灵活的、创造性的思维。

怎样拍出又清楚又好看的照片？

游戏观察

“你们快来看！”多多说。当孩子们发现多多用拍立得拍照，并且当场就能拿到照片时，他们都很羡慕，纷纷表示：“太有意思了，我也想有这样的照片。”当天下午，教师就将孩子们拍的照片打印了出来。幼儿兴奋地欣赏着自己拍的照片，一些模糊不清、歪曲变形的照片引起了他们的关注与热议。

涵涵：“你看，我拍的这张照片整个都黑黑的，什么也看不见。”

欣欣："你是在很黑的地方拍的吗？"

涵涵："不是啊，我是在小山坡那里拍的。"

成成："那肯定是因为有黑黑的东西挡住镜头了，所以它才会变这样。"

涵涵："黑黑的东西？好像是有个黑盖子。"

成成："我知道了！镜头上的盖子一定要打开，不然玻璃片被挡住了，你拍的照片当然是黑的。"

多多："镜头是不能被其他东西挡住的，不然拍不好。"

小宇："奇怪，为什么这张又是白的呢？"

辰辰："我知道，如果你对着很大的太阳拍，照片就会变得白白的。"

小宇："那我明天再试试。"

第二天，教师打印出来的黑黑的、白白的照片少了很多。孩子们又围绕构图角度不恰当的照片进行了探讨。经过几天反复地交流讨论和探索实践，孩子们总结并记录了一些经验（见图 17.5），如："拍照的时候相机没拿稳，照片就会不清楚""按快门的动作尽量轻一点，如果拍的时候能屏住呼吸就更好了""镜头不能被物品挡住""相机对着太大的太阳拍，照片就会变得白白的""要拍的东西，得在镜头的网格线中""我们可以站得远一点或站得近一点拍"等。

图 17.5

随着照相技能的提高，橘子拍的一张照片（见图 17.6）让孩子们产生了不同的意见。大部分孩子都觉得他拍得不好，也能说清楚他拍得不好的原因。

图 17.6

欣欣："你看他的照片，他的身体都没有被拍到。"

乐乐："头都没有拍完整，只有一小部分。"

小宇：“对呀，应该往后站一点再拍。”

教师看到照片的主人橘子悄悄地把照片藏进了自己的裤口袋，一下午耷拉着头、闷着声。晚餐后，教师找橘子单独聊了聊：“他们都说你这张照片拍得不好，你觉得呢？”“我觉得拍得挺好的。”“为什么呢？”他停顿5秒左右说：“这是我第一次用相机拍照，用这种相纸拍我自己，我觉得拍得很好啊。”橘子的话让教师有些惊讶和感动，并把照片送给了他。第二天，他微笑着，悄悄地告诉教师：“我把照片放在家中的一个小盒子里保存了起来。”

游戏解读

经验解读

在这个环节，幼儿发现三个基础的摄影技术问题：一是照片画面过暗或过亮；二是照片图像模糊；三是照片构图角度需要调整。幼儿围绕怎样才能拍出又清楚又好看的照片开展了不同范围的讨论，每一次讨论都成为再次游戏和探究的开始，整个探索过程就是一个不断“发现问题—思考与猜想—实践验证”的过程。从幼儿的总结和记录（见图17.7，由教师用文字写下来）来看，幼儿的拍照技术和方法一步步在提升，他们初步了解了相机的特性，对相机的镜头、快门、感光元件和画面比例关系有了一定的感知。同时，他们持续探索并思考，从而解决拍摄中遇到的问题，使思维变得越来越灵活。在分组讨论中，同伴之间相互学习，幼儿乐群的品质也在逐渐形成。

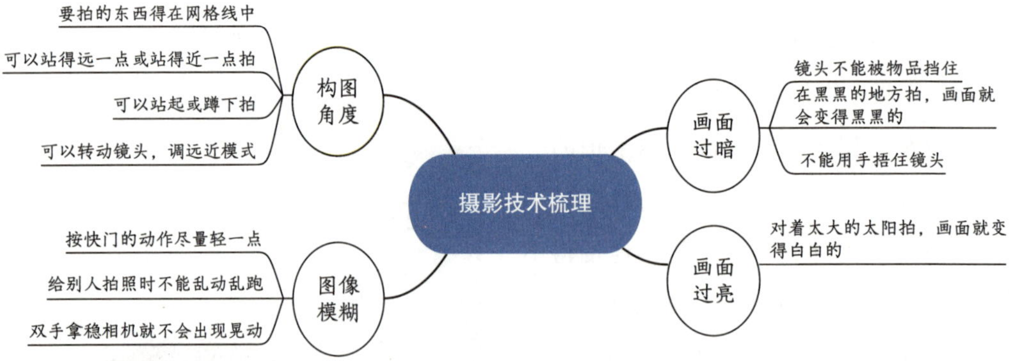

图17.7

问题解读

摄影也是儿童的“一百种语言”之一，他们对此有自己的见解。对于橘子的“自拍照”，幼儿产生了分歧。在技术问题与情感需求问题方面，幼儿阐述了各自不同的观点。之所以出现这种情况，是因为每一张照片都有幼儿自己的视角和思考，这也让幼儿的游戏绽放出了一朵“意料之外”“情理之中”的惊喜之花。

需求解读

对橘子来说，这是一张不可复制的自拍照，他觉得这张照片很好并给出了自己的理由。这说明照片不仅仅是像素和色彩的组合，更是孩子表达需要、传递情感的一种方式。“当儿童在成长的过程中拥有归属感，感到被爱和被尊重时，他们就会成长为情感健康的成人。”①从橘子第二天开心地告诉教师照片被保存了起来可以看出，幼儿的自尊需要得到了满足，他拥有了自信和幸福感，其自我实现需求也得到了满足。

游戏支持

“皮亚杰认为，真实的经历和自由游戏是学习发生的必要条件，所以要为儿童创造一些时间和空间。”②游戏中，教师支持幼儿的想法，及时打印他们拍摄的照片，让幼儿有机会发现、思考自己遇到的问题，有时间实现自己的游戏目标。如果教师一开始就急于直接向幼儿传授摄影技巧，这样的探索就不复存在。正是因为教师的耐心观察、等待，幼儿才有探索、学习的可能，幼儿才会有很多自己的发现和成长。

游戏中，教师尊重幼儿的需要，聆听他们的想法并做出回应与支持，具体体现为以下三个方面。一是关注幼儿的情感需要。教师及时发现、识别并回应幼儿的情感需要，重视幼儿的创作。二是为幼儿提供交流机会。教师通过向幼儿提问，为其提供探索、检验自己的想法的机会，使幼儿能深度思考自己内心的想法、情感以及与别人的互动。三是采取积极行动。教师将照片赠予幼儿，让他可以自主地实践自己的想法，情感有所寄托。这种支持有情感、有温度，幼儿对自尊、爱和归属的需要得到了重视与满足。

换个视角看游戏

游戏观察

经过一段时间的拍摄，孩子们逐渐掌握了更多的拍照技术。他们开始模仿教师，

①② 别洛戈洛夫斯基，戴利．让早期学习理论看得见［M］．赵红霞，译．南京：南京师范大学出版社，2018：35-54．

用镜头拍摄自主游戏中的精彩时刻。小摄影师们趴着拍、站着拍、凑近了拍，甚至站在梯子上拍（见图 17.8、图 17.9）。

图 17.8

图 17.9

在游戏分享环节，孩子们通过照片“看”同伴的游戏。他们讲述自己的所见，描述自己的发现，有些原本并不爱表达的孩子对着自己拍的照片也能说得头头是道。

多多：“我最喜欢的是菲菲的这张照片（见图 17.10），她往下跳时像一只张开翅膀的鸟，太勇敢了！”

乐乐：“我喜欢凡凡和昊昊站在滚筒上套圈的照片（见图 17.11）。一开始他们投的圈会碰到一起，游戏秩序有些混乱，后来他们想出了一个办法，将圈一个一个地丢，就不乱了。”

图 17.10

图 17.11

柠檬："我拍了一张动动玩光影的照片（见图 17.12）。他将亮片积木叠到四层，然后打开手电筒，居然出现了四个亮点。他叠得越多，出现的亮点就越多。后来他又用了四个手电筒，有无数个亮点。太神奇了，明天我也想试试！"

图 17.12

游戏解读

经验解读

游戏分享时，拍摄者分享了自己对照片的"复盘"和反思，旁听者也表达了自己的思考和建议。对幼儿来说，分享照片中同伴做了什么以及为什么这样做，是很有挑战性的，因为这需要分享者具有更高水平的思维能力、理解能力、分析能力、语言表达能力以及解释和归因能力。例如：在分享光影游戏照片时，柠檬能用连贯的语言描述自己的发现、用清晰的逻辑加以解释。柠檬初步感知到了亮片积木的叠加、手电筒的数量与光源点数量的关系，从而产生想要将此经验运用到自己的游戏中的想法。

问题解读

从幼儿对照片的分享来看，他们能发现游戏时同伴出现的问题及原因。然后，他们与同伴深度探讨并有针对性地协助他们调整自身的游戏行为，从而实现经验的传递。幼儿对照片的分析说明，"更多识的他人"（来自苏联心理学家列夫·维果茨基的社会文化理论）是幼儿游戏、学习和发展的"催化剂"。

需求解读

"儿童天生就会使用定向和视角图式理解周围的环境。"[①] 幼儿尝试用镜头去"看"同伴的游戏，反映了幼儿对使用定向和视角图式理解周围环境的需求。他们会不断地寻找从不同的角度看事物的方式，更深入地看到、感受到一些事物。每一次透过镜头看游戏时，幼儿都会进一步增进自己对周围环境的理解。这不仅是一种感官体验、技术技巧学习或者理解概念的过程，还将推动幼儿的审美能力和社会性情感能力的发展。

---

① 柯蒂斯，贾伯内塔．读懂儿童的思维：支持自主游戏中的图式探索［M］．张晖，译．北京：中国轻工业出版社，2022．

游戏支持

“我们一直对儿童的视角很好奇，因为我们知道他们对世界的认识和看法与我们截然不同。”[①]教师鼓励幼儿用镜头去发现、记录同伴的游戏，支持幼儿将那些有趣的、打动自己的、让自己有所思考和感悟的事情拍摄下来。《指导要点》学习准备之“学习兴趣”的教育建议指出：“组织幼儿围绕生活和游戏中感兴趣的事情进行讨论，分享自己的发现以及探究的过程、方法。”教师重视游戏后的总结交流，为幼儿搭建交流分享、同伴互学的平台。师幼围坐在一起分享照片中的趣事和难题，在这里，幼儿的任何想法都得到尊重与回应，幼儿间的自主交流也成为另一种自然学习的方式。教师所做的就是给予幼儿充分表达的机会，引导幼儿一步步梳理经验，实现经验的传递。

未完待续……

游戏观察

最近两天，希希在拍摄后会挑选出自己最喜欢的照片进行绘画。例如：她根据引水游戏的照片进行绘画，尤其是对照片中不起眼的圆形下水井盖和凹凸不平的柏油路面进行了细致的描绘（见图 17.13）；美工材料照片中颜色鲜艳的水粉颜料、装着毛球的竹筐也引起了她的关注，她将它们一一画了出来（见图 17.14）。其他孩子觉得太

图 17.13

图 17.14

① 柯蒂斯，贾伯内塔．读懂儿童的思维：支持自主游戏中的图式探索［M］．张晖，译．北京：中国轻工业出版社，2022．

有趣了，也尝试把拍的照片画出来，进行更多的创作，就像小艺术家一样。

游戏解读

经验解读

这一阶段中，幼儿挑选出自己最喜欢的照片进行绘画，通过敏锐的观察、细致的描绘，提高了观察能力和造型能力。

问题解读

在前期的游戏分享环节，幼儿通过口语表达的方式描述自己的所见和发现。那么，还有其他表达自我认识和情感的方式吗？对于这一问题，希希有自己的想法与思考，所以她尝试根据照片进行绘画。

需求解读

希希率先开始尝试，其他幼儿相继模仿。幼儿画自己看到的、想到的、熟悉的、感兴趣的事物，这并不是简单地对照片进行描绘，而是他们对物象表达和表征的内在需求。

游戏支持

教师提供了丰富、多元的美工材料，给予幼儿充足的时间、空间，支持幼儿的多元表达与表征，并带着开放和好奇的眼光欣赏他们的绘画作品，肯定他们的创造。

* * *

这是一个由幼儿的好奇心推动的游戏故事，探索还在继续。我们欣喜地发现：幼儿有所收获、成长了！更让我们感到快乐的，是活动中他们始终不变的兴趣和热情。在持续近 4 周的时间里，他们一共拍摄了近 3200 张照片，从一开始只有七八个孩子拍摄到后来全班孩子参与其中。我们在研究这些照片、感受照片里的故事时发现，孩子们由于身高不同、兴趣点不同、视角不同、手的稳定程度不同，甚至赋予的情感意义不同，会拍摄出不同的图像，而这也正体现了他们宝贵的个体差异性和独特性。最重要的是，他们时常会眉开眼笑地回看自己拍的照片，回忆当时发生了什么、看到了什么、玩了什么。我们相信，这会是他们人生中最有纪念意义的事件之一。

（作者：国防科技大学一号园区幼儿园　陈丹；指导教师：于红，连密）

案例十八　搭高塔

月初，孩子们经过自主讨论、投票，选择了邻近三角攀爬架的 3 号游戏区作为班级游戏区，并起名为“建构乐园”。该游戏区有碳化积木、纸板、纸盒、泡沫垫、轮胎、水桶、头盔等低结构、生活化的材料。游戏初期，孩子们三五成群地围绕自己喜欢的内容进行建构，作品的内容丰富多样。一天，浩浩在游戏分享环节讲述的搭高塔故事，激起了大家对搭建高塔的兴趣，搭高塔的游戏就此开始了。

多样高塔趣体验

游戏观察

在每天的游戏观察、游戏故事记录和师幼一对一倾听中，由不同材料组合的、各种形状的高塔不断涌现（见图 18.1）。

圆顶塔　　爱心塔　　戴帽子的塔　　三角形塔

图 18.1

幼儿游戏故事记录 1（见图 18.2）：今天，我们在建筑区玩，我站在梯子上一层层地搭高高的圆顶塔。我的好朋友在梯子下面帮我递砖头，塔越搭越高。过了好一会儿，塔终于搭完了，一座高高的圆顶塔呈现在大家眼前，老师表扬了我们，奖励我们每人一张贴纸，我们心里很高兴。我明天想继续搭高塔。

幼儿游戏故事记录 2（见图 18.3）：我和我的好朋友萌萌、泽泽一起搭“爱心塔”。

我们三人遇到一个问题，起了争执。我和泽泽想搭“圆顶塔”，萌萌想搭“爱心塔”，我们两位男生礼让女生，同意一起搭浪漫的“爱心塔”。我准备明天继续搭塔。

图 18.2

图 18.3

幼儿游戏故事记录 3（见图 18.4）：今天很开心，因为我的心愿就是搭一座很高的塔，我的愿望终于实现了。我们今天搭了 16 层，最后在上面放了一顶帽子。搭出来的塔很高，是一座很高很高的塔，比小刘老师的身高还要高。

图 18.4

幼儿游戏故事记录 4（见图 18.5）：今天阳光灿烂，我和几位小朋友合力用砖头搭了一座三角形的塔，明天我想搭一座圆形的塔。

幼儿游戏故事记录 5（见图 18.6）：今天天气温暖，我们在建筑区搭了一栋牢固的塔房。我们一块砖头一块砖头地搭墙壁，搭好后在房子里摆上绿绿的草垫，美丽的塔房就搭好了。我好喜欢这座美丽的塔房。

图 18.5

图 18.6

游戏解读

经验解读

“儿童开始可能会通过连接线条，或者用各种材料和资源来进行搭建，呈现围合图式，有些儿童会以一种有序的方式填充他们围合的空间。”[①]游戏中，幼儿根据自己的喜好建构出了不同形态的“围合图式”，如圆形、爱心形、三角形等，并且会利用其他材料进行装饰，体现出他们已具备一定的搭建技巧、会使用辅助材料、能进行一定的设想和规划。

“大班幼儿的合作意识逐渐增强，合作动机强烈。”[②]幼儿的游戏故事记录展现了他们在搭建高塔的游戏中能够相互合作、分工明确，即使搭建目标不一致，也能采取礼貌谦让的方式来解决问题的生动场景。

幼儿的游戏故事记录较为完整真实地还原了游戏场景，这很好地反映了《指南》

---

① 路易斯，贝斯威克，费瑟斯通，等．认识婴幼儿的游戏图式：图式背后的秘密［M］．张晖，范忆，时萍，译．北京：中国轻工业出版社，2019：39-40.

② 梁欣洁．幼儿合作行为的发展与培养研究［D］．武汉：华中师范大学，2013.

语言领域“阅读与书写准备”子领域目标 3 的典型表现，即 5—6 岁幼儿“愿意用图画和符号表现事物或故事”。

问题解读

游戏中，幼儿在搭建样式上出现了分歧，这表明游戏初期他们虽然表现出强烈的合作愿望和意向，但是合作意图不明确，目标不统一。

需求解读

《指导要点》身心准备之“情绪良好”的教育建议指出：“以欣赏、接纳的态度对待幼儿；避免因成人的不当做法给幼儿带来负面情绪。”幼儿的建构作品获得了成人、同伴的正向评价，让幼儿获得了积极愉悦的情绪体验，幼儿在此过程中展现出对正向情绪的需求与渴望。

游戏支持

当幼儿运用材料不断产生新的创意时，教师默默扮演观察者与倾听者的角色，发现游戏中的亮点，给予幼儿物质和语言的双向肯定，和幼儿一起体味搭建高塔带来的正向情绪体验。同时，为幼儿提供分享个体游戏故事记录、进行集体游戏反思、分享家园游戏故事等多元的分享机会，激发幼儿会玩、善思、乐享的游戏精神。

搭高遇阻自解决

游戏观察

随着幼儿建构技能的提升以及对梯子的使用越来越熟练，幼儿搭的塔很快就到了第 16 层（见图 18.7）。在尝试搭第 17 层时，他们怎么都无法把材料放上去，还差一点儿把搭好的塔碰倒。泽泽对教师说：“老师，我们站在最高的梯子上也够不到塔顶，我们现在搭了 16 层了，但是我们还想继续挑战更高的塔，你能帮我们搭一下吗？”教师委婉地拒绝了直接帮助他们搭建的请求：“我很想帮助你们，可是站在那么高的梯子上，我也会害怕，你们有更好的解决方法吗？”

图 18.7

图 18.8

同一小组的浩浩说：“我们可以去大一班借木箱，然后把梯子放到木箱上，再站到梯子上，这样不就可以了吗？”说完，泽泽、锋锋、浩浩就朝放置木箱的位置跑去，他们一起把箱子抬过来放在塔的前面。几个人反复尝试将梯子竖放于箱面上，终于勉强将梯子竖稳（见图 18.8）。程程提出：“这个梯子看起来不太稳，我都没办法站在箱子上了，这样会摔跤的，还需要再搬一个箱子，将它们拼在一起，再放梯子。”

他们又合作搬来一个相同规格的箱子，摆在高塔前，然后一起先将梯子横着抬放到箱面上（见图 18.9），再打开梯子。待把梯子架稳后，孩子们利用梯子合作继续搭高（见图 18.10），3 分钟后就把他们的塔搭至 18 层。

图 18.9

图 18.10

游戏解读

经验解读

当继续向上搭高受阻时，泽泽将自身的游戏进程及遇到的困难完整清晰地向教师表述，同时程程告诉同伴需要搬运两个木箱的原因，这些均反映了《指南》语言领域“倾听与表达”子领域目标 2 的典型表现，即 5—6 岁幼儿“能有序、连贯、清楚地讲述一件事情”。

《指导要点》学习准备之“学习习惯”的具体表现指出：“能坚持做完一件事，遇到困难不放弃；乐于独立思考并敢于表达。”幼儿在搭高遇阻后，将向上搭建的经验有效地迁移至使用木箱这一材料，并在实践操作—发现问题—提出优化方案—再实践的过程中，不断探索木箱和梯子的最优组合方法，以满足自身的游戏需求。

问题解读

游戏前期，幼儿已经能够借助于梯子向上搭高。但在梯子可使用高度达到极限时，幼儿的游戏难点转变为如何安全又稳固地继续向上搭高。他们先向自己信赖的教师寻求帮助，在被教师婉拒后，他们及时发现木箱有助于进一步增加梯子的高度。

但随着木箱的加入，新的问题又出现了。他们在观察和操作中发现，一个木箱的接触面无法实现将梯子安全、稳定地架于箱面这一目标。最后，他们通过调整材料数量和摆放方法，成功地解决了本阶段游戏中无法继续搭高的难题。

需求解读

《指导要点》社会准备之“交往合作”的具体表现指出：“能主动向老师表达自己的想法和需求。”游戏中，当无法继续达成游戏目标时，幼儿第一时间向教师提出了需要帮助的请求。而游戏中幼儿对材料数量、摆放方式的调整，说明他们有使用多种不同的游戏材料的需求。

游戏支持

《指导要点》社会准备之“交往合作”的教育建议指出：“用尊重、接纳的态度与幼儿交流，鼓励他们表达自己的想法和需求，不用对错简单评价，肯定积极想法，满足合理需求。”当幼儿搭高遇阻时，教师未直接帮助幼儿，而是在游戏现场的倾听与交流中巧思巧言，委婉地拒绝幼儿，鼓励幼儿自主寻求解决方法，为他们的思考和探索留白。

《评估指南》中的考查要点第 26 条指出：“支持幼儿自主选择游戏材料、同伴和玩法。”幼儿是游戏的主体，游戏开展前，师幼共同参观各游戏区域，初步了解材料投放的种类，为幼儿后续跨区取用材料提供了经验准备。同时，投放的游戏区域地图能帮助幼儿快速精准地取到所需材料，最大化地满足了幼儿对游戏材料、时间的需求。

高塔比高拓经验

游戏观察

这天，泽泽和桃子在运用不同材料搭建高塔时进行了一场对话。泽泽说：“我们的塔高，你们的塔矮。你们的才 8 层，我们的有 18 层。”桃子说：“明明我们搭的塔一样高，不信你问老师。”教师说：“你们说得都很有道理，不如我们先拍下照片，等下请全班小朋友来帮助你们比比看！”

游戏分享环节，孩子们围绕谁搭的塔高展开了激烈的讨论。辰辰说：“当然是一样高啦，你看它们都与小刘老师的头顶平齐。”小叶子说：“你们用的材料规格不一样，所以你们的塔肯定不是一样高。”安安说：“我家里有尺子，我明天带过来，用尺子量一下就知道谁的塔高了。”程程说：“我妈妈告诉过我，比较两个物体的高度可以找参照物，明天拿块最长的木板做参照物就可以啦！”嘟嘟说：“我明天带绳子来测一下谁的塔高。”

第二天，孩子们从家里带来了标准尺和绳子，并在搭建作品完工后，自主测量作品（见图 18.11、图 18.12）；也有孩子就地取材，用积木、牛奶盒等材料进行测量。

图 18.11

图 18.12

游戏解读

经验解读

在游戏分享环节，幼儿能围绕“谁搭的塔更高”积极参与讨论，并基于问题清晰连贯地阐述自己的观点和想法，逻辑思维清晰。

《指导要点》学习准备之“学习能力”的具体表现指出：“能在教师指导下，尝试运用数数、排序、简单的统计和测量等数学方法解决日常生活中的问题。”在幼儿的讨论中，我们能够发现幼儿已有用目测、并放等方法来比较物体高度的经验。同时，游戏中幼儿使用积木、绳子、尺子等工具进行测量，也体现出他们已具备用标准化测量工具和非标准测量工具测量物体的数学经验。

问题解读

游戏中，泽泽和桃子关于“谁搭的塔高”的对话，反映了泽泽只关注到了搭建材料数量的多与少，还不会比较两个集合的量。

需求解读

幼儿在分享中提出的多种比较塔高的方法，以及从家中带测量工具来进行测量的想法，透露出幼儿希望获得对物体的量进行实践探究的机会，以及使用多种测量工具的需求。

游戏支持

在自主建构游戏中，幼儿容易产生认知冲突。《指导要点》学习准备之“学习习惯”的教育建议指出：“鼓励幼儿积极补充同伴的观点，并说明理由；对别人的观点有不同意见时敢于大胆提出质疑并陈述自己的观点。”案例中，教师及时捕捉游戏中幼儿的兴趣点，巧妙引导幼儿有效地讨论游戏；同时，充分借助于家长力量，将家园合力提供的新材料（尺子、长绳、笔、记录纸等）投放至游戏区，供幼儿自主探索与表征。

巧用工具创新高

游戏观察

随着游戏的不断推进，孩子们又借助于攀爬架搭出了更高的塔（见图 18.13）。游戏分享时，程程提出了他在游戏中遇到的问题：“我今天站在那个攀爬架上搭塔，我觉得我们递材料的速度很慢，我们是一个一个往上面递的，而且这个架子上站的人太多，很不安全！”基于程程的问题，教师提出：“谁有更好的办法往高处运材料？”彤彤说：“可以将一根绳子与一个篮子连接起来，就像吊车一样，然后一个人把绳子

图 18.13

拖到攀爬架上，还有一个人在下面的篮子里放牛奶盒，放满了，另一个人就往上拉！”文文提出：“我们可以将绳子绑在长板的两边，把牛奶盒放在板子上，这需要两个人在上面拽绳子，一个人的力气不够。”

游戏分享结束后，彤彤、文文、程程共同制订了游戏计划。

第 2 天，彤彤和程程按照他们的小组计划制作了一个吊篮（见图 18.14）。但在材料运输过程中，由于吊篮一边绑了绳子，因此，吊篮倾斜，里面的材料撒了一地（见图 18.15）。

图 18.14

游戏分享环节，程程提到“吊篮不平衡”的问题，孩子们纷纷提出自己的解决办法。浩浩说：“要把绳子绑在篮子边的正中间，这样才能保持篮子的平衡。”他从美工区找出红绳和一个空篮子，给小伙伴现场演示起来（见图 18.16）。

小雅说：“我做吊篮的方法就是首先拿出一个篮子，然后在篮子四条边中间的洞里穿四根绳子，把四根绳子绑在一起。”彤彤说：

图 18.15

图 18.16

"在篮子的每条边上先绑一根绳子，然后再用另一根绳子将这四根绳子打结，上面的那个人抓住这根绳子往上拉。"分享结束，小雅和彤彤将他们设计的吊篮施工图拿给教师看。

最后，孩子们分别在篮子的四条边上系上绳子，成功制作出可以运送材料的吊篮，并在户外试用成功（见视频"用吊篮成功运送材料"）。

用吊篮成功运送材料

游戏解读

经验解读

王小英等认为，幼儿深度学习是指在较长的一个时段，幼儿自主探究某些事物或现象，具有强烈的兴趣，能高度投入、自觉迁移和运用已有经验，最终解决实际问题的有意义的学习过程[①]。当幼儿借助于木箱、梯子都不能达成"搭建更高的塔"这一目标时，他们能够发掘大型户外玩具的新功能，借助于攀爬架搭建更高的塔，凸显了其善于发现、善于思考的学习能力。

此外，幼儿还能结合生活经验，提出使用吊篮来解决运送材料慢的问题，这显示出他们已具备了"选择合适的工具和材料，运用多种物体进行建造和建构；选择所需要的工具、技术对已有的材料进行设计和操作"[②]的相关能力。在第一次实践失败后，幼儿通过集体交流与分享环节，直击吊篮失衡的根本原因，提出可行的解决策略并制订游戏计划，改良吊篮，再次尝试并获得成功。

问题解读

通过本阶段幼儿的游戏分享以及游戏现场教师的观察，我们可以看到幼儿在游戏中已经展现出了目标化的合作过程，他们的语言交流具有明显的针对性和计划性，产生了明确的合作意图和统一的合作目标，并围绕合作搭更高的塔来解决一些相关的问题。但从负责搭建高塔的人太多这一情况可以看出，他们的组织性、合作性较差。

幼儿第一次制作吊篮时，因为没有讨论出具体的制作步骤，加之缺乏力的平衡的相关经验，所以制作出来的吊篮无法成功地运送材料。在集体讨论中，幼儿借助于同伴经验，了解到让吊篮平衡的方法，小雅和彤彤的吊篮设计图更是帮他们快速执行了

---

① 王小英，刘思源．幼儿深度学习的基本特质与逻辑架构［J］．学前教育研究，2020（1）：3-10．

② 张俊，等．幼儿园科学领域教育精要：关键经验与活动指导［M］．北京：教育科学出版社，2015：76-77．

游戏计划。

需求解读

幼儿借助于工具，将牛奶盒运送至高塔上，这其实也是一种搬运图式行为。教师应支持幼儿拓展搬运图式。同时，幼儿也需要绳子和篮子等材料来继续开展游戏。

董旭花等认为，在游戏前，教师可以引导幼儿制订游戏计划，减少游戏中的盲目性，游戏计划可以帮助幼儿明确游戏主题、梳理游戏思路，学会有目的地进行选择[①]。支持幼儿制作步骤清晰的吊篮设计图，也是幼儿在本阶段游戏中的需求之一。

游戏支持

教师关注幼儿在游戏中遇到的问题和困惑，并以此为生长点，引导幼儿进行思维碰撞，鼓励幼儿通过动手操作验证猜想。

同时，教师还为幼儿提供了多元表征的机会，不断拓展表征的场域、主体、工具等，鼓励、支持幼儿随时随地讨论解决的办法及制订下次的游戏计划，促使游戏持续开展。在“吊篮”制作失败后，教师引导幼儿通过同伴互助来共享“如何打结、哪种结更牢固”等经验，为问题的解决做好经验支持。

* * *

在搭高塔游戏中，幼儿创造性地与材料互动，运用生活经验巧妙地解决游戏中的问题。他们在讨论、思辨、质疑、试误、挑战中生成新的经验，在解决问题的过程中建立自我认知和自我效能感，他们是天生的学习者、探索者、求知者。教师在搭高塔游戏中乐听善思，以倾听幼儿的分享为媒，及时捕捉游戏生长点；融合身心、生活、社会、学习四大入学准备教育指导要点，以解决问题为导向，以动手操作为依托，以同伴合作为支撑，以自我反思为主轴，重视幼儿进行有意义的学习，助推幼儿全面发展。

（作者：湖南省军区幼儿园　刘洁；指导教师：杨燕，余海燕）

① 董旭花，韩冰川，阎莉，等．自主游戏：成就幼儿快乐而有意义的童年［M］．北京：中国轻工业出版社，2021：234．

案例十九 百“炼”金箍棒

《西游记》是中华文化的沉淀、中国神话艺术的翘楚。伴随着对《西游记》图画书的阅读，孩子们在“美美剧院”里三五成群地尝试着表演故事。在区域活动后的总结环节，表演孙悟空的子墨说：“要是能够有《西游记》中的道具，供我们表演就好了。”皓翔点头说：“是的，孙悟空最厉害的就是金箍棒和七十二变！”孩子们七嘴八舌地议论起来，有的说可以将金箍棒买回来，有的说可以用树枝代替。泽予说：“我们自己可以做金箍棒呀！”这一提议吸引了小朋友的兴趣，大家产生了制作金箍棒的想法，开始了百“炼”金箍棒之旅！

讨论“探”棒
——想要和孙悟空一样的金箍棒

游戏观察

游戏讨论中，教师提出：“你们想要做一根什么样的金箍棒呢？”“我想要和孙悟空一样的金箍棒。”小杰大声说道。他还用手挠着头，做出“猴哥”的招牌动作。这一动作刺激了大家，孩子们纷纷模仿起了孙悟空，有的抓着耳朵，有的假装用手挥舞棒子。

于是，教师继续追问：“孙悟空的金箍棒是什么样的呢？”政政说：“可以变长变短，塞到耳朵里面。”弈辰告知：“它的材料是九转镔铁！”皓翔说：“这根金箍棒很重！只有孙悟空举得动！”教师把问题抛给孩子：“很重？有多重呢？你们知道吗？”对于这个问题，孩子们展开了激烈的争辩，教师提示：“你们回家后可以找找答案。”

次日，晨间游戏时孩子们三五成群地和教师分享他们的调查结果。政政说：“我哥哥帮我查的，金箍棒有 13500 斤[①]！”柳钰说：“我问了天猫精灵[②]，有 13500 斤。”回到教室，他们在黑板上写下了自己知道的答案，有的小朋友尝试写出 13500（见图

---

① 中国人日常生活中常用的质量单位，一斤等于 0.5 千克。

② 阿里巴巴集团旗下的一款智能音箱，可以让用户以自然语言与其对话，实现影音娱乐、购物、信息查询、生活服务等功能。

19.1），有的小朋友画出“金子”来表示计量单位“斤”（见图 19.2）。阳阳看到这些数字，摸着脑袋问：“金箍棒不会比地球还重吧？”

图 19.1

图 19.2

游戏解读

经验解读

幼儿深度学习的关键要素包含认知层面的问题解决能力、动机层面的积极情绪和社会文化层面的人际互动①。游戏中，幼儿带着好奇的心态，从“我想要和孙悟空一样的金箍棒”的实际问题出发，利用同伴讨论、自主探索、回家验证等方式解决“金箍棒有多重”的问题，体现了幼儿从“浅层学习”走向“深度学习”。另外，当阳阳知道金箍棒的重量有 13500 斤时，将之与地球的重量进行对比，可见其思维的变通性和灵活性。

问题解读

从“做一根什么样的金箍棒”到“金箍棒有多重”，幼儿在与同伴的讨论和教师支架的双重作用下，持续将问题深入推进，了解到金箍棒的重量有 13500 斤。但从黑板上幼儿的前书写表达与阳阳的提问中可以看出，“万”以上的数字难倒了幼儿，他们对此认知不足，无法将此重量与自己的生活经验连接起来。

需求解读

一方面，幼儿的学习兴趣在游戏讨论中被激发，大家通过阅读图画书、寻求帮助

---

① 王小英，刘思源．幼儿深度学习的基本特质与逻辑架构［J］．学前教育研究，2020（1）：3-10．

等各种手段搜寻“金箍棒有多重”的答案，彰显出幼儿在游戏中浓厚的求知欲和探究需要。另一方面，13500 斤的重量超出了幼儿的已有认知，需要幼儿进一步联系自己的亲身经验，反映出此刻幼儿的经验需求。

游戏支持

幼儿在讨论“做什么样的金箍棒”时，产生了一系列疑问。教师没有直接将答案告诉他们，而是通过即时追问“有多重？”，把问题抛给幼儿，引发他们深度思考和进一步验证。

游戏后，教师提示幼儿回家调查，让幼儿通过求助于父母、询问天猫精灵等不同手段探寻答案，巧妙地将幼儿家长纳入游戏进程中，从而更好地支持幼儿深入探究，实现家园双向互动。次日，教师提供黑板，给予了幼儿前书写的机会，让幼儿借助于写写画画呈现思维，找到幼儿的经验缺失点，为接下来开展的游戏做好铺垫。

称量“感”棒
——13500 斤有多重呢？

游戏观察

帆帆从家里带来了用于做面点的电子秤和大家一起称量。子墨说：“金箍棒那么重，这个能称吗？”弈辰也质疑：“我们没有金箍棒啊！”沉默半分钟，教师说：“要不先称称其他东西？”相相说：“我们可以称《西游记》的图画书。”于是，她轻轻地将图画书放到了电子秤上。

待电子秤上的数字稳定后，孩子们发现电子秤上的数字是 303.6 克（见图 19.3）。帆帆说：“可是这还没有 1 斤重啊！妈妈说 500 克才是 1 斤。”弈辰想了想，说：“我们可以加东西，凑成 1 斤！”他首先把塑料积木放上去，电子秤增加了 15 克。弈辰接着说：“这个太轻了，重量没什么变化。”子墨提议：“我们可以换成木质积木，更重一些！”小朋友们加了 8 块积木，电子秤上的物品重量到了 504 克。子墨说：“这才 1 斤重吗？那要 13500 份这么多的东西才有金箍棒那么重啊！”弈辰补充：“抖音上说两辆小汽车才有金箍棒那么重。”皓翔说：“那要用很大很大的秤吗？应该要有这么大。”说完，他把手臂张到最大。相相说：“可是我们没有这么大的秤啊！”教师提议："或许可以用幼儿园里其他的称重工具来试试。"政政思考了一下，大声说："我们可以用医生姐姐量体重的秤。"

大家将医务室的体重秤搬到教室里，孩子们逐一称了自己的体重（见图 19.4）。弈辰说："我 40 斤，和 13500 斤差得太多了。"泊翰说："老师，我们每个人都称了体重，你帮我们加起来，看多少个小朋友才有 13500 斤！"教师用计算器相加，发现全班孩子的体重加起来有 2244 斤。泊翰追问："那多少个班的小朋友才有 13500 斤啊？"计算后，教师告诉他们："大概六个班的小朋友才有金箍棒那么重！"弈辰惊叹起来："这么重啊！那不是我们这栋楼的小朋友加在一起吗？"

图 19.3

图 19.4

游戏解读

经验解读

《指南》科学领域"数学认知"子领域目标 1 的典型表现指出，5—6 岁幼儿"能发现生活中许多问题都可以用数学的方法来解决，体验解决问题的乐趣"。游戏中，幼儿为了解 13500 斤的重量，运用电子秤、体重秤等工具称量，并在教师的协助下借助于计算器了解了全班小朋友的总重量，直观地感知"万"的数量规模，知晓了六个班的小朋友的重量相加才能达到 13500 斤。幼儿利用数学方法和数学思维解决问题，达成了上述数学认知目标。

"类比推理"，即一种通过已知事实来推理未知事实的推理形式，能够帮助幼儿在新环境中迅速获得新知[①]。在算出一个班级的幼儿加起来有2244斤后，幼儿通过询问教师得知六个班级孩子的重量大概有13500斤，进一步获得了对13500斤的认识，表现出幼儿具备一定的推理能力，并能借此获取新的经验。

问题解读

在探索“13500斤有多重？”的问题中，幼儿历经了“尝试—失败—再尝试”的学习过程。第一次尝试是利用电子秤，出现的问题是秤太小，称重范围不够大；第二次尝试是利用体重秤，出现的问题是数量太大，自己计算不出来，于是借助于教师的力量用计算器来获取答案。

需求解读

活动过程中，幼儿在面对没有可称重的实物金箍棒的问题时，出现沉默。我们从中可以看出，因为缺乏相关经验，幼儿需要教师提供支架来助力游戏发展，此时他们产生了师幼互动的需求。由于电子秤称重范围不够，幼儿想要更大的秤来称量更重的物体，因此出现了对材料的需求。

游戏支持

通过幼儿之间的谈话，我们发现，对幼儿来说，“13500斤”还是比较模糊的概念。正如《指南》指出的“最大限度地支持和满足幼儿通过直接感知、实际操作和亲身体验获取经验的需要”，在发现幼儿的问题后，教师提出了建议，支持幼儿利用对比的方式将模糊的经验具象化。游戏后，教师也在区域中投放了相关称重工具，给予幼儿更多操作和探索的机会。

值得一提的是，当13500斤的重量明显超出幼儿的认识水平时，教师没有中断幼儿的游戏，直接告诉幼儿答案，而是分析幼儿当下的游戏兴趣点和经验点，提供合适的工具、方法和经验支架来助推本阶段的重量探究游戏，支持了幼儿的想法。

---

① SHAFFER D R，KIPP K．发展心理学：第9版［M］．邹泓，等译．北京：中国轻工业出版社，2016：277．

第一代金箍棒
——材料区的塑料罐可以做金箍棒

游戏观察

小朋友们决定做一根又重又圆的金箍棒，且组成了八人合作小组。弈辰指着材料区的罐子，说："在罐子里面装上水，再拼起来，就很重了！"子冉说："可是水很容易漏出来呀。"子墨紧接着说："那我们可以装不容易漏出来的东西。"

图 19.5

周一，小组成员带来了用泥巴、沙子、树枝、大米等各种材料填充的罐子，开始制作金箍棒。他们将塑料罐摞在一起（见图 19.5），弈辰大声说："这也太高了吧，比我的脑袋还高。"子墨提议："我们可以做两根金箍棒，一长一短，再把它们拼起来。"

泊翰指着子墨说："那就你来当组长吧。"其他小朋友也点头表示赞同。他们将塑料罐竖着摆在一起，子冉不小心碰了一下，罐子就倒了，他连忙对旁边的小伙伴说："你们先横着粘胶带，再拿起来，不然罐子容易倒！"皓翔尝试了 2 分钟左右，向教师提问："老师，这个凹凸处没有地方粘双面胶。"教师看了看他，说："那怎么办呢？"他自言自语地说："可能要换一边吧。"他边说边调换罐子的位置，将罐口对着下一个罐子的罐底，增加粘胶带的面积。

孩子们用双面胶粘了两次，罐子还是松了，相相提议："我们再增加点儿透明胶带。"弈辰和皓翔握住罐子两端固定住，相相小心地撕开胶带粘上去，并把多余的胶带剪掉（见图 19.6）。皓翔小声地说："你别急，慢一点，要粘牢固一点！"第一代金箍棒做好了，小朋友们异常兴奋，邀请其他伙伴一起玩金箍棒。可是民民在玩金箍棒时，不小心把金箍棒摔在地上，塑料罐的盖子碎了，大米撒了一地（见图 19.7）。

图 19.6

图 19.7

游戏解读

经验解读

在粘金箍棒时，因为罐子有凹凸面，所以它们需要完全对齐才能连接。幼儿在反复尝试中用胶带将罐子粘贴起来，既展现了连接图式，又提高了小肌肉的灵巧度和精细动作技能。

皮亚杰曾说："儿童的游戏构成了一种最好的社会制度。"① 游戏有助于幼儿学习和掌握社会规则。游戏小组成员主动将分组的建议提出者"子墨"推到了小组长的位置，说明大班幼儿在长期自主游戏中形成了游戏规则，这也是幼儿对社会角色与社会分工进行自主体验、自我建构的过程。

问题解读

"金箍棒"因太高而总是倒塌，幼儿于是先"做两根一长一短的金箍棒，再将它们拼起来"，但倒塌的问题还是没有解决，主要原因是当"金箍棒"竖着摆放时，其与地面的接触面积较小，重心不稳。幼儿根据自己的摆弄和尝试经验，将罐子横着摆在地上，顺利解决了这个问题。另一个问题则是双面胶粘不牢，这可能与班级的双面胶黏性不强、罐子较重有关，幼儿采取的方式则是再粘一层透明胶带，从而加固金箍棒的连接处。

① PIAGET J. 儿童的道德判断［M］. 傅统先，陆有铨，译. 济南：山东教育出版社，1984：1.

需求解读

幼儿在制作金箍棒的游戏中，逐渐扩大了制作空间，体现出对空间的明显需求。一方面是因为横着制作金箍棒时，金箍棒接触地的面积更大，所需空间更大；另一方面是因为分组合作后，幼儿需要组内成员共同制作金箍棒，为了不被另外一组打扰，于是主动分散开，自行调整了地盘。

游戏支持

教师在游戏中更多的是做一个观察者，借助于家长的力量和幼儿园的资源提供材料，给予幼儿试错的机会。面对幼儿游戏中出现的“竖着放不平衡”“凹凸面粘贴面积小”“双面胶粘不牢”等实际问题，教师选择最低程度的介入，将探究的机会和空间留给孩子。例如：当幼儿主动向教师提问“这个凹凸处没有地方粘双面胶”时，教师选择反问，引导幼儿自己成为思考者，启迪幼儿在反复尝试中自主解决问题，主动建构新经验。

第二代金箍棒
——什么样的材料使金箍棒又重又坚固?

游戏观察

看到大米撒了，孩子们低着头，没有说话。观察到孩子们的情况，教师抱了抱他们问：“那怎么办呢？”

图 19.8

小杰说：“我们把这个修好。”教师听后陪孩子们将大米装进罐子（见图 19.8），用胶带重新粘好破碎的金箍棒，再进行一对一倾听和小组分享。

弈辰表示：“我们应该再制作一根坚固的金箍棒！”皓翔问：“用什么样的材料才能使金箍棒又重又坚固呢？”

孩子们在教师的鼓励下走出教室继续寻找材料，他们找到了圆柱体积木，于是开始做第二代金箍棒。小组成员将积木横放在地上，并用胶带缠绕连接处（见图 19.9），加固金箍棒。皓翔指着连接处说："相相，你要对齐，跟着它往前推，不然一边高一边矮。"弈辰附和："是的，这样才能严丝合缝啊！"政政大声说："你们等等，这里的缝隙越来越大。"皓翔也发现了，说："我们在两端，用力往中间挤压，把空气挤出去，不要留缝隙。"一阵操作后，木质金箍棒做好了。

图 19.9

几天后，相相主动提出："这个金箍棒不像金箍棒，要有颜色。"惠惠跟着点点头说："我们喊婷婷一起来。"相相来到活动区，找到彩色贴纸，拿起剪刀和小伙伴们开始剪贴。惠惠抱住金箍棒一端，婷婷抱住另一端，相相则到侧面操作。相相的头被惠惠撞到了，相相提高声音说："惠惠，你撞到我了，这里太挤了，你们去那边。"惠惠看了看相相说："对不起，我不是故意的，可是金箍棒只有这么大呀。"婷婷提出自己的想法："这样，惠惠来贴，我来剪，相相，你来撕。"在大家的齐心协力下（见图 19.10），第二代金箍棒做好了。

图 19.10

在回顾游戏时，相相分享经验："我发现可以根据贴纸背面的线条剪，这样贴纸就会剪得很整齐。"惠惠告诉大家："我负责贴，贴的时候要有耐心，从一边开始贴，一点点贴到另一边，这样才会贴得平整。"

游戏解读

经验解读

教育 4.0 全球框架提出了优质学习的八个关键特征，其中"终身学习和自驱动的学习"指学习和技能从一个人的一生中逐渐减少的系统，转向每个人都在现有技能上不断提高，并根据个人需要获得新技能的系统①。游戏中，幼儿始终处于一种开放的探究状态。虽然第一代金箍棒被弄坏，但这丝毫没有减弱幼儿在游戏中的探究热情。他们反思失败的经验，继续制作更加坚固的金箍棒。在“制作金箍棒”的目标驱动下，幼儿的内在学习动机被激发，他们乐此不疲地进行游戏，实现了自驱动的学习。

《指导要点》社会准备之“交往合作”的具体表现指出：“能与同伴分工合作共同完成任务，遇到困难互帮互助，发生冲突时尝试协商解决。”在给金箍棒“上色”的游戏环节，三个女孩摩擦出合作的火花，为了同一目的，他们相互协商、反思调整，设置“流水线”分工。在游戏分享环节，她们还分享了合作后的感受，展现了高度的合作精神和冲突解决能力。

问题解读

本阶段的小插曲是金箍棒被弄坏，导致这个问题出现的原因是第一代金箍棒的材料是较薄的塑料罐，且里面装的大米、石头较重，以致幼儿在玩耍时无法很好地控制它。因此，幼儿提出的解决办法是找到更加坚固的材料。此外，在“上色”环节中，由于前期合作经验不足，幼儿产生了冲突，这也促使他们重新思考分工，从而协商出“一人剪、一人撕、一人贴”的流水线分工，顺利解决问题。

需求解读

当第一代金箍棒被打碎之后，幼儿低着头、不说话。我们从中可以看出，此刻幼儿情绪低落，难以接受这样的结果，渴望得到教师的关心和安慰，在情绪情感方面有强烈的需求。另外，第一代金箍棒破碎的原因是塑料罐太薄，所以幼儿主动提出应该做一根坚固的金箍棒，产生了寻找更加坚固的材料的需要。

游戏支持

游戏的深入开展需要教师持续地跟进与支持。在第一代金箍棒破碎后，教师察觉到幼儿的情绪低落，马上拥抱幼儿，给予幼儿安慰，并尊重幼儿的意愿，陪伴他们修复塑料罐。教师的共情，不仅有助于幼儿走出情绪低潮，也有助于幼儿培养换位思考、相互扶持的品质。

在粘好破碎的金箍棒后，教师采取一对一倾听和绘画表征的方式鼓励幼儿进行分

① World Economic Forum. Schools of the Future Defining New Models of Education for the Fourth Industrial Revolution [R]. WEF. Switzerland. 2020.

享，将幼儿的思维具象化，总结制作第一代金箍棒时出现的问题和解决办法，进而支持他们探究和深度学习。

花样“耍”棒
——还想用金箍棒玩别的游戏

游戏观察

米多试着用一只手举金箍棒，可是无法举起来。他用两只手抱着金箍棒，这才抱起来。他看着其他小伙伴说：“这个金箍棒真的好重啊！”子墨说：“我们的力量都不够，我们需要锻炼手臂肌肉的力量。”

于是幼儿开始寻找园内可以锻炼手臂力量的器械，他们找到了吊环、沙袋、轮胎、双杠。皓然指着滑梯说：“滑梯也可以用来锻炼手臂。”（见图 19.11）

锻炼过程中，朵朵主动提出：“我们可以把金箍棒带到户外玩啊！”骏皓说：“是的，我还想用金箍棒玩别的游戏，我想用它比身高。”皓翔说：“我们用金箍棒举办举重比赛，看谁的手臂力量大。”

教师鼓励孩子们画出游戏计划（见图 19.12），支持他们将金箍棒带到户外玩耍。子墨和米多在地上滚动金箍棒，中间的小朋友则跳起来躲闪。泽予组织小朋友玩起了金箍棒接力游戏。

图 19.11

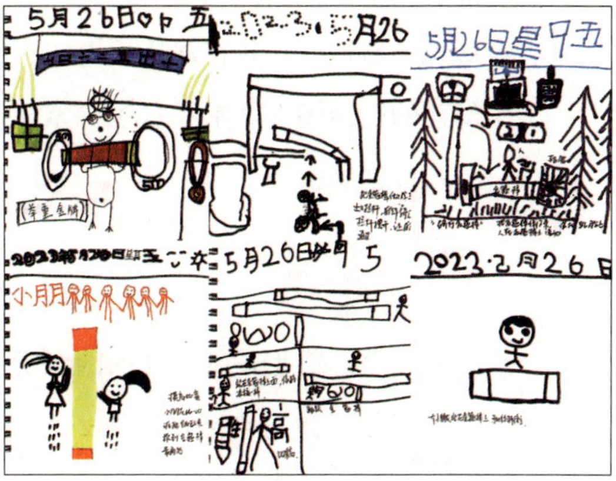

图 19.12

游戏解读

经验解读

一百个幼儿就有一百种需求、一百种创意。《指导要点》学习准备之“学习习惯”的具体表现指出：“乐于独立思考并敢于表达。”当幼儿来到户外寻找锻炼场地和器械时，他们善于发现、积极思考，能够观察到滑梯的边缘也能悬吊，从而借助于它进行手臂锻炼。我们从中可以看出，幼儿在游戏中开动脑筋，且敢于表达自己独特的想法。

另一方面，幼儿自然而然地开启手臂锻炼，玩耍中悬吊时间超过 20 秒，有了更大的力气举起金箍棒。幼儿的行为符合《指南》健康领域“动作发展”子领域目标 2 的典型表现，即 5—6 岁幼儿“能双手抓杠悬空吊起 20 秒左右”。

问题解读

游戏中，当幼儿借助于金箍棒玩耍时，他们发现因为自己的力量不够，金箍棒很难被举起来，于是自主决定通过举沙袋、搬轮胎、吊双杠等一系列运动来增强手臂力量。在这个过程中，幼儿的兴趣点也在悄然变化，他们主动提出可以在户外使用金箍棒进行各种花式玩耍，由此创新出“金箍棒接力”“金箍棒举重”“翻滚吧，金箍棒”等各种游戏。

需求解读

游戏中，当幼儿举不起金箍棒时，他们提出需要锻炼手臂肌肉，这表示幼儿需要不同的体育器械支持其运动需要，所以教师顺势将主动权交给幼儿，鼓励他们寻找适宜锻炼的器械。幼儿在锻炼手臂时，想把金箍棒带到户外玩其他游戏，教师由此发现了幼儿的空间场地需求和自主探索需求，于是支持幼儿的大胆想法，让幼儿到大操场进行各种尝试。

游戏支持

游戏中，幼儿开启了滑梯的新玩法——悬吊，从而锻炼手臂的力量。教师充当安全员，对场地进行细致的观察，发现地面铺设了人造草皮，较为柔软，并且悬吊后幼儿的双脚离地面不超过 20 厘米；在确保幼儿安全后，便站在一边观察幼儿的游戏情况。

游戏后，教师向幼儿园申请本班幼儿自主进行晨间锻炼，按照幼儿的游戏进程，让幼儿自主安排晨练内容（见图 19.13），增加了花式锻炼手臂的环节。此外，教师还根据每次的锻炼量和锻炼强度安排合适的放松活动，保护好幼儿正在发展中的各个肌群。

图 19.13

* * *

游戏中，幼儿深入阅读原著了解金箍棒，在制作中创造性地处理选材、拼接、粘贴、上色等问题，学习《西游记》中孙悟空不服输的斗争精神，最终百“炼”成棒。从“探棒”“称棒”“制棒”到“耍棒”，幼儿对金箍棒保持着浓厚的兴趣。教师在整个百“炼”金箍棒的过程中尊重幼儿、信任幼儿，支持幼儿深度探究，从而唤醒了幼儿的内在生命力和学习原动力，让幼儿获得了极大的满足感和成就感，增强了自信心和责任感。

（作者：湖南省人民政府直属机关第三幼儿院　王毓；指导教师：刘娟，秦枫）

案例二十　一起“趣”露营

幼儿园的后院面积较小，之前种了一大片中草药，后来因为翻修改造成了充满原始气息的泥巴地。在这里，孩子们用砖头建房子、砌城堡等。最近几次游戏中，孩子们还体验了“农家乐”。但是由于天气太热无法长时间游戏，他们提出了搭建乘凉帐篷的新想法。

孩子们制订搭建计划，选择不同的搭建材料（见图 20.1、图 20.2），故事便由此开始了。

图 20.1

图 20.2

初建帐篷

游戏观察

场景一：管子粗细不一

孩子们把搭建图纸放在台阶上，拿起两根管子交叉搭建，没有成功。立然想了下，说：“我们将管子拼接好，让管子变得长长的，就可以了。”说完孩子们立刻行动起来，用手拼插管子。

宸宸拼插了直径 3 厘米的管子，用来支撑帐篷。妙佳说：“这根管子太细了，一下子就被压扁了，不能用来固定支架，我们用不了。”孩子们看了都说：“那我们不用细管子，用粗一点的。”于是，他们使用了直径 10 厘米的 PVC 管（见图 20.3）。

拼插好后，旭桐说：“这些粗的管子太滑了，不好固定住，还需要我一直拿着。”漪漪说：“那我们看一看还有没有其他材料吧！”孩子们便开始寻找和挑选合适的材料。

洋洋找到两根很长的树枝，有一根还带着一个树杈，说："这里有很长的树枝，我们可以试一试。"立然说："很好，我们可以把它们放在这个交叉的地方，这样就能固定我们的帐篷了。"说完，他们自行分配了任务，行动起来，有的负责拼搭、扶着交叉的管子和树枝，有的负责用绳子固定（见图 20.4）。就这样，帐篷支架初现雏形（见图 20.5）。

图 20.3

图 20.4

图 20.5

场景二：帐篷支架不稳定

架子搭好，小欧挑选了一张最软最大的床单说："快来铺布吧！我们的帐篷很快就做好啦！"所有孩子拿着床单边角，准备从上方进行遮挡（见图 20.6 和视频"从上方遮挡"）。突然，帐篷支架开始松散，滑落了一部分。这时，孩子们停了下来，将目光投向教师。教师反问："是什么原因呢？仔细查看一下。"孩子们取下床单，发现了两个原因：一是床单缠住了树枝；二是绳子松散了。找到原因，他们马上进行调整，用更多的绳子将架子固定得牢牢的（见图 20.7）；同时，改变遮挡方向，用围绕的方法遮挡了帐篷（见视频"用围绕的方法遮挡"）。

从上方遮挡

用围绕的方法遮挡

图 20.6

铺完，韬韬说："帐篷下面容易被踩，可能会引起滑倒，我刚刚就差点摔倒了。""没关系，我们用重的东西压住就好了。"哲哲边说边动手拿起许多砖块，将其压在帐篷四周的底部（见图 20.8）。

图 20.7

图 20.8

在他们取得成功后，其他孩子也通过观察学习了搭建方法，小组合作完成了帐篷的搭建。接下来，孩子们高兴地在帐篷里休息和游戏。

游戏解读

经验解读

生活经验是幼儿已有经验的重要来源。大部分幼儿在生活中见过或者使用过帐篷，对帐篷的用途十分了解，所以第一时间提出搭建帐篷来遮阳，并绘制了搭建帐篷的步骤和所需材料。《指南》科学领域“数学认知”子领域目标 2 的典型表现指出，5—6 岁幼儿能“初步理解量的相对性”。游戏中，幼儿对管子长短、粗细的描述充分体现了他们对量的认知。同时，幼儿能清楚地描述存在的问题，并在与同伴的交流中提出解决办法，这符合《指南》语言领域“倾听与表达”子领域目标 2 的典型表现，即 5—6 岁幼儿“愿意与他人讨论问题，敢在众人面前说话”；也符合《指南》社会领域“人际交往”子领域目标 2 的典型表现，即 5—6 岁幼儿“活动时能与同伴分工合作，遇到困难能一起克服”。

《纲要》社会领域的培养目标明确指出：“乐意与人交往，学习互助、合作和分享，有同情心。”游戏中，哲哲听到韬韬的表达后，马上动手拿起砖块，将其压在帐篷四周底部，防止韬韬再次摔跤，体现了同伴之间的关心和互助。同时，幼儿在帐篷支架松散时及时找到原因并进行调整，也体现了其较强的学习能力和合作能力；而其他幼儿模仿搭建帐篷的行为则体现了他们在观察中学习的特点。

问题解读

幼儿知道帐篷的搭建步骤，但并没有实际操作和体验过，所以不知道不同长短、粗细的管子和遮挡物的固定方式及其对帐篷搭建产生的影响。但幼儿通过自主探究，找到了相应的解决办法，最终成功搭建了帐篷。

需求解读

幼儿兴趣点的转移引发了帐篷搭建活动，所以整个游戏过程中，幼儿的兴趣是游戏推进的重要动力。同时，幼儿在一步步探索搭建的过程中遇到的问题（如：怎样选择合适的材料，帐篷支架不稳定等）也是推进游戏的因素，幼儿通过思考、讨论和实践解决问题，最终推动了游戏进程。

游戏支持

本阶段游戏中，教师的支持主要体现在三个方面。一是耐心等待，促进幼儿主动探究。刘旭提出："在尊重幼儿游戏主体性的前提下，教师应学会适度地放手与后退、科学地介入与支持、耐心地观察与记录，为幼儿打造一个惬意、自然、多元化的游戏环境，提供一些高质量的游戏支持。"①游戏中，教师很好地诠释了观察者和引导者的角色，看似"无为""等待"的背后，其实是适度的放手与后退，给幼儿提供了更多的探索空间和可能。例如：当幼儿发现材料不适宜时，教师并没有马上介入以帮助他们解决问题，而是给予幼儿时间，让幼儿自由讨论、自主摸索和尝试。二是以问促思，鼓励幼儿自由探索。当幼儿遇到帐篷支架松散的难题时，教师以反问的方式引导幼儿自己寻求答案，而不是直接告知答案，这无疑给他们提供了充足的思考空间和尝试错误的机会，有利于激发幼儿的主动性和探究欲望。三是自主表征，支持幼儿表达和交流。学者阿依格林·郭龙果认为，绘画表征有助于教师了解幼儿的游戏，肯定了其价值②。在搭建之初，幼儿就用绘画表征的方式记录了自己想搭建的帐篷类型、步骤和材料，这不仅让教师了解了幼儿的已有生活经验，而且有利于幼儿计划自己的游戏，知道自己需要做什么、怎样做。同时，游戏计划的分享，也有利于提高幼儿的表征能力、同伴交流能力和语言表达能力等。

---

① 刘旭．幼儿园大班安吉游戏中教师支持行为研究——以济南市 H 幼儿园为例［D］．西宁：青海师范大学，2023．

② 郭龙果．安吉游戏故事分享环节大班幼儿的绘画表征研究［D］．石河子：石河子大学，2022．

扩建帐篷

游戏观察

在体验帐篷的过程中，幼儿发现帐篷面积太小而不能容纳较多小朋友。在共同讨论后，他们决定扩大面积，将帐篷升级变凉棚。孩子们拿着凉棚设计图（见图 20.9），先跑到沙池区拿来粗管子，尝试后失败，搭建陷入停滞状态。教师提示："你们还记得之前是怎样固定帐篷的吗？"一嘉马上回答："我们只要把每根管子固定住就好啦！"大家马上用砖块把粗管子围起来。玥玥先堆了两层砖块，看到管子不稳定后，她又去拿了很多砖块，固定好了管子（见图 20.10）。

图 20.9

图 20.10

接着，一嘉和哲哲拿出床单，用床单的长度确定管子之间的长度（见图 20.11），并调整了管子之间的距离。然后大家选择最长的一根管子，将其固定在最中间的位置支撑帐篷（见视频"扩建帐篷"）。在成功扩建了帐篷后，孩子们开始在下面做游戏。

扩建帐篷

图 20.11

游戏解读

经验解读

《指南》社会领域“人际交往”子领域目标2的典型表现指出：5—6岁幼儿“能想办法吸引同伴和自己一起游戏；活动时能与同伴分工合作，遇到困难能一起克服”。游戏中，幼儿相互帮忙，解决了固定和加固管道、遮挡及支撑凉棚等问题，体现了幼儿分工合作和解决问题的能力。

“游戏中明确的共同意图（建构目标）是影响幼儿合作行为发生的一个重要因素。具有明确的共同建构意图（共同建构主题）的幼儿在合作过程中表现出的合作水平比没有共同建构意图的高。”①幼儿秉持“搭建凉棚”这一共同的游戏意图，主动积极地参与游戏，自发地进行合作。例如：一嘉说出固定管子的方法后，同伴马上进行尝试；一嘉和哲哲自发地通过合作拉床单固定了管子之间的距离。幼儿彼此商量、相互配合，共同完成了搭建凉棚的目标。

问题解读

成功搭建帐篷后，幼儿迫不及待地去体验，出现了“帐篷太挤”这一情况。幼儿在展开讨论后找到原因：一是想进帐篷游戏的幼儿较多；二是帐篷面积太小，无法容纳太多的人。幼儿根据生活经验想到了将帐篷扩建成凉棚，以容纳更多小朋友。

幼儿在搭建凉棚的过程中也遇到了一些问题，如固定管子和确定管子之间的距离，他们选择了用砖块围绕、堆积的方式固定了管子，同时就地取材，用遮挡物——床单的长度确定了管子之间的距离。在此过程中，幼儿迁移已有经验不断尝试，获得新经验并将其运用于下次游戏。

需求解读

凉棚搭建成功后，幼儿就自发地在凉棚下进行游戏，说明幼儿的兴趣已经由搭建凉棚转变为凉棚下的游戏了。此时教师需要满足幼儿在凉棚下游戏的兴趣，提供相关材料，支持幼儿游戏。

游戏支持

此阶段，教师对游戏的支持主要体现在两个方面。一是教师引导幼儿与同伴互相

---

① 杨雨．建构游戏中大班幼儿的合作行为特点和影响因素［J］．陕西学前师范学院学报，2021，37（10）：7-12．

帮助，共享经验。贾芮和甘少杰提出：“在安吉游戏中，幼儿的同伴互助行为主要有同伴求助、同伴协商、同伴监督和同伴评价四种。其中，同伴求助可促进幼儿的语言和思维发展。”①搭建凉棚前，熟悉凉棚的一嘉在向同伴介绍的过程中，充分体会到了作为分享者的成就感，也让其他幼儿了解了凉棚的特点以及它与帐篷的异同，便于幼儿开展搭建活动。二是教师以问题为支架，推动幼儿的游戏进程。维果茨基曾说：“教师应当把儿童置于最近发展区当中，提供合适的支架来促进儿童发展。”教师通过在游戏前提问“什么是凉棚？”，以及在游戏中提问“你们还记得之前是怎样固定帐篷的吗？”，调动了幼儿的已有经验，引导幼儿运用已有经验开展游戏。

露营派对

游戏观察

搭建好凉棚后，孩子们提出了举办露营派对的想法。他们在教室里制订好露营计划（见图 20.12），从班级室内活动区拿来了露营材料，而后和朋友们玩露营游戏（见视频“露营派对”）。皓皓说：“我负责煎鸡蛋。”洋洋说：“我今天是服务员，我来倒饮料，今天可以喝椰子汁哦！”……

露营派对

图 20.12

① 贾芮，甘少杰．安吉游戏中同伴互助行为的类型及价值分析［J］．教育观察，2023，12（24）：73-75+79．

分配好各自的工作后，孩子们开始忙碌起来。皓皓拿出一个鸡蛋打在锅里，用铲子翻炒鸡蛋，前后翻炒几下后说："要加盐啦。"小海拿出盐罐子，用手抖了抖，将盐倒进锅里。皓皓继续翻炒，炒熟鸡蛋后，用纸盘盛出来。小海将鸡蛋拿给其他幼儿品尝。大家都说："好咸呀，不好吃。"皓皓回应道："可能是盐放多了，你们喝点饮料吧。"接着他和小海一起品尝了鸡蛋的味道，说："确实很咸，下次不能放那么多盐。"

露营派对结束，洋洋仍然躺在"床"上休息，说："老师，我还想继续玩游戏。"

游戏解读

经验解读

在角色游戏中，"大班幼儿在选择游戏内容时不局限于日常生活的主题，而是把注意力集中在反映社会生活的活动上，能够按照预先设定的游戏计划，顺利开展游戏，在游戏中能够与同伴进行合作，根据情景进行分工，相互协商、共同协作"[①]。搭建好凉棚后，幼儿提出了举办露营派对的想法，并根据这一主题，确定了各自的角色及分工：有的当起了厨师，有的扮演服务员。幼儿通过对原有知识进行迁移，将原来的搭建帐篷游戏变成了角色游戏，这体现了幼儿的创造性。

问题解读

游戏中，幼儿在品尝鸡蛋后发现"鸡蛋太咸了"这个问题，并告诉了小厨师皓皓，皓皓当即回应了品尝者，并分析了可能的原因，然后马上品尝鸡蛋的味道，针对下一次的煎鸡蛋活动提出了"不能放太多盐"的要求。

需求解读

在露营派对结束后，幼儿久久不愿离开，体现了他们对于此次游戏的兴趣和喜爱。回到活动室后，学思说："老师，吃完食物的盘子没有人洗，我们都不能继续吃了。"洋洋说："我们的饮料不够，一下子就喝完了。"哲哲说："我还想喝其他的饮料。"幼儿针对自己的游戏情况提出了新的问题，这无疑是推进游戏进一步深入的良好动力，可以引发幼儿新一轮的探索与思考。

---

① 王娜．不同年龄幼儿角色游戏的特点［J］．教育观察，2019，8（6）：47-49.

游戏支持

此阶段游戏中，教师对幼儿游戏的支持体现在两个方面。一是引导幼儿团队合作，讨论露营计划。联合国教科文组织发布的报告《教育——财富蕴藏其中》指出："学会合作，是面向21世纪的四大教育支柱之一。"[①]可见合作对于儿童发展的重要性。游戏前，教师引导幼儿合作交流，探讨问题。游戏时，教师引导幼儿共同建构露营场地，各司其职进行露营游戏。二是联动室内区域，促进室内外环境一体化。室内外环境一体化，是指综合考虑并充分利用幼儿园空间、设施、材料等，使室内外环境既相对独立，又具有整体性，凸显一体化教育的作用，最大限度地满足幼儿游戏与学习的需要[②]。在露营派对游戏中，幼儿对材料的使用联动了室内活动区，打破了室内外区域之间的界限，丰富了游戏场地的材料和内容，有利于幼儿探索和获取经验。

* * *

整个游戏活动以幼儿的兴趣点为支撑，在幼儿自发的探索下，以同伴合作、互助的方式开展。从计划内容、选择材料、发现问题、思考方法、解决问题到提出下一步想法并实施，幼儿在每个环节都沉浸于游戏中，与材料、同伴充分互动，专注于探索。随着游戏的进一步发展，幼儿的思维能力、搭建能力、语言表达能力、社会交往和合作能力等都得到了提升。

在这个过程中，教师充分放手，相信幼儿，给予幼儿时间和空间，鼓励和支持幼儿自主探究，及时关注幼儿并提供相应的支架，引导幼儿建构、内化所获经验，从而达到更高的认知水平。

（作者：湖南省水利厅幼儿园　王文君；指导教师：朱文硕，肖苗媛）

① 杨江丁．教育——财富蕴藏其中——解读国际21世纪教育委员会向联合国教科文组织提交的报告［J］．现代教学，2009（4）：76-78．

② 张静，张争争．幼儿园室内外环境一体化的实践研究［J］．山东教育，2020（27）：11-12．

案例二十一　幼儿园的美容师

涂鸦不仅是纸张与画笔的表达，更是材料与色彩的碰撞。对于幼儿园的孩子来说，涂鸦是一种游戏，是一种轻松、愉快的活动。当教师询问孩子们想用什么材料作画时，孩子们纷纷表达了自己的想法："我要用颜料在树叶上画。""我想用彩笔在 T 恤衫上画。""我想用粉笔在黑板上画。"

随着孩子们的想法越来越丰富，"幼儿园的美容师"这一游戏主题产生了。孩子们通过对户外基础设施和物质环境进行涂鸦美化，实现了"多元展示途径""多样玩色区域""多维畅想空间"等不同游戏层次的推进（见视频"幼儿园的美容师"）。

幼儿园的美容师

多元展示途径

游戏观察

初次尝试涂鸦游戏，孩子们创作出很多作品：鸡蛋托风铃、鸡蛋托蘑菇、手工填色的小鞋子、画满了有趣图案的 T 恤衫、由快递盒组装成的生日蛋糕……作品越来越多，柜子里堆不下了，教师借机提问："还可以把作品放在哪里呢？如何对不同类型的作品进行陈列展示？"在问题的驱使下，孩子们围绕如何收纳、展示作品展开了讨论。

辰辰说："可以把作品放在涂鸦区周边的大树上，可以搬运木梯来登高悬挂。"说完，他来到材料陈列区，结果发现他一个人很难移动 A 字形木梯，于是喊来木木："我们两个一起把梯子抬到树下面。"他俩合作搬运木梯，再和制作鸡蛋托风铃的幼儿轮流将作品悬挂在树枝上（见图 21.1）。

轩轩说："可以在大树之间绑一根麻绳来悬挂水瓶、雨伞和衣服。"他借助于轮胎高度，站在上面用麻绳将水瓶与树枝连接起来（见图 21.2）。木木选择搬运小型人字梯做辅助，将衣服悬挂在树枝上。

霏霏提出："可以将鸡蛋托蘑菇种到大厅的银杏树下，那里没有花，感觉空空的。"于是，各种颜色的、可爱的"小蘑菇"被种在了银杏树下（见图 21.3），孩子的作品融入幼儿园环境之中。

图 21.1

图 21.2

图 21.3

游戏解读

经验解读

《指南》艺术领域“表现与创造”子领域目标 2 指出：“具有初步的艺术表现与创造能力。”本阶段游戏中，多样的涂鸦材料激发了幼儿的游戏灵感，他们能使用各种工具、材料进行涂鸦，并能用自己创作的美术作品布置环境、美化生活，表现出积极主动、坚持专注、乐于创造的学习品质，体验了自主学习、主动探究的完整过程。

从图式理论角度看，此阶段幼儿表现出连接和搬运图式。游戏中，幼儿对如何把物品和作品连接起来感兴趣，且能灵活运用麻绳将手工作品与树枝连接起来，在绳上悬挂鸡蛋托风铃、水瓶和雨伞，利用涂鸦材料毛线中自带的毛球将鸡蛋托等距离固定住。最初幼儿将毛线裁剪成长度相同的线段，后来他们想营造出高低错落的布局，于是将带有圆球的毛线剪成不同长度，再将单个鸡蛋托等距离串联。此过程需要幼儿具备良好的控制力和注意力，幼儿在悬挂、连接的游戏行为中逐步提高了手的灵巧度和精细动作技能。同时，幼儿在悬挂作品的过程中还体现了“搬运图式”，且其搬运具有目的性和指向性。木梯作为工具性材料被幼儿从材料陈列区搬运至大树旁。他们还根据不同木梯的特点选择独自搬运或合作搬运，并通过比较感知在不同高度悬挂作品时不同工具的适宜性。

问题解读

幼儿想要保存自己在涂鸦游戏中创作的作品，但遇到了作品多、柜子放不下的问题。教师借机提问，引发幼儿共同思考如何利用现有环境有效保存、展示作品，从而解决游戏中的问题。例如：把作品放在什么位置？怎么摆放？绑绳子需要哪些材料？最少几个人合作？需要注意哪些安全问题？幼儿在现实问题的驱动下开始思考游戏与环境的关系，自主细化操作步骤，让头脑中的想法更加具象化。

幼儿创造的产物是游戏的衍生品。游戏材料来源于环境，利用游戏材料创作的作品也可以放在环境中，用来美化环境，这不仅体现了循环利用的理念，也丰富了幼儿表现与创造美的方式。

需求解读

幼儿在此阶段对水粉和丙烯颜料的探索兴趣高涨，喜欢拿着颜料盘和画笔将颜料涂抹在不同物体表面，如鸡蛋托、衣服、鞋子、水瓶、石头等。从简单涂抹颜料到绘制复杂的图案，幼儿的涂鸦技能在不断提升。但由于初期材料不完备，幼儿在涂鸦过程中以自由结对形式共同使用材料，偶尔会出现材料供不应求的现象。

游戏支持

《指南》艺术领域概述部分指出："充分创造条件和机会，在大自然和社会文化生活中萌发幼儿对美的感受和体验，丰富其想象力和创造力，引导幼儿学会用心灵去感受和发现美，用自己的方式去表现和创造美。"基于此，教师在此阶段给予了以下两方面的支持。

一是即时支持。例如：班级教师尊重幼儿想要保留作品的意愿，通过分析型提问激发幼儿思考如何有效保存作品。

二是延时支持。例如：针对幼儿对连接图式的兴趣，教师提供了绳线、串珠、打孔器等不同类型的材料，供幼儿探索不同的连接方式。基于颜料、工具不足的现状，教师通过多种途径收集绘画材料与工具，及时添加幼儿所需的材料，为下阶段幼儿的深入探索与尝试提供更多可能性，满足其游戏需要。

多样玩色区域

游戏观察

有了让幼儿园变美的经验，喜欢涂鸦的田田有了新的想法。早上，田田一到幼儿园就兴奋地告诉教师："我回家的时候看到马路边的电箱上画了图案，可好看了，我也想让幼儿园变得一样好看！"她的想法得到了教师和同伴的认可。孩子们开始打破区域局限，挑选适宜的材料，在幼儿园户外场地中寻找新的涂鸦地点。

他们给电线杆穿新衣，给红色消防栓添上鲜艳的花朵（见图 21.4）……他们绕着圈儿边走边画，有的用画笔填充攀爬架的木板、螺丝钉的洞洞，有的在沙池旁盛放工具的 PVC 管上自由作画。除了在大树上悬挂作品，孩子们还将粗粗的树干当成画布，化身为粉刷匠，用滚轮大力地涂刷颜色（见图 21.5），并发现了颜色混合的秘密；冉冉涂色时一不小心给树皮上的蚂蚁也穿上了“新衣”。

图 21.4

图 21.5

在游戏故事分享环节，凡凡对给大树美容提出了不同看法：“我看到冉冉给大树涂颜料，只有冬天的时候大树的身体才会被涂上白色的石灰，那是用来保温的。大树有生命，给它涂上颜料，它会感到不舒服。”田田补充：“冉冉涂画时还把颜料涂到了蚂蚁身上，蚂蚁会被毒死的。”教师组织幼儿围绕这个话题展开讨论，还引导幼儿和家长一同查询并收集资料。幼儿最终得出结论：大树有生命，我们不能给大树涂颜料。

可美容师们想要进一步拓宽自己的业务，幼儿园里还有哪些地方需要美容呢？餐后散步时，美容师们通过细致的观察和拍照，产生新的想法，并展开了讨论：“老师，这个井盖黑黢黢的，我觉得可以改造一下。”“老师，这个电线杆上光秃秃的，我们可以在上面画些好看的图案。”“围墙下面有一些裂缝，我想用颜料修补一下。”

回到教室，孩子们用图画将头脑中的创意进行表征：井盖可以变成五彩格子（见图 21.6），我们还可以画上彩虹、大海，使它变成一抹亮丽的风景；石阶很平整，我们可以把自己玩滚筒的故事画上去（见图 21.7）；菜园入口的木栅栏，挂上手工作品后肯定更美（见图 21.8）；光溜溜的电线杆为我们带来光明，我们可以给它添上色彩（见图 21.9）。

图 21.6

图 21.7

图 21.8

图 21.9

确定好可以给什么地方美容、如何美容后，到了户外游戏时间，幼儿园的各个角落里都有幼儿涂鸦的身影。他们有的跪在地上画轮胎，有的坐在跑道上画石阶（见图 21.10），有的蹲在井盖旁小心翼翼地描颜色（见图 21.11）……幼儿园的整个户外环境成了他们的画布，他们发自内心地想把每天生活在其中的幼儿园变得更好看。

图 21.10

图 21.11

游戏解读

经验解读

《指导要点》学习准备之“学习习惯”的具体表现指出：“乐于独立思考并敢于表达。”游戏分享时，幼儿就“给大树涂颜料”这一行为产生不同意见，教师创设机会，给予幼儿交流信息、分享各自不同观点的机会，帮助幼儿在表达与倾听中积累从不同角度看事物、用不同的语言技巧输出观点，进而说服他人的丰富经验。

《指南》社会领域“人际交往”子领域目标2的典型表现指出，5—6岁幼儿“知道别人的想法有时和自己不一样，能倾听和接受别人的意见，不能接受时会说明理由”。幼儿在游戏后分享、讨论、建构游戏经验的过程，也是一个去自我中心化的过程。

从图式理论的角度看，幼儿在此阶段表现出了旋转图式与定向图式。幼儿在给大树、电线杆、消防栓等柱形物体的表面涂鸦时，会以愉悦的状态绕着圈边走边画。在给地面的石阶、轮胎、井盖等不同高度的物体涂鸦时，幼儿不停地变换创作姿势，或站立或趴跪或伏地，感受不同角度下的艺术创造。

问题解读

在这一阶段中，当幼儿的涂鸦行为与环境发生冲突，涉及污染自然环境这一问题时，他们能够运用已有的科学与社会认知经验进行讨论与分享。但由于他们对环境污染这一论题的认知不够完善，因此，教师还需要通过家园共育的手段，帮助幼儿深入了解其涂鸦行为的适切性，继而迁移经验，解决实际问题。

需求解读

游戏是一个连续性的动态过程，充满着多种可能性。大班幼儿对自己感兴趣的问题喜欢刨根问底，且愿意表达自己的观点，因而需要更自主、自由的发挥空间。同时，他们在游戏中冒出的新想法和新创意需要得到教师的关注、认可与支持，也需要教师及时为他们准备所需的游戏材料，为他们提供大胆探索与试误的心理环境与物质空间。

游戏支持

游戏中，教师始终秉持尊重、自主、自由的游戏精神，不随意干涉幼儿，将发现问题、澄清问题、解决问题的权利交给幼儿。

教师在幼儿游戏过程中细致观察，认真捕捉游戏中的教育契机。例如：当幼儿产生“当幼儿园的美容师”这一想法时，教师鼓励幼儿大胆尝试，在给予情感支持——

“看来你有好办法”的同时，也提供带有行动建议的鼓励——“你可以试试用这个材料”，充分满足了幼儿游戏发展的需求，增强了幼儿的自信，进而激发了他们的游戏灵感。

教师有效倾听幼儿并给予适宜的回应。游戏分享时，当幼儿指出同伴不适宜的涂鸦行为时，教师处于中立位置，引导幼儿发表各自的想法和观点，给予其充分的表达机会，让幼儿通过辩论和查询相关资料，树立正确的价值观，懂得尊重生命、尊重大自然。在幼儿思考能对幼儿园的哪些地方进行美化的过程中，教师允许并鼓励开放性探究，让幼儿去各个角落寻找需要美化的地方，再通过集中讨论与图画表征，进一步将头脑中的想法具象化。

多维畅想空间

游戏观察

餐后，孩子们坐在室外自由交谈，木木和江江你一言我一语地交流。木木指着楼下的菜园边比画边说：“如果这里有一个滑梯，我们就可以直接滑到菜园里去了。”江江应和道：“是呀，这样我们一下就滑下去了，哈哈！”两个人为自己的创意感到特别高兴，说完，马上向教师分享他们的创意，并画了下来（见图 21.12）。

图 21.12

他们的想法得到了同伴的响应，大家开始思考还可以怎样改造幼儿园。一楼的教室后面有一块草地，那儿的阳光很好，孩子们想要在那里给小兔子盖一座小屋。田田说：“我们可以建造一座两层的动物园，一楼给小兔子住，因为它们喜欢蹦蹦跳跳，二楼给小乌龟住，这样它们就不会相互打扰了。”田田的设计（见图 21.13）非常人性化，考虑到了不同“住户”的需求。

听到她的这个设计方案，冉冉也表达了自己的想法：“可以在高高的大树上建一栋树屋，天气好的时候我们可以在上面看书，和好朋友说悄悄话，还可以用麻绳和木板在大树下做几个秋千。”（见图 21.14）

图 21.13

图 21.14

游戏解读

经验解读

从幼儿的涂鸦作品可以看出，他们的涂鸦水平和形式变得更加多维立体。他们从最开始的纸张、黑板平面涂鸦，发展到使用旧物（如水瓶、鞋子、蛋托等）对幼儿园里的设备进行多维立体美化，进而作为幼儿园的小主人，产生了想用画笔进一步改造现有环境的设想。他们不再停留于平面的美，而是开始尝试创造立体空间的美，涂鸦美容师的角色也升级成为建筑设计师，他们大胆畅想在幼儿园空闲的地方可以添加什么。

从《指导要点》学习准备之“学习能力”的角度分析，涂鸦游戏不仅保护了大班幼儿的前书写兴趣，还有助于他们做好必要的书写准备。幼儿用图画、符号表征和记录游戏过程与想法，通过使用不同尺寸的画笔等工具材料，学习由上至下、由左到右的运笔技能，锻炼手部精细动作，促进手眼协调能力发展，巩固正确的书写姿势。

自主探究过程中，幼儿不仅调动了对审美、色彩、构图的艺术认知，也延展了关于生命共同体与规划环境的新经验，特别是对园区的设计改造，充分展现了他们的空间智能与合作能力。由此可见，真实的游戏情境能使幼儿获得多方面发展。

问题解读

游戏前期，对幼儿园进行涂鸦美化的想法符合班级大多数幼儿当时的游戏需求。虽然在三个多星期的时间里，幼儿用画笔和作品对户外环境进行了不同层次的装饰，获得了自我效能感，但这满足不了个别幼儿不断深化游戏的需要。木木提出想要设计一个从教学楼直通菜园的旋转滑梯时，立刻得到了同伴的积极回应，这说明游戏内容已成为阻碍他们的游戏发展的问题之一。

需求解读

幼儿的每一次尝试都是对已有经验的挑战，也是构建新的认知经验的过程。当幼儿出现将美术设计与园区改造问题相连接的倾向时，教师要看到新的游戏生长点，扩充幼儿对建筑设计、透视画法、功能需求等相关知识的了解，帮助幼儿生成新的游戏支链。

游戏支持

教师充分关注、敏锐捕捉幼儿的游戏变化，以幼儿的意图为核心，追随其兴趣，积极回应，为每个幼儿提供相适配的回应与支持；推动游戏进程，有效地增强了幼儿进一步开展游戏的自信心，让幼儿能大胆地进行新思考、新探究。幼儿自发的游戏蕴含着真实的兴趣和教育契机，教师在观察的基础上把握“最近发展区”，基于自发游戏生成幼儿感兴趣且需要的话题，如“设计滑梯需要考虑哪些安全问题？”“给动物设计的房子需要有哪些功能？”等，促进了游戏发展和幼儿的持续探究。

* * *

在近一个多月的涂鸦游戏中，教师感受到将游戏权利交给幼儿所带来的惊喜，也深切感受到“尊重幼儿”这一理念的重要性。尊重是倾听、了解幼儿的前提，是走进幼儿内心世界的钥匙，是保证幼儿自由、自主开展游戏的基础。美国心理学家埃里克·杭柏格·埃里克森（Erik Homburger Erikson）说过：“自由在何处止步或被限定，游戏便在哪里终结。”虽然大班的孩子已经毕业，离开了幼儿园，但幼儿园的户外环境中仍然保留着他们的创作痕迹，这也许能给在园的幼儿带来新的游戏灵感和可能性。

（作者：湖南省常德市第一幼儿园　苏慧敏；指导教师：张豪豪，黄琴）

案例二十二　家乡三塔

一个周末，教师组织幼儿外出春游，春游地点是本地的培元塔。春游过后，孩子们对造型独特的培元塔产生了兴趣。回园后，他们决定在幼儿园里也搭建一座培元塔。于是，一场由搭建培元塔拓展至探索家乡三塔的游戏就此开始。

在持续一个多月的游戏里，孩子们用不同的材料搭建出自己想要的样子，通过不断挑战，实现了将培元塔"搬进"幼儿园的愿望。随着游戏的深入开展，孩子们逐渐了解了本土的历史文化，从单一的搭建培元塔，到修复损坏的崇文塔、双龙惜字塔，进而为了保护三座塔，展开对一系列问题的探索。每一次游戏的发展，都有不同的文化体现，也让游戏变得更有趣、更有意义，更能激发幼儿持续探索的欲望。

搭建培元塔

游戏观察

孩子们按照自己的想法在建构区自由探索培元塔的搭法（见图 22.1），主要方式是基于以往经验进行思考与模仿，但是塔体被搭高之后，总是会倒塌。孩子们尝试了五六次，每次都以失败告终。平平说："教室里的材料太轻了，我们去户外吧。"

图 22.1

孩子们来到游戏场地更大、材料更多的户外。他们尝试再次搭建培元塔，这次搭建的塔体更高更大。但当天有风，孩子们用碳化积木搭建的培元塔被风一吹就倒了。凯凯说："为什么更重的碳化积木也会倒塌呢？"熙熙说："应该是支柱太少的原因吧！"于是，大家改变搭建模式，增加塔的宽度与支柱数量（见图 22.2），但由于支柱太细，塔体过高，塔还没有封顶就倒了。经过多次调整，孩子们改变平面搭建模式，探索立体搭建法，搭底座的时候，开始用立起来的小砖头搭建（见图 22.3），但塔体依旧不稳固，无法持续加高。

图 22.2

图 22.3

培元塔总是搭不高是什么原因呢？孩子们经过多次调整，依然搭不出心中的培元塔，只能暂时将搭建工作搁置，进行商讨。琪琪说："我搭建培元塔失败了，因为太高的原因我选择放弃了。"教师问："为什么选择放弃了呢？"琪琪说："塔一直摇摆，我加了木板，越往上搭，塔越摇晃，我们又加了垫子保护，但是最后我们都不敢继续搭建了。"教师说："每一位伟大的建筑师都会遭遇很多次的失败才能成功，这次我们失败了没关系，我们一起想想有什么更好的方法可以让培元塔更加牢固。"思源说："我们幼儿园的房间里有一根大柱子支撑着，我们可以这样试试。"平平说："我觉得滚筒、轮胎就像大柱子一样，肯定能支撑起来。"

根据培元塔的底座是圆形的这个经验，他们选择先以轮胎、滚筒为中心，再在周围以搭建镂空外墙的方法搭建塔体（见图 22.4）。就这样，又高又稳固的培元塔建成了，孩子们的新思路获得了成功。

图 22.4

游戏解读

经验解读

《指南》科学领域“科学探究”子领域目标 2 的典型表现指出，5—6 岁幼儿“能通过观察、比较与分析，发现并描述不同种类物体的特征或某个事物前后的变化”。游戏中幼儿能与他人合作、交流，通过观察活动室的柱子，联想到塔体也是圆形的，并想出以轮胎、滚筒为中心来稳固塔体的办法。

问题解读

针对前期出现的“塔体被搭高后总是倒塌”的问题，幼儿通过更换材料、将平面搭建改为立体搭建以及增加塔的宽度和支柱数量等方法来解决实际问题。当幼儿发现以上方法均无法有效地解决问题时，他们观察到教室的柱子是圆形的，从而改变搭建方法，将叠加法改成以轮胎、滚筒为中心的镂空式搭建法，最终将培元塔搭建成功。

需求解读

游戏中，幼儿发现室内材料太轻，于是提出改用室外建构材料，且能按照自己的需求拿取材料，这些都是幼儿对于材料的需求体现。幼儿在搭建过程中一直没放弃，围绕问题的解决持续游戏，反映了他们非常渴望搭建成功。

游戏支持

游戏前期，当幼儿发现室内材料太轻，想使用室外建构材料时，教师及时支持，并开放全园建构区的材料，让幼儿能根据自己的需求拿取材料。游戏后，教师组织小组讨论，集体观看游戏视频，发现游戏中出现的问题，共同商讨解决问题的办法，并引导幼儿用表征的方式记录游戏问题、游戏过程，确保了游戏回顾的实时性及直观性。

由一变三

游戏观察

培元塔竣工后，一涵跑过来说："老师，培元塔这么好看，常宁还有其他的塔吗？"基于这个问题，教师、幼儿和家长一起翻阅常宁县志，了解到原来常宁还有另外两座塔——双龙惜字塔和崇文塔，其中崇文塔因年代久远和战争没有被保留下来。琪琪说："我们一起搭建双龙惜字塔和崇文塔吧，这样培元塔就不会那么孤单啦！"有了搭建培元塔的经验，这次孩子们自主丰富了搭建材料，并开始落实自己的搭建想法：继续以轮胎为中心搭建培元塔；使用轻重叠加法搭建双龙惜字塔；使用滚筒镂空旋转法搭建崇文塔。

在孩子们的计划中，双龙惜字塔是五彩斑斓的。搭建过程中，孩子们将多种色彩艳丽的材料进行组合，巩固了塔身，但又发现塔身太高，封不了顶。他们一起想办法解决问题，借助于大箱子（见图 22.5），同时寻求同伴的帮助，合作传递积木、搭建塔。很快，塔顶就封好了。孩子们蹦跳着拍手，邀请教师给他们的作品拍照留作纪念。

图 22.5

幼儿这次搭建的培元塔（见图 22.6）、双龙惜字塔（见图 22.7）、崇文塔（见图 22.8）非常大气雄伟，孩子们聊着本次的搭建情境，记录、分享他们的游戏故事，教师仔细倾听孩子们的想法，对他们的游戏过程和想法进行了记录，并给予他们积极的回应（见图 22.9）。

图 22.6

图 22.7

图 22.8

图 22.9

游戏解读

经验解读

幼儿在建构游戏的深度学习是“动机—表征—联系与迁移—批判性建构—元认知”的循环递进过程。这一阶段，幼儿将搭建培元塔的经验迁移到双龙惜字塔、崇文塔中，使用轻重叠加法搭建双龙惜字塔，使用滚筒镂空旋转法搭建崇文塔，体现了深度学习的特征。

《指南》社会领域“人际交往”子领域目标 2 的典型表现指出，5—6 岁幼儿“活动时能与同伴分工合作，遇到困难能一起克服。”当双龙惜字塔出现“塔身太高、封不了顶”的情况时，幼儿一起想办法，一起合作完成搭建，体现出游戏不仅可以促进幼儿的深度学习，还创造了同伴交往、分工合作的机会。

问题解读

培元塔搭建成功后，师幼通过查阅县志，发现当地还有崇文塔和双龙惜字塔，但由于战争，没有关于崇文塔的完整图像记录。不过幼儿并没有因此放弃，而是调动自身已有经验，完善这座塔的形象构造。他们进一步丰富了搭建材料，添加了爆米花桶、纸砖等，以完善自己的搭建想法。当双龙惜字塔出现“封不了顶”的问题时，幼儿通过思考联想—调动经验—分工合作，解决了问题。

需求解读

从幼儿的话语——“老师，培元塔这么好看，常宁还有其他的塔吗？”——可以看出，幼儿对家乡文化产生了兴趣。在了解到家乡还有另外两座塔时，幼儿提出：“我们一起搭建双龙惜字塔和崇文塔吧，这样培元塔就不会那么孤单啦！”这体现出幼儿有了新的游戏需求。他们付诸行动，不断努力实现设想，再次使搭建经验得到提升。

游戏支持

教师鼓励幼儿运用已有的知识和经验探索新的事物，激发幼儿的兴趣和学习动机，帮助幼儿构建和巩固认知体系，强调幼儿的主动参与和合作学习。游戏中，教师认可幼儿的想法并鼓励幼儿使用室内外材料，及时满足幼儿的游戏需求，激发了幼儿的主观能动性，推动了游戏开展。与此同时，教师通过集体、小组总结等方式帮助幼儿梳理信息，加深其对新经验的记忆，鼓励幼儿在游戏中自我监控并反思游戏结果，提高了其自主游戏的能力。

三塔景点的建设

游戏观察

辛勤的汗水让孩子们更加珍惜来之不易的成功。看着宏伟的三塔，孩子们说出新的担心，首先是如何保存户外的作品。凯凯说：“老师，我们的三塔已经搭建完成了。太辛苦了！游戏结束后，它们能被保留下来吗？”教师回应道：“当然可以，但是我们要考虑一下，在户外环境中应该怎么做才能使三座塔保存得更好？”宁宁说：“我们可以在塔顶上安装雨棚，这样就不怕风雨了。”思源说：“还可以拉上警戒线，这样就没有人来搞破坏了。”子涵说：“还可以请门卫叔叔来帮忙看护。”……

找到解决办法后，孩子们便邀请门卫叔叔一起保护三塔，并动手安装了雨棚（见图 22.10）、搭建了防护栏（见图 22.11）。

图 22.10

图 22.11

将三塔保护好后，一诺突然提出：“老师，我发现一个问题，如果将塔保护起来，其他小朋友怎么来场地玩？”教师问：“你们有什么更好的方法吗？”琪琪说：“把它们拆了吧，但是我好舍不得。”熙熙说：“不用拆，我们可以想办法吸引其他小朋友来呀。”凯凯说：“对呀，小朋友很喜欢吃好吃的，我做一些食物吸引他们吧！”子涵说：“我还可以建一个游乐场。”思源说：“小朋友还可以和培元塔一起拍照呀，我来当摄影师。”“还可以搭建大酒店、书屋、冰激凌店……”孩子们天马行空地想象着。思源提议：“我们搭建一个景区吧，在里面放上游客喜欢的东西，这样一定可以吸引很多人来，我们的塔也能保存起来了。”他们商量得出：景区要有导游、门卫、超市老板、收费的摄影师等角色，还要有游乐场、商店、电梯、国际大酒店、水族馆等。

图 22.12

景点搭建好后，孩子们提出进入景点需要门票。经过讨论与投票，他们将门票分为两种：一种上面画有培元塔和培元桥；另一种上面画有小卖部和培元塔。两种门票都可以使用，景点的名字为“大美常宁”（见图 22.12）。

景区建设完成，便要吸引游客。孩子们又讨论："我们应该做些什么？"琪琪说："我们一定要把里面的东西丰富起来，我要把我的东西写上标价。"思源说："这样还不行，我们需要叫卖才能吸引游客。"教师及时肯定孩子们的想法："你们的想法都很好，我们或许可以先试营业一下，如果出现问题还能及时调整，你们觉得呢？"琪琪补充道："这个办法好，我们可以先请老师来当游客，感受一下我们的服务。"（见视频"试营业"）

试营业

试营业很成功，孩子们的脸上都洋溢着笑容，他们纷纷说："这次游客应该都会满意了。"下午景点开放时，大批游客前来，孩子们各司其职：解说员给游客介绍景点、老板吆喝着招呼客人、游客付钱买东西……许多拿着门票进来参观的游客都叹为观止："哇，你们好厉害！这些是怎么搭建出来的……"听见游客们的肯定，孩子们邀请客人的热情更高了，并向他们分享自己的搭建经验（见视频"景区开放精彩瞬间"）。

景区开放精彩瞬间

游戏中，"国际大酒店"的老板一诺在一旁低着头，因为别的店铺"生意"火爆，而她的大酒店竟然成了冷门店。她特意跑到"缤纷超市"询问老板的经营之道，"缤纷超市"的老板告诉她要学会吆喝才能吸引游客。这令一诺感到特别为难，因为她平时不喜欢表达。但为了吸引游客，她还是难为情地轻声吆喝了几句，可效果并不理想。随即，教师以游客的身份参与其中，给一诺提出了一些建议。于是，一诺把果汁搬到"前台"上，还做了"烤串"，一边烤着烤串，一边说真好吃。就这样，她成功吸引了好几批游客，最后竟然能大声吆喝了。

游戏解读

经验解读

《指南》社会领域"人际交往"子领域目标 2 的典型表现指出，5—6 岁幼儿"能想办法吸引同伴和自己一起游戏"。在三塔搭建完成后，幼儿提议将塔保留下来，但这样其他班级幼儿的游戏场地便不够了。于是他们把生活经验迁移到游戏中，提议围绕三塔建设旅游景点，吸引其他班级幼儿参与到游戏中。幼儿分工合作，扮演着不同的角色，建立了良好的同伴关系。

问题解读

三塔建好后，由于塔体过大且在户外，因此怎样在户外保存好三塔，并让其他班幼儿来玩成为游戏中的新问题。幼儿基于日常生活中的观察，提出通过搭建雨棚来保护三塔，并将三塔完善成旅游景区，增加游戏角色，丰富游戏情境。针对“怎么吸引游客来玩”的问题，幼儿的想法各不相同，其中“为商品标价”和“叫卖”等办法成功吸引了大批游客。幼儿的行为也符合《指南》社会领域“人际交往”子领域目标3的典型表现，即5—6岁幼儿“能主动发起活动或在活动中出主意、想办法”。

需求解读

“老师，我们的三塔已经搭建完成了。太辛苦了！游戏结束后，它们能被保留下来吗？”幼儿大胆向教师提出自己的游戏需求。这说明幼儿对三塔游戏的兴趣浓厚，他们体验到了建塔成功带来的成就感。教师倾听并支持幼儿的想法，在征得其他班级的同意后，在门卫的帮助下保留了三塔，并增添了游乐场、商店、电梯、国际大酒店、水族馆等建筑，以及导游、门卫、超市老板、收费摄影师等游戏角色。

游戏支持

游戏后教师倾听幼儿的想法，并循序渐进地启发其思考：“我们要考虑一下，在户外环境中应该怎么做才能使三座塔保存得更好？”教师借此引导幼儿考虑户外环境因素对塔造成的影响。在一诺不敢吆喝时，教师及时调整支持策略，通过角色介入方式鼓励幼儿招揽游客。

* * *

在家乡三塔游戏中，教师以幼儿的兴趣为出发点，让幼儿通过制订游戏计划、观看视频、小组总结发现问题；幼儿通过合作反思，用不同的搭建方法搭建家乡三塔，并将建构游戏延伸至角色游戏。从开展家乡三塔搭建游戏以来，教师充分支持幼儿的想法，提供充足的时间、空间（由室内转到室外空间）、材料，在游戏中倾听幼儿、观察幼儿，与幼儿一起探索、共同进步。

（作者：湖南省衡阳市常宁市第二幼儿园　唐慧萍；指导教师：吕锋，雷琼）

案例二十三 滚筒小火车

滚筒是幼儿园户外自主游戏中常见的活动材料，深受幼儿喜欢。经过前期的尝试与探索，本班幼儿发现了滚筒的多种玩法，如推滚筒、钻滚筒、骑滚筒、站在滚筒上、双脚交替促使滚筒往前滚动等，积累了玩滚筒的游戏经验。

随着户外自主游戏的持续开展，游戏材料经过不断调整，变得更加丰富。结合幼儿的游戏情况，教师对材料的摆放位置进行了暂时性调整：将木板、木梯放在了滚筒旁边。孩子们将木板、木梯、滚筒、轮胎等低结构材料进行组合，在自主搭建、交流合作中，不断探索、发现滚筒的多种玩法，滚筒小火车就是其中衍生出来的游戏之一。

初建轨道，自由探索

游戏观察

来到户外场地，韩韩和几个小伙伴用木板、木梯搭建了火车轨道（见图 23.1）。洋洋看见了，就把滚筒搬上轨道，在滚筒到达一个高点后，她便松手将滚筒顺着轨道滚下。

洋洋继续尝试，想把滚筒搬至最高点。潼潼搬来一个轮胎，桃子说："我们可以将它放在下面垫高，这样就有两个轮胎了。"洋洋尝试了一下，发现滚筒太重，且两个轮胎叠放起来有点高，她根本搬不上去。最终，在洋洋、桃子、潼潼的齐心协力下，滚筒被搬上了第一个轮胎。洋洋问："我们还要继续往上搬吗？"桃子说："当然还要搬啊，快来吧。"她们双手使劲往上抬、往前推，嘴里还不停地喊着，可滚筒还是没有被搬上去。桃子想了一会儿，说："我有办法了！"潼潼问："什么办法？"桃子说："先把滚筒搬下来，靠着轮胎搭建一个斜坡，再让滚筒滚上去。"说着她便去搬木板，在洋洋的帮助下，将木板斜架在轮胎上。洋洋和潼潼顺着斜坡把滚筒推上去（见图 23.2），桃子在一旁兴奋地说："老师，老师，我们成功啦！"这时，洋洋和潼潼手一松，滚筒顺着轨道第二次咕噜咕噜地滚下去了。孩子们欢呼着，尽享成功的喜悦。

图 23.1

图 23.2

初建轨道，自由探索

洋洋、潼潼继续推滚筒上轨道，凌凌在一旁喊："火车来了，要坐车的快点，火车要出发了。"在大家的见证下，滚筒火车在轨道上进行第三次滚动，可没到一半，滚筒却偏离轨道滚出去了（见视频"初建轨道，自由探索"）。

游戏解读

经验解读

"大班幼儿在建构游戏中的深度学习具有明确的建构目的、高情感与高行为投入，是一种相对复杂的生成性活动。"[①]幼儿用木板、木梯、轮胎随机组合，搭建了一条轨道。幼儿把滚筒搬上轨道，将其顺着轨道滚下来，滚筒就变身为"小火车"。为了将滚筒搬至轨道最高点，幼儿持续进行探索。随着游戏推进，幼儿游戏的目的性、情绪情感体验都在逐步增强，体现了深度学习。

问题解读

幼儿先后遇到了两个问题：一是轨道起点较高，滚筒太重，搬不上去；二是滚筒小火车脱轨。针对滚筒搬不上去的问题，幼儿共提出两种解决办法：在底部垫轮胎和将木板变斜坡。尝试后他们发现通过将木板变斜坡，可以较轻松地把滚筒推上轨道。但几次游戏后，幼儿发现"滚筒小火车"总是脱轨。

① 马娥，赵雪东．大班幼儿建构游戏中深度学习的支持策略［J］．教育导刊，2023（12）：83-92．

需求解读

针对滚筒搬不上去的问题，幼儿能够主动想办法。在一名幼儿的提议下，他们想到了斜坡。可用什么材料来搭建斜坡呢？幼儿开始寻找材料，发现木板表面光滑，是作为斜坡最合适的材料。于是，他们开始寻找长短合适的木板。

游戏支持

游戏分享时，教师根据幼儿的游戏反馈，引导幼儿，发现游戏中存在的问题，反思不足，以便后续完善游戏内容，提升游戏水平。

改进轨道，挑战进阶

游戏观察

孩子们先用木板和轮胎搭建斜坡，作为滚筒小火车的起点。接着，将木梯首尾相连，搭建了一条长长的轨道，还在轨道旁边用长木板增设了护栏（见图 23.3）。球球、辰辰等把滚筒小火车推上轨道，桃子担任指挥员。几次游戏之后，滚筒小火车还是出现了脱轨，连旁边的护栏都被碰倒了，但孩子们的游戏兴趣未减。

这时，细心的韩韩发现滚筒被推上来之后，下坡的速度太快了。于是，他找来有卡扣的木板，将其作为轨道的"减速带"（见图 23.4）。加了"减速带"后，滚筒小火车能够滚动较长一段距离，但脱轨现象依旧会出现。（见视频"改进轨道，挑战进阶"）

改进轨道，挑战进阶

图 23.3

图 23.4

游戏解读

经验解读

“游戏是幼儿认知、经验的反映，幼儿表现出来的不同的游戏行为，反映出其认知、经验、兴趣均存在明显的不同。”[①]在游戏中，幼儿的能力和水平各不相同，幼儿会各自迁移运用生活中的相关经验，对材料进行组合、拼装及运用，如搭建长轨道、增设护栏、增加“减速带”等。

问题解读

幼儿围绕不让滚筒小火车脱轨展开游戏，他们将木梯首尾相连，把长木板作为护栏，搭建了又长又直的轨道。游戏后幼儿发现，滚筒小火车依旧脱轨。一名幼儿结合自己的生活经验，在轨道上添加了减速装置，这使滚筒小火车在轨道上滚动了较长一段距离才脱轨。

需求解读

为了能让滚筒小火车平稳运行，幼儿持续改进轨道造型。他们结合生活经验，搭建长轨道，利用旁边的护栏围住轨道，不让滚筒小火车脱轨。他们选用的材料还是木板、木梯、轮胎、滚筒，但搭建方式不一样。随着游戏的推进，幼儿发现滚筒小火车脱轨现象依旧存在，这激起了幼儿不断改进轨道的斗志。

游戏支持

游戏后，教师根据幼儿的游戏情况，基于对幼儿游戏的理解，和幼儿一起对游戏环境进行调整，如调整游戏空间、材料、材料摆放位置等。教师还适时改善游戏氛围，帮助幼儿调节在游戏中的情绪等。

加宽轨道，成功运行

游戏观察

这天户外游戏时间，洋洋、桃子、辰辰、韩韩跑去搬材料。洋洋搬来了许多木凳，并把它们并排放在一起。辰辰则去搬梯子。他们的游戏吸引了小玉米、天天、伊

---

① 潘元丽．基于皮亚杰认知发展游戏理论的案例分析——以“担担乐”游戏材料引发的游戏活动为例［J］．山西教育（幼教），2023（10）：28-31．

伊、琪琪的加入。小玉米说："把梯子放在木凳上。"伊伊说："这里太高了，我们怎么搬上去呢？"辰辰说："要加几架梯子，然后将梯子推上去，这样梯子就变成了斜坡。"于是，在他们的齐心努力下，一条宽宽的火车轨道搭建好了。

幼儿从后面将大滚筒推上斜坡，滚筒突然一滑又退了下来。几次尝试后，他们还是没有将滚筒推上去。一旁的教师说："刚刚你们是怎么推滚筒的，滚筒怎么又滑下来了？"辰辰说："我看洋洋推，我就在他后面推，但是滚筒太重了，我们没有推上去。"教师说："我看到滚筒是从旁边滚下去的。"洋洋对辰辰说："旁边也要推，你推滚筒的另一侧"。

在大家的共同努力下，滚筒小火车被推上了轨道。正准备出发时，桃子在一旁大声喊道："小心点，火车要来了，不要被撞到了。"伊伊看了看，从旁边搬来一个护栏，说："我们要站在这个护栏外面。"琪琪说："我们就站在这块木板上吧，把它当成我们的房子。"韩韩说："这下滚筒小火车就撞不到我们了。"小玉米说："我来喊'开始'，火车就可以出发了，因为我的声音最大了。"

随着小玉米说"开始"，滚筒小火车出发了。这次它平稳地运行在轨道上，没有脱轨（见图 23.5 和视频"加宽轨道，成功运行"）。几次游戏后，桃子对教师说："老师，我也想当指挥员，小玉米都当了好久了。"教师说："你去跟小玉米说吧，告诉他你也想当指挥员。"桃子跑到小玉米面前说："小玉米，我也想当指挥员。"小玉米说："那好吧，你来当，但是你要记得站在这个旁边，声音大一点。"

加宽轨道，成功运行

图 23.5

游戏解读

经验解读

《指导要点》社会准备之“交往合作”的具体表现指出：“能与同伴分工合作共同完成任务，遇到困难互帮互助。”在加宽轨道后，幼儿想把滚筒小火车推上轨道，但出现了推不上去的情况。他们通过同伴观察与合作，不仅解决了推滚筒小火车上轨道的问题，还共同解决了“火车什么时候出发”“谁当指挥员”等问题，也给游戏增添了新的内容，很好地体现了幼儿间的分工协作。

问题解读

幼儿为了让滚筒小火车运行成功，继续探索，加宽了火车轨道，发现滚筒小火车不再脱轨了。但在游戏过程中，幼儿发现滚筒太重，需要两人、三人甚至更多人合作将其推上轨道，耗时较长，因此幼儿想使用轻一点的滚筒进行游戏。

需求解读

幼儿通过先将木凳并排放在地上、再将木梯并排放在木凳上的方式，对轨道进行改进，搭建了一条宽轨道。通过持续探索，幼儿发现滚筒小火车可以成功运行。虽然游戏中没有出现滚筒小火车脱轨的现象，但是又产生了新的问题：因为轨道的起点变高了，幼儿每次推滚筒都要花很大的力气和较长的时间；为了避免轨道前方有人被滚筒小火车撞到，需要一个指挥员提醒大家火车出发了。

游戏支持

为了帮助幼儿有效解决在滚筒小火车游戏中发现的问题，教师依据游戏现场的情况进行复合型提问，引导幼儿进一步思考“滚筒滑下来”的原因；游戏中，当桃子向教师表达要当指挥员的需求时，教师认真倾听桃子的想法，并鼓励桃子大胆向小玉米表达自己的游戏需求。

玩转滚筒，“火车”变身

游戏观察

在接下来的游戏中，不规则滚筒吸引了幼儿的注意，他们将其变身为“小火车”（见图 23.6）。洋洋把小火车推上轨道，小火车顺着轨道滚下去。小玉米在轨道前方放了一个轮胎作为目标物，以增加游戏的趣味。韩韩说："小火车滚下来击倒轮胎，就算成功。"乐翔说："我来试试。"说完，他们一个接一个地尝试，十分投入和专注。有的幼儿能让小火车成功撞击目标物，有的幼儿的小火车偏离轨道而没有击倒目标物。（见视频"玩转滚筒，'火车'变身"）

玩转滚筒，"火车"变身

图 23.6

游戏解读

经验解读

幼儿的好奇心和探究欲，促使他们自主寻找周围能滚动的游戏材料继续探究。幼儿的游戏行为符合《指南》科学领域"科学探究"子领域目标 2 的典型表现，即 5—6 幼儿"能通过观察、比较与分析，发现并描述不同种类物体的特征或某个事物前后的变化"；也符合"数学认知"子领域目标 3 的典型表现，即 5—6 岁幼儿"能用常见的几何形体有创意地拼搭和画出物体的造型"。游戏中，幼儿持续探索滚筒与木梯、木板、轮胎的组合玩法，根据滚筒较重、表面光滑的物理特性，不断调整材料的组合方式，如将木梯横竖交错、首尾相连、高低错落等，创意拼搭出轨道的造型。当幼儿选用不规则滚筒时，他们能根据其外形特征，利用平衡原理让其成功运行。

问题解读

相比之下，不规则滚筒较轻，幼儿可以独立搬动。当幼儿将不规则滚筒搬上轨道时，大部分幼儿能使其击倒目标物，小部分幼儿则不能。此时，如何让不规则滚筒击倒目标物成为需要探究的问题。

需求解读

幼儿用木梯、木板等材料改进轨道造型，选用不规则滚筒作为小火车，从而增加了游戏难度。幼儿在轨道前方放置轮胎作为目标物，以不规则滚筒击倒目标物的方式，让游戏更具趣味性，从而满足自身的游戏需求。

游戏支持

游戏后，教师引导幼儿围绕“不规则滚筒平稳运行的小妙招”展开讨论。具体内容包括：一是播放幼儿游戏时的视频，引导幼儿回顾自己的游戏内容；二是请幼儿讲述自己在游戏中遇到的困难或得到的收获；三是请用不规则滚筒击倒目标物的幼儿分享游戏经验。幼儿通过观看视频、共同讨论、分享经验等方式，探寻不规则滚筒运行成功且击倒目标物的诀窍——将不规则滚筒放在轨道上，滚筒左右两边的重量、宽度要一致，保持不规则滚筒处于平衡的状态。在此过程中，幼儿探究发现、观察比较的能力得到提升。

* * *

在“滚筒小火车”游戏中，教师始终结合幼儿的兴趣和需要，鼓励幼儿自由组成游戏伙伴、自主选择游戏材料、自发开展小火车的游戏。游戏中幼儿与同伴交流协商、共同合作，其兴趣、需要得到满足，其天性得以自由释放，其积极性、主动性、创造性得到充分发挥。在 4 个阶段的游戏中，幼儿将木板、木梯、轮胎、滚筒等材料进行组合，搭建特点不同、复杂程度各异的火车轨道，并能根据游戏主题，灵活调整组合方式，以满足自身的游戏需求。他们的认真专注、不怕困难、敢于探究和尝试、乐于想象和创造等学习品质由此得到培养。教师认真观察、记录幼儿的游戏过程，通过游戏表征、一对一倾听等方式了解幼儿的游戏想法，根据幼儿的游戏进展增添游戏材料，满足幼儿对火车轨道及滚动滚筒的探索需求，促进幼儿的游戏发展。

（作者：湖南省郴州市直属机关幼儿园　黄慧群）

混龄自主游戏

案例二十四 挑战荡绳

在野趣园的外沿围墙和舞台的夹角处，有一座荡桥和两架秋千。小班幼儿会在哥哥姐姐的帮助下，坐上秋千来回晃荡；中班幼儿会尝试着一步一步地走过荡桥；大班幼儿则会在中、小班的弟弟妹妹需要的时候，推动秋千和荡桥。可一周后，来这儿游戏的幼儿逐渐少了。

这一天，大班的玲玲向教师提议在野趣园投放一根粗麻绳。于是，区域负责教师拆除了荡桥和秋千，投放了一根粗粗的麻绳。幼儿抓握粗麻绳站在舞台上起跳，晃来荡去，玩出了不一样的精彩。

矮油桶上荡绳

游戏观察

一根3米长的粗麻绳被悬吊在铁架上，离地约60厘米，麻绳上每间隔40厘米有一个“结”，末端的大结呈球状。大班的玲玲搬来一个矮油桶。玲玲对站在矮油桶上的中班幼儿妍熙说：“你可以吗，妍熙？”妍熙在大家的鼓励下开始荡绳，脚一蹬，直接落到地上（见图24.1）。中班的悠悠也来试，没荡起来。她说：“哎，我也不行。”轮到中班的涵宝时，她拿过荡绳，手扶着矮油桶站上去，身体前倾，双手调整好握绳的姿势。一旁的玲玲说：“你站前面一点，你可以的。”（见图24.2）涵宝双手攀得高高的，双脚并拢一跳，成功荡起来，玲玲拍手鼓掌。玲玲接过粗麻绳，也荡了几个来回。妍熙和悠悠一直在旁观看。

图24.1

图24.2

第二轮开始，妍熙再次踩上矮油桶对玲玲

说："把绳子给我！"尝试后没成功，妍熙说："还是不行。"涵宝看着她，边示范动作边说："妍熙，你站在上面，然后，这样一跳。"悠悠接过粗麻绳，也试了一次，仍没有成功。轮到涵宝游戏时，妍熙跑过去将粗麻绳递给她，还帮涵宝提醒在一旁玩吊床的同伴，请对方别摇。直到涵宝荡起来，她才离开吊床的位置。玲玲看着涵宝玩，在一边拍手。

矮油桶上荡绳

游戏后，教师与幼儿分享这段视频（见视频"矮油桶上荡绳"），并请玲玲介绍荡绳的玩法。玲玲说："我玩过很多次了。今天我想站在矮油桶上试一试。我告诉涵宝和妍熙怎么玩，但是妍熙还没学会，她每次起跳的时候，脚都抬不上去。涵宝一下子就学会了，还和我一起告诉妍熙怎么玩。"玲玲将自己的游戏故事画了下来（见图 24.3）。

图 24.3

教师提出新的问题："荡绳的时候，怎么会有小朋友荡不起来呢？踩在矮油桶上和踩在地面上的感受一样吗？"玲玲说："因为妍熙起跳的时候，双腿没有夹在麻绳上，所以她就荡不动。"涵宝说："我问了妍熙，她说她没有力气抬脚，也有点担心会摔下来，她说脚挨不着地面会让她感到害怕。我觉得她说的就像我们坐飞机一样的感觉。"

游戏解读

经验解读

《指南》社会领域"人际交往"子领域目标 4 的典型表现指出，5—6 岁幼儿"能关注别人的情绪和需要，并能给予力所能及的帮助"。游戏中，大班幼儿玲玲和中班幼儿涵宝均懂得谦让，让妍熙和悠悠先荡绳。轮到涵宝时，玲玲觉察到涵宝的紧张情绪，便在一旁鼓励她。在获得成功后，涵宝受到极大鼓舞，也将这份爱心传递给了妍熙和悠悠。这正体现了《指南》的期望。

《指南》社会领域"社会适应"子领域目标 2 的典型表现指出：4—5 岁幼儿能"感受规则的意义，并能基本遵守规则"；5—6 岁幼儿能"理解规则的意义，能与同伴协商制定游戏和活动规则”。游戏中，大班幼儿玲玲和中班幼儿涵宝能自觉遵守游戏顺序。在她俩的影响下，妍熙和悠悠也能切身感受到游戏中遵守规则的重要性，这就是同伴的力量。

问题解读

在游戏分享环节中，玲玲和涵宝给出了自己的分析。玲玲指出，妍熙在起跳的时候脚抬不起来，没有夹在麻绳上，所以荡不动。涵宝则指出，妍熙说她没有力气抬脚，也因为“恐高”担心摔下去。虽然她们的分析非常朴素，但指出了幼儿在荡绳中出现的问题。

需求解读

在中、大班游戏分享环节，教师通过视频、绘画、一对一倾听让游戏再现，引发了幼儿的回顾、体悟、表达和再创造。游戏中，中班的妍熙和悠悠一直在看姐姐玩耍，从中梳理、学习他人的游戏方法。她们中途也尝试了好几次，虽然没有成功，但一直没有放弃。不论是在游戏现场还是回看视频中自己游戏的场景，她们都非常认真，表现出积极的学习态度。这足以证明，当幼儿被允许选择自己感兴趣的游戏时，她们更容易进入一种专注的状态，积极而又主动地去学习和探索。

涵宝因为在前期模仿了玲玲的荡绳动作，所以荡起来很熟练。这也验证了在动作学习的进程中，示范和练习是极其重要的。因为动作学习首先要经历“认知阶段”，即学习者要在头脑中形成关于拟学习动作的表象。由于这一动作表象是下一步动作学习的基础，因此，这一动作表象的正确与完整程度直接影响到动作学习的效果①。玲玲掌握了技巧以后，开始尝试从更高的位置（由舞台地面过渡到矮油桶）起跳，说明她正在对自己的游戏发起更高难度的挑战。不仅如此，在中班的妹妹们也想尝试荡绳时，她表现得非常友好，其助人、安慰等亲社会行为得到很好的体现。

由此可见，幼儿不仅需要自主游戏的空间，还需要教师给予他们与同伴充分互动的机会。

游戏支持

当幼儿对原来投放的荡桥和秋千不再感兴趣之后，教师根据幼儿的意愿投放麻

---

① 董奇．动作与心理发展［M］．北京：北京师范大学出版社，2002：151．

绳，是对幼儿游戏最大的支持。教师没有试探性地询问“需要麻绳干什么？你打算怎么玩？”，而是用友好平静的语气给予肯定的答复，传递的是情感支持和对幼儿游戏积极的期待。教师尊重并允许幼儿参与游戏区域的规划和材料投放，很好地体现了“以儿童为本”的儿童观。

游戏中，教师更关注幼儿游戏的情感体验和混龄互动。教师充分放手，让玲玲和涵宝有机会“大带小”“老让新”“强帮弱”，为其亲社会行为的发展提供了诸多机会。教师退到一旁观察和倾听，是对幼儿的尊重，也是确保在师幼互动中有正确的起点。当玲玲鼓励涵宝，涵宝“教”妍熙时，教师给予“充满兴趣”的回应，这是比持续提问更有效的互动策略。当然，教师的支持还体现在分享视频的过程中，她通过了解个体的不同需求和发展速度，为他们做好搭建“支架”的准备。教师向幼儿提问，如“怎么会有小朋友荡不起来呢？踩在矮油桶上和踩在地面上的感受一样吗？应该注意什么？”，从而引发幼儿更多的思考。

舞台上荡绳

游戏观察

中班的小闹率先拿到荡绳，直接站在舞台（高于地面 40 厘米）上起跳，晃荡了几个来回（见图 24.4）。“小闹，你没听见丫丫说吗？该谁玩了？”一旁的玲玲喊道。“该谁玩了？”小闹停下来问。“我！我！”文超赶忙说。“文超，你来！”小闹说。中班的文超接过绳索，小闹叮嘱：“要双手握紧，快跳上去！”文超抓握粗麻绳的位置太低，导致身体几乎接近地面，只荡了两个来回（见图 24.5）。“轮到我了！”“轮

图 24.4

图 24.5

到我了！”中班的小智和彭彭都想试一试。文超将麻绳递给彭彭，彭彭荡了两个来回，小闹在彭彭荡绳时前去抓绳，发出“呜喔、呜喔”的声音。着地的彭彭假装眩晕，东倒西歪地回到舞台上。

图 24.6

小闹接过粗麻绳上继续挑战：他首先将双手放在麻绳上比较高的位置，踮脚起跳奋力一跃，将双腿夹在“大结”上，然后双手不断地向上调整位置，双脚同步夹紧配合。晃荡过程中，他左手去抓一旁的吊床，旋转因此变得更厉害，他随即收回抓吊床的手，抓住麻绳不放手。他反复玩了几个来回。一旁的玲玲一直看着，去拉扯了麻绳，小闹没有松手，又玩了一会儿，没之前荡得高，之后将粗麻绳递给了玲玲。玲玲改变了用双脚夹住粗麻绳的动作——由屈膝（矮油桶上起跳）慢慢过渡到将双腿伸直（舞台上起跳）（见图 24.6）。（见视频“舞台上荡绳”）

舞台上荡绳

游戏解读

经验解读

很明显，这几名幼儿荡绳的经验各有不同。小闹能借助于舞台使劲儿起跳，用双脚夹住“大结”，且持续用力。而文超和彭彭起跳时用力不够，双脚悬空蜷缩着，由于重心不够高，只能借助于粗绳晃荡的惯性，因此持续时间很短。而玲玲因为有了在矮油桶上起跳的经验，将双脚夹住粗麻绳的动作由屈膝慢慢过渡到伸直，说明她的身体明显放松了些。

《指南》健康领域“动作发展”子领域目标 1 的典型表现指出，4—5 岁幼儿“能助跑跨跳过一定距离，或助跑跨跳过一定高度的物体”。游戏中，四名幼儿（中班的文超、彭彭和小闹，大班的玲玲）助跑起跳的动作明显不同，小闹和玲玲的起跳类似短跑运动员的起跑动作，故荡绳幅度大，时间相对也更持久。而与小闹的年龄相同的文超和彭彭，由于动作的协调性和灵敏度不一样，因此荡绳的速度和幅度也各不相同。

问题解读

中班的小闹是团队的小领队，总有一群幼儿跟随着他。相比其他男孩，小闹的荡绳技巧更娴熟，也愿意与同伴分享荡绳的方法。不过，小闹的游戏规则意识不强。游戏中，他在玲玲姐姐的几次提醒下，才遵守“轮流”游戏的规则。

需求解读

游戏中，几名幼儿的荡绳水平各不相同。对于水平较高的玲玲和小闹，他们需要挑战难度更大的游戏。对于水平较低的文超和彭彭 ，他们需要更多的练习机会，更多向 同伴学习的机会。

游戏支持

游戏中，教师允许幼儿按照自己的步调自主发展。虽然教师观察到玲玲已经掌握了在矮油桶上起跳荡绳的方法，但是在玲玲加入男孩的队伍后，教师并没有干预或建议她挑战更难的游戏，而是给予她时间，让她体会在较矮的舞台上起跳荡绳的乐趣。事实也证明，幼儿的学习永远不会止于当下，游戏中玲玲双脚夹绳的方式有了变化，她获得了“怎样夹”能让身体平稳的经验。

高油桶上荡绳

游戏观察

玲玲搬来一个高油桶，男孩们走了过来。“你要干吗？”小闹问。“我想把它抬到那个上面。”玲玲指着舞台说。小闹两手推动油桶，高油桶顺利滚上台阶滚到了舞台上。“为什么要搬上去？”文超问。玲玲说：“反正你们又不知道。”丫丫说：“我们又爬不上去，这么高”。“没事，可以用矮油桶。”玲玲解释道。小闹手扶着高油桶两端，发现无法固定，连忙将一旁的木块垫在下面。玲玲手指着说：“这样就不会掉下去了！”一旁的小明边摇手边说：“嘿，会掉下去，撑不住的！撑不住的！”“那我们把它竖起来。”丫丫说。小闹和丫丫合力抬起高油桶将它竖着放好（见图 24.7）。小闹左手拍打着高油桶，右手朝着绳子的方向，对玲玲说：“给我”。“反正上不去。”玲玲边递绳边对小闹说。小闹朝着走过来的男孩说：“你去把那个矮油桶搬过来吧。”玲玲也跟了过去。小闹手拿着绳索在原地等了 1 分钟，直到一个矮油桶被搬过来。

丫丫将矮油桶横放在地面，爬上矮油桶说："我试一下。"小闹立马说："等一下，我上去，我教你怎么上去。"于是，他先站上矮油桶，再俯身爬上高油桶。小闹双手抓握粗绳，双脚也夹在了粗绳上的倒数第二个"结"上，离地面的距离更远了。他把自己荡得高高的（见图 24.8），荡了几个来回后停下来，说："好晕啊！"

图 24.7

图 24.8

丫丫爬上高油桶，又下来。玲玲爬上高油桶荡了几个来回后将粗麻绳递给小闹。一旁的丫丫说："我来啦！我只玩了一次，他玩了两次啦！"玲玲马上说："小闹，让丫丫玩！"丫丫爬到高油桶上，玲玲把绳子递给丫丫。丫丫抓住绳子旋转着荡了几个来回。玲玲再次爬上高油桶荡绳。她一会儿用脚蹬旁边的围墙（见图 24.9）；一会儿用右手抓绳索，将左手舒展开来（见图 24.10）；一会儿俯着身躯，用手去触碰地面……在整个过程中，她不间断发力，晃荡的幅度更大、时间更持久。（见视频"高油桶上荡绳"）

高油桶上荡绳

图 24.9

图 24.10

游戏解读

经验解读

几轮游戏下来，玲玲掌握了在矮油桶上起跳荡绳的方法，也体会到了在舞台上起跳的乐趣。她掌握了如何夹住绳子才能让自己的身体荡得稳稳的经验，于是决定挑战更难的起跳方式——在高油桶上起跳。事实证明，她成功了。从蹬墙助力，到单手悬吊和单手触地，她荡绳的技巧越来越娴熟，花样越来越多，这足以让她的游戏兴趣得以持续，经验得到巩固。这也说明荡绳游戏从低水平发展到高水平。

当小闹发现玲玲搬来高油桶后，和玲玲一起挑战从更高的位置起跳的荡绳游戏。小闹这次抓握粗绳的位置离支点更近，因此荡得更高，这也为小闹挑战更高难度的荡绳游戏积累了相关经验。

问题解读

幼儿在游戏中遇到了两个问题：一是如何将高油桶稳稳地放在舞台上；二是如何站到高油桶上荡绳。幼儿之间齐心协力，共同解决了以上问题。

需求解读

游戏精神重在追求身心自由和内在愉悦。荡绳游戏源自孩子们的自发创造，起跳位置从舞台、矮油桶到高油桶，说明他们强大的学习能力在不断推进游戏，他们也在游戏中获得最佳心流状态。这一切说明，幼儿需要一个自主游戏的环境。

游戏支持

适度放手，尽可能地让幼儿主导游戏，是教师在组织户外混龄游戏时遵循的基本原则。适度放手，即不急于将目标强加于教育对象。每个幼儿的“学”发生在内部，需要一定时间且是渐进的过程。丫丫从一直旁观到能抓住荡绳跳起来，就是教师适度放手的结果。当然，丫丫也离不开玲玲的帮助和引导。

适度放手，还在于教师能否通过“同伴效应”来促进幼儿之间的学习与发展，并在幼儿动态的、差异化的学习过程中，把控干预时机，掌握互动节奏。游戏中，面对能力较强的玲玲，教师更多的是倾听她的想法，了解她的计划；面对能力较弱的丫丫，教师更多的是让她的同伴玲玲发挥带动作用。教师只需要一直在“现场”感受着、鼓励着，就是最好的支持。

教师的支持还在于引导幼儿学会权衡安全与风险，并在一日生活中提高幼儿的风险认知能力，而不是发现幼儿开始挑战高空荡绳时，一味地制止游戏。因为多年混龄自主游戏的开展，已让幼儿逐步获得对安全与风险的敏感体验，所以他们在自己能够接受的范围内冒险，积极却不冒进。

* * *

儿童的学习即探究与发现，是一种互动性实践。荡绳游戏充分体现了幼儿与环境、材料、同伴之间积极互动并建构经验的过程。在物理学概念中，荡绳与荡秋千一样，是势能和动能的转换过程，幼儿已感知到这种物理现象，并体会到荡绳的幅度与起跳位置、速度之间的关系。他们就好比借助于绳索旋转的舞者，从低到高，从双手到单手，从全身倚靠到屈身旋转，从利用惯性到借助于外物发力，不断挑战肢体的协调运用、力量和耐力，让游戏向更高水平发展。

（作者：湖南省湘潭市韶山市韶山乡全城幼儿园　龙凤）

案例二十五　抢椅子

户外自主游戏时间，幼儿可以根据自己的兴趣自选同伴及材料进行游戏。“抢椅子”是大班幼儿近期接触过的规则游戏。当孩子们坐在椅子上休息时，三五个同伴围坐在一块聊天，啾啾提出：“这样坐着好像是在玩抢椅子游戏一样，那我们等下就玩抢椅子游戏可以吗？”其余幼儿纷纷举手呼喊：“同意！”啾啾说：“可是没有音乐怎么办？”雅闻说：“可以喊口令吗？”帆帆回应道：“可以！你们去摆放椅子，我来喊。”

就这样，幼儿自发地在操场上玩起了“抢椅子”游戏。

我们一起玩吧

游戏观察

大班幼儿在操场上将椅子围成一圈摆放，边走边喊口令，不时发出哈哈的笑声。在旁边开展建构游戏的中班幼儿听见，走到一旁观看游戏，在大班的哥哥姐姐“抢”椅子时跟着他们一起大叫并开心地笑（见图 25.1）。听见笑声的啾啾回头看了一眼，提出：“你们想不想玩？”多多（中班）一边用手拉着禹晨（中班）的衣服一边小声回答：“想！”禹晨见状抬头看着啾啾说：“我也想玩。”啾啾走到同伴身旁说：“弟弟妹妹也想玩，他们可以加入吗？”若菸（大班）走了过来，说：“可以呀！你们几个人来？”站在一旁观看的中班幼儿你看我、我看你，在听到肯定的回答后，一边举手一边跳着说：“我也想玩。”

图 25.1

啾啾开始点数人数：“1，2，3，4，5，5个！”小面条（大班）说：“那还得准备几把椅子给他们。”啾啾问中班幼儿：“你们知道怎么玩吗？就是本来我们要放音乐，但是操场上没有电脑，我们就有一个人喊‘1，2，3’的口令，最后一个‘3’字说完就可以去抢椅子了。”沐沐（中班）说：

"我们会玩！"说完，中班的孩子搬着椅子，同大班的哥哥姐姐一起重新摆起椅子来（见图 25.2）。

图 25.2

游戏解读

经验解读

"抢椅子"是大班幼儿近期接触并喜爱的规则游戏。《指南》社会领域"人际交往"子领域目标 3 的典型表现指出，5—6 岁幼儿"能主动发起活动或在活动中出主意、想办法"。在没有电脑播放音乐的情况下，大班幼儿能自主与同伴协商制定"喊口令"的规则进行游戏，可见其逻辑思维与交往技能的发展水平较高。当发现中班弟弟妹妹所表现出的游戏兴趣时，大班幼儿能够在征得同伴的意见后主动发出邀请，交往过程大方而主动。

中班幼儿在开展建构游戏的过程中被大班哥哥姐姐的笑声吸引了注意力，在观看他们游戏时被愉悦的游戏气氛深深感染。当哥哥姐姐发出邀请时，他们不是立马回答，而是看向自己的同伴，再跟从同伴做出回应，可以看出其交往略显被动。

问题解读

年龄和班级的差异使幼儿在混龄交往的过程中表现出不同的行为。中班幼儿感受到了游戏的趣味性，并被深深吸引，但不敢主动提出加入游戏；大班幼儿发现后，在交往中承担起主动发起的角色，邀请中班幼儿参与到游戏中。

需求解读

在被大班哥哥姐姐邀请加入后，中班幼儿能跟从同伴一起参与到游戏之中，表现出了一定的交往需求，而这也顺势推动了共同游戏的进程。

游戏支持

大班幼儿将主题下的规则游戏延展到了户外，在材料有所变化的新环境中，教师不急于介入，而是给予幼儿充足的时间，鼓励其交流并探索"抢椅子"规则游戏的玩法。《纲要》社会领域内容与要求指出："引导幼儿参加各种集体活动，体验与教师、同伴等共同生活的乐趣，帮助他们正确认识自己和他人，养成对他人、社会亲近、合作的态度，学习初步的人际交往技能。”当中班幼儿被大班幼儿的游戏吸引时，教师给予其足够的时间观察游戏，待其游戏欲望进一步增强，在哥哥姐姐的邀请下参与其中，为游戏继续开展提供了机会。

我们会玩

游戏观察

大班的孩子用手指清点游戏人数，中班幼儿则手搬椅子在一旁看着哥哥姐姐。“有12个人，椅子要少一把！”啾啾大声说。说完，她又开始数起了椅子的数量。嘟嘟（中班）听见后，也伸出手指跟着姐姐一起点数起来。当嘟嘟数到一半时，啾啾已经完成对椅子数量的清点并大喊：“可以了，是11把椅子，你们快去站好吧！”嘟嘟停止了点数，跟着走到椅子旁边站好。

图 25.3

“1，2，3；1，2，3；1，2，3！”随着三遍“1，2，3”的口令喊完，大班幼儿坐在椅子上，中班幼儿见状也跟着坐下，只剩下沐沐站在原地看着大家（见图 25.3）。

若药说：“他没抢到椅子，现在就去站在旁边喊口令！”小面条说：“要减少一把椅子了。”啾啾问：“你知道你要喊口令吗？”沐沐回答：“知道！”

说罢，沐沐站在一旁开始喊口令，雅闻（大班）则将椅子搬出圈外。“1，2，3；1，2，3；1，2，3！”随着口令结束，其余幼儿纷纷坐下，等雅闻搬完椅子回来，已经没有位置了。她大声说：“不行！我刚搬椅子去了，还没开始！”沐沐摊开双手说：“可是我已经喊完了呀！”雅闻快速走到教师身边大声说：“老师，沐沐弟弟不遵守规则，我搬完椅子还没准备好，他就喊完口令了，我都还没抢就没有椅子了。”教师见状提出：“是什么原因造成的呢？弟弟妹妹们知道要等大家准备好再喊口令吗？”

啾啾说：“这个口令喊得太快了，换一个口令！”希希（大班）说：“他们没玩过，所以不知道，要不我们唱歌？这样时间可以长一点，停下来的时候就抢椅子。”

小面条问："小班的弟弟妹妹会唱歌吗？"嘟嘟说："我们是中班！我会唱！"啾啾说："那就唱歌吧！你会唱什么歌？"沐沐说："我想想……"啾啾问："你会唱《小星星》吧？"沐沐回答："嗯，那好吧。"

幼儿重新围成一圈站好，随着沐沐的歌声继续前进。他们有的用手拉住前方同伴的衣角，有的将眼睛直直地盯着身旁的椅子，还有的用一只脚不时地跨过椅子做半蹲状。"一闪一闪亮晶晶，满天都是小星星。"歌声停止，幼儿迅速坐下。嘟嘟、禹晨坐在一把椅子上，只见禹晨撅起屁股往后一挪，嘟嘟被挤了下来。幼儿纷纷拍手大笑："现在你得去唱歌啦！"

小面条搬走了自己的椅子，回到座位旁大喊："快站起来！继续！"幼儿纷纷起立，将椅子重新调整成圆形，嘟嘟站在一旁一边碎步跑一边大声说："我唱《小小蜡笔》！"歌声响起，幼儿继续前进，几轮游戏后只剩啾啾和多多争抢一把椅子。（见图 25.4）

图 25.4

只见多多弯着腰、撅着屁股，每听嘟嘟唱一句他就在椅子上坐一下，音乐停止后两人坐在了同一把椅子上。小面条说："我看看你们谁坐得多！"啾啾说："弟弟不遵守规则！歌还没唱完，他就坐下来了！"多多说："但是我站起来了呀。"啾啾说："歌没唱完就不能坐！"多多说："我以为他唱完了，他唱一句就停一下。"啾啾说："好吧，那让给你吧。"多多坐在椅子上抬起头看着大家，而中班的同伴围住他，一边笑一边将手举高，大喊："多多！你赢啦！"所有人都鼓起掌来。

雅闻提出建议："要不找个快板什么的，就可以一直敲，想什么时候停就可以什么时候停。"小面条说："我们去找一下！"

大班幼儿随即就在操场上的材料柜里翻找起来，中班幼儿紧跟其后。他们有的拿了不锈钢杯子，有的找了锅盖，有的翻出了积木，大家聚在一起，敲出"乒乒乓乓"的声音（见图 25.5）。

图 25.5

游戏解读

经验解读

在准备游戏过程中，幼儿要确定椅子的数量比游戏的人数少 1；在清点人数的过程中，大班幼儿运用已有经验点数。通过观察、模仿，在一轮点数结束后，中班幼儿也尝试通过点数的方法来确定椅子的数量，在游戏中感受数学的有用和有趣，无形中将经验进行内化并输出。

大班幼儿在游戏中知道一人出局则应该减少一把椅子，并会关注同伴的游戏状态，这些典型的合作行为均体现了其较强的群体意识。而中班幼儿在游戏伙伴还未准备好时，就直接开始游戏，沉浸在游戏竞争的氛围当中。当大班哥哥姐姐指出游戏问题时，他们开始进一步理解规则，了解到在游戏前要整理材料，以及游戏中的规则具有可变性。

问题解读

游戏中，大班幼儿生成了用口令代替音乐进行游戏的规则。但随着中班幼儿的加入，游戏的和谐状态被打破，不同年龄阶段的幼儿表现出不同的规则理解和遵守水平。对规则理解的偏差造成了“游戏材料还没准备好就开始游戏”等“不公平”的现象，幼儿开始重新思考在缺少音乐的条件下进行游戏的新规则。

需求解读

游戏中幼儿将“用什么代替音乐进行游戏？”作为核心问题，在尝试“喊口令”“唱歌”的方法后，发现仍旧无法很好地把控游戏节奏。这时有幼儿提出“用可以发出声响的物品来代替”，大家开始将重点转移到材料的搜寻上。此时，幼儿表现出了较强的材料需求，而这也为游戏注入了新的元素，更强烈地吸引着幼儿参与其中。

游戏支持

“即使没有外部帮助，儿童也能够利用一些基本的冲突管理知识达成目标。”[①]在混龄游戏中，大班幼儿觉得自己比中班弟弟妹妹懂得更多，这种优越感让他们更容易表现出宽容、同情和帮助的行为。当幼儿因为与同伴意见不统一而向教师“告状”时，教师通过提出两个问题引发大班幼儿思考矛盾产生的原因，放手让幼儿自主解决，从

① GARTRELL D．有效应对幼儿挑战性行为的策略：幼儿行为引导手册［M］．周念丽，等译．北京：中国轻工业出版社，2022：161．

而让幼儿获得协商的技能，促进其社会交往能力的发展。

游戏中，幼儿提出规则游戏“抢椅子”的新玩法。教师作为游戏的观察者、支持者，鼓励幼儿通过小组协商，不断地在探索中生成新规则，以丰富游戏内容，提升游戏兴趣。当幼儿提出“引入新材料”的想法时，教师鼓励幼儿跨区自选材料，推动游戏继续进行，为幼儿的创造性表现提供支持。

这个也能抢

游戏观察

希希说：“虽然没有快板，但是这些东西也可以发出声音，我们就一直敲，在敲声停止的时候抢椅子！”若苭问：“谁来敲？”小面条说：“我来！”东东（中班）说：“我也要敲。”啾啾建议：“想敲的人通过‘黑白配’[①]决定！”最后，啾啾胜出。

大家将自己挑选的材料放在一旁，啾啾站在椅子中间拿着自己准备的两块正方形积木开始敲击，伴随着积木发出的声音，其余幼儿围着椅子开始行走（见图 25.6）。几轮游戏后，幼儿开始陆续出局，站在一旁的东东拿着小朋友收集的圆形蒸笼在地上滚动起来，其余幼儿见状发出“哇”的惊讶声，并纷纷上前挑选圆形蒸笼（见图 25.7）。

图 25.6

图 25.7

啾啾见状大喊：“我们玩的是抢椅子，你们到底还玩不玩？”幼儿继续滚动蒸笼，没有回答。若苭说：“不如来玩‘抢蒸笼’吧，哈哈！”东东睁大眼睛跟着笑起来：

① 该游戏至少需要 3 人参与，其中黑指手背，白指手心。游戏中随着“黑白配”的喊出，幼儿伸手，可以是手心，也可以是手背。最后，与其他人不同的那一个为赢家。

"'抢蒸笼'怎么玩呀？"若莼说："用蒸笼代替椅子，音乐一停，大家就去抢，没抢到的就淘汰。"东东听后一边笑一边大喊："想玩'抢蒸笼'的过来！"之后，几个幼儿聚在一起玩起了"抢蒸笼"游戏（见图 25.8）。

游戏后教师提出："还有什么东西可以抢？"幼儿在园所的各个角落翻找起来，有的拿了沙包，有的拿了彩圈，有的拿了彩砖……

大家根据自己的想法记录了游戏体验和下一次的游戏计划（见图 25.9）。

图 25.8

图 25.9

希希说："我们教弟弟妹妹玩抢椅子的游戏，有的哥哥姐姐去拿可以发出声响的材料，第一轮不太顺利，讨论后越玩越好了，下次我们要玩抢圈的游戏。"若莼说："我们准备了锅盖、铁锅、碗。下次游戏时我觉得要分成两组玩，这样敲的人数可以更多些。"

游戏解读

经验解读

中班幼儿被淘汰出局，他们在等待过程中被新引入的材料吸引了注意力，投入新的游戏中。由此可以看出，他们易受环境影响，兴趣点转移较快。而这一看似"分心"的行为却为大班幼儿提供了新的游戏思路，大班幼儿顺势提出用蒸笼代替椅子进行游戏的想法，表现出思维的变通性和灵活性。

《指导要点》学习准备之"学习习惯"的教育建议指出："鼓励幼儿独立思考；引导幼儿有计划地做事。"游戏后，教师通过谈话抛出问题："还有什么东西可以抢？"教师以此鼓励幼儿思考和探索，并进行记录，为下一次游戏提供新的想法和计划。

问题解读

引入新的游戏材料的创造性行为，进一步激发了幼儿的游戏兴趣，他们都想要使用自己挑选的材料进行游戏。在“谁也不让谁”的情况下，大班幼儿提出采用“黑白配”的方法来选择负责敲击“乐器”的人。这一建立在平、公正基础上的解决办法，体现了他们较强的规则意识和独立性。而中班幼儿也在这个过程中习得解决冲突的方法，内化了规则意识。

随着参与者不断被淘汰出局，在等待新一轮游戏的过程中，中班幼儿开始出现因被材料吸引而游离于游戏外的情况。大班幼儿捕捉到该问题后，提出将幼儿感兴趣的新材料引入游戏以代替椅子的想法，瞬间将弟弟妹妹的思绪拉回游戏中。

需求解读

大班幼儿将游戏材料进行替换的创造性表现，起到了榜样示范作用，为中班弟弟妹妹打开了新的游戏思路。中班幼儿也尝试同哥哥姐姐一起探索用更多的材料进行游戏，为下一次游戏的开展保留兴趣。

游戏支持

低结构、开放性的材料能为幼儿的游戏提供更多想象、探索、创造的空间。教师在观察到幼儿对用不同材料开展游戏的兴趣后，提出“还有什么东西可以抢？”的发散性问题，鼓励幼儿实地观察、收集材料、分享自己的想法，为下一次的游戏提供灵感。

* * *

规则游戏是具有固定的规则或特定玩法要求的游戏；自主游戏则是幼儿用自己的已有经验进行表现的活动，也是幼儿以已有知识为基础的、力所能及的探索和创造。混龄环境所创造出来的共享文化很好地将二者进行了融合。大班幼儿的规则意识和创造性游戏行为为中班弟弟妹妹提供了学习的榜样；而中班弟弟妹妹的参与也激发了大班幼儿的责任意识，促进了其关怀照顾的能力。在向中班弟弟妹妹传递游戏经验的过程中，大班幼儿也在整理和巩固自己的原有经验，双向的学习和互动过程让幼儿感受到了不一样的游戏乐趣。

（作者：湖南省株洲市芦淞教育幼稚园　周畅；指导教师：肖瑛，唐艺琦）

案例二十六　趣玩斜坡

幼儿园有两处别具一格的风景：彩虹滑梯和旋转楼梯。由于能给幼儿带来速度与刺激的双重体验，因此，这两处一直都是幼儿喜爱的游戏场所。他们会在入园和离园时跑一跑、户外活动时滑一滑、拿被子时滚一滚……一天，大班的青青从彩虹滑梯急速滑下来之后，兴奋地对身边的静静说：“好快好快，太好玩了，和我在湘府文化公园滑草一样刺激，我们还能拿别的东西一起从坡上滑下来吗？”

一石激起千层浪，一场关于斜坡的探索就此开始。在接下来的时光里，幼儿有计划地将纸板、床单、垫子、轮胎等多种低结构材料与彩虹滑梯组合，体验不同材质的物品下滑的速度。当幼儿园户外的所有材料与空间向幼儿开放时，他们便提出要创建属于自己的斜坡，并在斜坡上用车子、杯子、积木、奶粉罐、球、轮胎等多种材料探究坡度与速度的关系。随着游戏的持续开展，小班、中班的弟弟妹妹也被吸引过来，纷纷加入创坡、玩坡的游戏之中。新伙伴的加入，让原本不断进阶、丰富的游戏，多了哥哥姐姐照顾弟弟妹妹、弟弟妹妹学习哥哥姐姐的温度。

趣 味 滑 坡

游戏观察

青青和同伴从器械区搬来地垫、布袋、轮胎，从帐篷区拿来纸盒、纸板等材料。静静说：“我们每人选一样东西，看谁最先滑下去。”然而，由于赛道较少，每次比赛就只有 3 个小朋友能玩（见图 26.1—26.3），后面排队的团团不乐意，他提出问题：“我们能不能一次多几个人一起玩，这样会不会更刺激而且不用等那么久？”旁边的越越听到，赶紧叫团团跟他一起坐上地垫往下滑。两个人一起滑时速度更快、更刺激，他们的尖叫声让旁边两个赛道的小朋友马上会意，于是他们纷纷邀请自己的好朋友一起组团往下滑（见图 26.4）。这时，一一又想到一个好主意：“是不是可以在彩虹滑梯的末端摆一个东西，我们滑下来的时候去撞击，谁最先滑下来并能击中它，就算赢？”有了目标物后，孩子们向下滑时除了追求

趣味滑坡

速度，更加关注下滑的方向。“我们应该选个队长，让他来喊方向，这样我们就不会东倒西歪了。”甜甜说。孩子们乐此不疲地进行了一轮又一轮的比赛，每一轮比赛中获胜的队伍都兴奋不已（见视频“趣味滑坡”）。

图 26.1

图 26.2

图 26.3

图 26.4

游戏解读

经验解读

幼儿的游戏兴趣、认知发展离不开其生活的环境与已有经验，独特的园所环境成为幼儿游戏的生发点。同时，在打造园所环境时，幼儿园也充分考虑了婴幼儿的游戏图式及图式背后的秘密。对于学龄前儿童来说，他们对物品和人是如何运动的以及他们自己是如何影响运动的十分感兴趣，这是幼儿活动中常见的“轨迹图式”。游戏中，教师为幼儿提供了支持其“轨迹图式”发展的低结构材料，让他们在多元的体验、持续的探究中获得有意义的学习。

游戏中，幼儿使用多种低结构材料，如地垫、呼啦圈、轮胎、纸板、床单等，将其与彩虹滑梯进行组合，体现了一定的创新能力。他们打破材料的固有玩法，通过调整游戏材料、游戏人数、游戏玩法，让单纯的滑梯游戏变得丰富有趣。同时，游戏中幼儿组团下滑、分组竞赛的游戏行为皆体现了幼儿的合作交往能力，有助于《指南》中社会领域目标的达成。

问题解读

针对游戏中分组比赛等待太久、几轮竞赛后趣味性减弱等问题，幼儿通过增加分组比赛人数和击中目标物等玩法来解决问题。而当同伴提出异议和新的游戏想法时，幼儿接纳并进行调整，使得游戏材料不断丰富、玩法逐渐多样，游戏的趣味性和持续性不断增强。

需求解读

游戏中，幼儿提出“不想等太久，多人同时下滑更刺激、速度更快以及滑下击中目标物”的新想法，并得到同伴的认可，相互达成一致意见，说明他们对于游戏的趣味性和多样性是有需求的，这也是游戏不断深化和进阶的重要因素。

游戏支持

幼儿从器械区、帐篷区等多个游戏空间自选游戏材料，说明在户外自主游戏中，游戏的空间与材料是向幼儿开放的，幼儿可以根据需要去不同区域自选材料，实现材料的区域联动；同时，教师支持幼儿对多种材料的组合使用，从而创新游戏玩法或者创造性地使用游戏材料。这些都是教师在日积月累的自主游戏开展过程中，为幼儿提供的支持。

当幼儿提出多人同时玩甚至滑下击中物品时，教师并没有以安全的名义干预幼儿的游戏，而是鼓励幼儿实践自己的想法。事实上，游戏过程中幼儿会有意识地保护自己，例如，当坐着轮胎滑下时，如果发现速度太快，会用脚进行刹车减速；调整坐轮胎的方式，等所有同伴都坐好后才出发。在可控的范围内给予幼儿冒险、体验的机会，有助于幼儿在游戏中获得新经验。

花样创坡

游戏观察

在上一次游戏回顾环节，孩子们在观看自己玩滑梯的视频和照片时非常兴奋。团团说：“我想搭个属于自己的斜坡。”其他小朋友也纷纷表示想和团团一起搭建。于是，在这一次的游戏计划环节，孩子们表达了自己的想法并画了斜坡设计图。

乐乐说：“我想用四面梯和长板组合搭一个超级大的斜坡，搭完以后我还可以在上面玩。”哲哲说：“我想搭一个可以通车的坡，这样我可以骑着滑板车从上往下冲。”晨晨说：“我要用身体做一个坡。”丫丫说：“我觉得戏水区的 PVC 管很适合搭坡，我想搭个长长的坡，这样我就可以拿着汽车玩具在上面玩。”

孩子们带着自己的设计图，三三两两地忙活起来。有的在教室里用图画书搭坡（见图 26.5），有的用桌面玩具搭坡，有的在戏水区用 PVC 管搭坡，有的在沙池区挖出高低不同的斜坡……更多的孩子热衷于在大运动区用各种材料搭坡（见图 26.6—26.8）。

图 26.5

图 26.6

图 26.7

图 26.8

哥哥姐姐的搭坡热情吸引小班的弟弟妹妹也加入搭坡的行列中。在大带小的搭坡过程中，孩子们一起合作搬运长板、长梯，场面和谐（见图 26.9）。

图 26.9

孩子们搭坡成功，开始在坡上攀爬、滑行，露出了兴奋的笑容。“哎呀，这个板子不稳！”，伴随着一块长板的掉落，安安大声喊起来，吸引了正在游戏的其他孩子，他们你看看我、我看看你，都不敢再动。教师马上回应：“没事，老师会在这里保护你们！如果它不稳，想办法让它稳就可以了。谁有好办法？”“我知道，前面有两块木板就会变得很稳，这里再加一块就行了。”青青大声说。“嗯，这好像是一个不错的办法，你们试试吧！”教师鼓励道。于是，孩子们合作在两架梯子中间增加了一块木板，并慢慢地测试其稳定性。初次尝试的青青成功了，他高兴地喊：“可以的，可以的，很稳！很稳！”其他小朋友见了，也纷纷尝试。

游戏解读

经验解读

北京师范大学刘焱教授认为，能够使幼儿产生游戏性体验的情境需要具备以下特征：一是幼儿有自由选择的权利与可能；二是活动的方式方法由幼儿自行决定；三是活动的难度与幼儿的能力相匹配；四是幼儿不寻求或担忧游戏以外的奖惩[①]。也就是说，幼儿在游戏时需要有支配空间、材料、时间、玩法的权利。在本阶段的游戏中，幼儿在对斜坡有了一定的认知后，开始期待搭建属于自己的斜坡，这符合大班幼儿思维活跃、动手能力强、乐于创造的年龄特点。幼儿在搭什么样的坡、拿什么材料搭坡、在哪里搭坡方面均有自我支配权，因此，每个幼儿都能实施自己的计划。同时，从幼儿搭建的斜坡作品看，他们能将不同的材料组合，赋予材料不同的功能和作用，从而满足自己的游戏需求。

问题解读

游戏中，当幼儿遇到板子不稳的问题时，教师没有立即给出解决问题的办法，而是先从心理层面给予幼儿支持，鼓励他们在安全得以保障的情况下，自主想办法解决问题。在解决板子不稳的问题时，幼儿在游戏中的观察、比对和验证，均体现了其良好的分析问题和解决问题的能力。

需求解读

游戏中，幼儿提出想搭建属于自己的斜坡，其背后隐藏着游戏需求，如想在斜坡上攀爬、骑车、玩车等。对坡度与速度的探究兴趣，既与幼儿的已有经验紧密相关，也与幼儿与生俱来的图式相关。同时，在大带小的混龄游戏中，大班幼儿对小班幼儿的照顾、帮助以及小班幼儿在大班幼儿的影响下变得更加积极主动和勇敢，都体现了幼儿对不同年龄的同伴群体交往的需求。

---

① 刘焱. 儿童游戏通论［M］. 北京：北京师范大学出版社，2004.

游戏支持

程学琴认为，“最大限度地放手”就是在游戏前教师不能规定玩法，设立具体的游戏目标，应该相信儿童，让儿童拥有想怎么玩就怎么玩的自由[①]。在本阶段的游戏中，教师通过游戏回顾来倾听幼儿游戏后的想法，并在游戏计划环节支持幼儿充分构思、表达自己的游戏想法。游戏过程中，教师提供开放的环境与丰富的材料，鼓励幼儿按照自己的节奏和想法开展游戏。当幼儿在游戏中遇到板子不稳的问题时，教师又秉承“最低程度介入”的原则，先是给予幼儿心理支持，再鼓励幼儿自主解决问题，并在问题得以成功解决时予以肯定。在幼儿游戏过程中，教师给予的支持，更多的是安全上的保障，帮助幼儿排除安全隐患，在尽量不影响幼儿游戏的前提下，保证他们的安全。同时，当发现幼儿遇到困难、游戏停滞时，教师适时地运用启发性提问，拓展幼儿的思维，支持他们持续深入游戏。

斜 坡 探 秘

游戏观察

“斜坡搭好了，现在我们开始玩吧！”念念说。她将一个红色轮胎搬到坡上（见图 26.10），当看到轮胎从坡上直直地滚下去时，她兴奋得跳了起来。哲哲则是搭了一个较矮但非常牢固的坡，他不知疲倦地骑着滑板车在斜坡上冲上、冲下（见图 26.11）。另一边，用 PVC 管搭坡的熙熙和洋洋等，也用汽车玩具、纸筒进行比赛，看谁的东西最快滑下去（见图 26.12）。

选择用海洋球在斜坡上探究的韵韵遇到了困难，她的球总是在两块长板积木的连接处被弹出来。当韵韵就要失去耐心时，旁边的静静提醒：“我们可以在板子下面支撑东西，让两块板子能够连接在一起。”于是，静静找来更多的奶粉罐放在两块木板连接处，一边放一边调整木板的位置（见图 26.13），放好之后尝试滚动小球，结果发现小球还是会被卡在木板间的小凸起处。失败过一次的静静再次来到木板连接处观察，看了 1 分钟左右，她又去拿了一块小木板过来，放在奶粉罐和木板中间，放稳之后再次尝试，小球在调整后的斜坡上畅通无阻地滑了下来。静静和韵韵激动得跳起

---

① 程学琴．放手游戏 发现儿童［M］．上海：华东师范大学出版社，2019：117.

来，感受着成功解决问题的喜悦。相对大班幼儿的斜坡探索，小班幼儿更热衷于用自己的身体探究斜坡，他们在与哥哥姐姐共同搭建的斜坡上爬上爬下，遇到困难时便求助于哥哥姐姐（见图 26.14、图 26.15）。

图 26.10

图 26.11

图 26.12

图 26.13

图 26.14

图 26.15

游戏解读

经验解读

当每个幼儿都按照自己的想法在运动场搭建斜坡时，整个运动场瞬间成了一个斜坡王国，到处都是不一样的斜坡，上演着各种各样的斜坡玩法：有的幼儿探索轮胎在斜坡上滑行的路线；有的幼儿研究不同材料在斜坡上的滑行速度；有的幼儿和同伴一起比赛，看谁的小车速度更快……幼儿充分调动已有经验，将其迁移到游戏中，创造出各具特色的玩法。在此过程中，幼儿也沿着“发现问题—分析问题—解决问题”的路径，生发出深度学习。

问题解读

游戏中，大班幼儿在遇到两块板子连接处不平，导致球无法顺利到达终点的问题时，没有第一时间求助于教师，而是与同伴一起观察、探究，直到找到解决问题的办法，获得成就感。而小班幼儿在用身体感受斜坡时，常常会遇到下不来、不敢走的情况，这时大班幼儿会主动帮忙，充分彰显了混龄游戏中幼儿间存在年龄差的优势。

需求解读

游戏中，幼儿尝试用不同的材料，如纸筒、汽车玩具、滑板车、轮胎、球等能滚动的物品，在高低不同、材质不一的斜坡上进行探索，这说明幼儿在游戏中需要不同种类的材料，只有种类丰富的游戏材料才能激发幼儿进行不同维度的探究，从而支持幼儿在游戏中获得新经验。

游戏支持

游戏前，在材料的投放上，教师对材料的种类、数量，以及摆放位置的高低、远近等进行了仔细思考，充分考虑了幼儿的需求，保证游戏中幼儿取放材料方便。教师的支持巧妙地隐藏于材料的投放中。同时，在材料的使用上，教师没有规定其玩法，也不对材料使用的空间加以限制，充分支持幼儿在游戏中创造性地使用材料，让材料在不同小组的幼儿之间流动。

“坡”真有趣

游戏观察

幼儿合力搭建了一个加长的坡，并尝试用球在上面滚动。可每次小球都不能完全地在坡面滚动，而是会飞出去。经过激烈的讨论，他们认为有必要给斜坡加上护栏以挡住小球。当大家沉浸于球终于不再飞出去的喜悦时，哲哲在斜坡终点大声喊：

图 26.16

“你们往这里滚球，快！”“谁的球滚进轮胎洞里，谁就赢了。”可经过一番尝试，球总是被厚厚的轮胎壁挡了回去（见图 26.16）。越越发现了这种情况，便将轮胎换成了呼啦圈。当看着球穿过呼啦圈的那一刻，淼淼激动地说：“让球穿过一个圈太容易了，我们再多加几个圈试试。”

小球钻过一个又一个“山洞”，吸引了更多孩子参与投球游戏。他们围挤在一起，都想最先把球抛出去，场面有点失控。晨晨着急地说：“这样我们都玩不了，你们都下来。”大家开始新一轮的讨论。恬恬说：“要不我们玩‘石头剪刀布’，谁赢了谁先投。”博博说：“我们轮流玩吧，不然总是输的那个人一直玩不了。”团团说：“我们分工吧，有人投球，有人捡球。”淼淼说：“加个裁判来记分吧，比比谁投的分数最多。”

达成一致意见后，幼儿按照自己制定的规则开始游戏。2 分钟不到，记分员团团又大声喊：“你们丢得太快了，我都记不清楚了，我说‘开始’，你们再开始啊。”6 轮游戏后，尽管有了预先的口令，但团团还是找到教师，犯难地说：“老师，我记不住这么多，你能给我一些纸和笔吗？我把它们记下来就没问题啦。”拿到纸笔，团团写了个大大的“PK①”，并写下小伙伴的学号，用画点点的方式记录得分情况（见图 26.17）。

图 26.17

回顾环节，哲哲说：“今天的比赛很好玩，但两个一起比不好区分，而且有点挤，如果再搭一个斜坡就好了。”懿懿说：“我今天还发现了球滚下来后可以把积木撞倒，我觉得挺有意思。”教师肯定了幼儿的想法，鼓励他们在下次游戏时试试。

① 源于网络游戏中的“Player Killing”，常用来表示玩家之间的竞争。

再次游戏时，哲哲又建了一个斜坡。懿懿则找来短木板，将它们排成一排，当球将木板击倒后，懿懿兴奋地说："这好像在玩保龄球啊！"但由于球具有弹跳性，懿懿并不能每次都如愿地将木板击倒。一直在旁边观察的恬恬说："要不试试这个奶粉罐？"试了两次，还是不行。恬恬着急地说："你要慢一点，瞄准了再滚。还有，我发现斜坡这里凹进去了，球一到这里就不往前滚了。"两次调整后，球将木板击倒的成功率越来越高，积木摆放的方式也从横排变为竖排、从直线到转弯（见图 26.18）。

图 26.18

当积木变成竖排时，孩子们惊喜地发现：只要球或罐子碰倒第一块积木，其他积木就全倒了（见视频"趣玩斜坡"）。这一重大发现让他们更加沉浸于"滚动—击倒—排列"的循环游戏中，且不断调整、不断升级，如：从小积木到大软垫，从分组比赛到合作造型，从手指一一点数到整体长度测量……

趣玩斜坡

游戏解读

经验解读

从滑坡到创坡再到玩坡的系列游戏中，幼儿将不同的材料进行组合，善于发现和利用身边生活中的材料，发现同种材料的不同玩法，这些彰显了幼儿高度发散的思维能力、别具一格的创造能力、动手动脑的操作能力和独立解决问题的能力。他们在观察、建构、预测、验证、讨论中发现自我、成全自我。这些与生俱来的智慧与可贵的品质，是很多历经世事的成人所不能及的，所以，我们常常惊叹于"儿童的了不起"。同时，幼儿通过分工、交流、讨论、比赛等各种各样的方式创造新的玩法、贡献新的点子，促进了整个游戏不断向纵深发展。俗话说"众人拾柴火焰高"，没有思维的碰撞，游戏中就不会产生那么多火花；没有同伴的互帮互助，就不会有一个又一个游戏生发。任何个体的单独游戏，都不会如此充满张力和活力。因此，合作是儿童游戏的应有之义。

问题解读

游戏中，由于轮胎壁太厚、击球个数太多以及只有一个斜坡，幼儿遇到了“球总是被挡回去”“没办法计算进球的数量”“大家都挤在一起投球”等问题。他们通过对材料的对比，用呼啦圈替换了轮胎；通过用纸笔记录、搭建两个一样的斜坡同时游戏等方式，将遇到的问题顺利解决。

需求解读

游戏中，幼儿感受到了斜坡游戏的乐趣，纷纷表示下次还想玩这个游戏。这充分说明：幼儿对于该游戏有浓厚的兴趣，在游戏中获得了积极的情绪体验，并且具有持续探究的欲望。

游戏支持

本阶段游戏中，幼儿对游戏进行了记录，并与教师进行了一对一的分享。游戏后，教师组织幼儿进行小组分享与交流，通过开放式提问，引发幼儿思考与讨论。

同时，在材料投放上新增了积木材料，新材料的添加让幼儿的游戏出现了新的玩法，进而支持幼儿进一步探究，让幼儿在与环境、材料、同伴的互动中学习与发展。

* * *

在一个多月里，教师始终本着以儿童为本的理念，在观察、解读幼儿的游戏行为，倾听幼儿的游戏需求的基础上，默默地为幼儿提供游戏空间和时间保障以及他们可能用到的材料，让幼儿的游戏不断丰富和深入。当我们静心走进幼儿的游戏时，我们会为他们的游戏感到震惊。我们不仅为他们高水平的游戏表现所惊叹，更被他们在游戏中传递出来的热情、兴奋、快乐所感染和感动。在游戏过程中，幼儿表现出的积极乐观的情绪，勇于探索、敢于尝试的魄力，以及不气馁、不放弃的精神都让我们深深折服，让我们不得不感叹：这才是幼儿的真游戏，真正的游戏能让童年光彩夺目，能让幼儿沉浸其中、乐此不疲。

（作者：湖南省文化和旅游厅幼儿院　陈芬；指导教师：肖首珍，杨艳）

案例二十七　小木凳变形记

木凳是幼儿生活中常见的物品，幼儿对木凳的形状和用途十分熟悉。在体育运动中，幼儿从教师那里积累了将木凳、桌子等组合起来使用的经验。3 月底，结合自主游戏材料征集令，幼儿园投放了 20 把小木凳。4 月 25 日，户外混龄游戏恰逢雨天，大部分木质材料的“暂时空缺”让部分幼儿对游戏场地、材料进行了新的调整和选择。教师在园内通过扫描式观察发现了幼儿与木凳互动的自发性游戏，然后采用定点、持续观察等方式对幼儿的游戏活动进行了观察。

从 4 月 25 日至 5 月 11 日，游戏经历了多个阶段。对于木凳这一低结构材料，小、中、大班幼儿分别探索了不同玩法。游戏过程中，幼儿的游戏行为不断优化，由问题引发问题，促进了幼儿持续而深入的探究。

木凳初变楼梯一

游戏观察

4 月 25 日，户外自主游戏开始了。北操场的木凳，在雨天受到了小班幼儿的关注。依辰将木凳堆积垒高（见图 27.1），拍手笑着说：“看，我搭建了一座房子。”珍珍回应：“它是由我们一起搭建的。”在将木凳垒高后，依辰尝试踩着叠加垒高的木凳上“楼梯”（见图 27.2），但木凳“楼梯”有点高，她站上去后木凳有点晃动，她却步了。珍珍说：“让我来。”于是，她也踩了上去。当她站到第三层木凳上时，木凳便开始摇摇晃晃，她没有继续挑战。不到 3 分钟，她们在另外一边也堆叠起了木凳。依辰在旁边来来回回走动，看起来想尝试但一直没有迈出脚步。旁边的教师看出依辰的犹豫，便询问：“你需要帮助吗？”依辰迫不及

图 27.1

待地点点头。在教师的帮助下，依辰站上木凳并往上攀登（见图 27.3）。

图 27.2

图 27.3

游戏解读

经验解读

低结构的木凳材料，唤醒了依辰和珍珍有关搭建、垒高积木，以及教师组合木凳、桌椅开展室内活动的经验。这让她们发现，木凳也可以叠加、垒高。教师引导幼儿将已有的生活经验迁移到户外自主游戏中，并引导她们尝试不同的玩法，这种游戏行为对小班幼儿的学习与发展有着重要意义。

问题解读

依辰和珍珍通过自主探索发现，不仅可以将木凳叠加、垒高，人还可以站上去。依辰想踩上去但不敢，珍珍到第三层却步，说明他们遇到了问题。教师的及时介入，让她们的游戏得以继续。幼儿走上木凳，再走下来，不断进行探索，体现了小班幼儿强烈的好奇心与探索欲望。她们勇敢地挑战和尝试，锻炼了空间感知能力，也促进了肢体的协调发展和创造力的提升。

需求解读

《纲要》中的“组织与实施”指出：“教师应成为幼儿学习活动的支持者、合作者、引导者；关注幼儿在活动中的表现和反应，敏感地察觉他们的需要。”教师发现依辰来来回回地走动，察觉到她遇到了困难，通过询问等方式适时介入和帮助，让她成功站上木凳往上攀登，师幼友好合作的关系让游戏得以延续。

游戏支持

《指南》社会领域“人际交往”子领域目标 3 的教育建议指出：“在保证安全的情况下，支持幼儿按自己的想法做事。”游戏开始后，教师没有制止幼儿尝试站到叠加垒高的木凳上面的行为，而是“闭上嘴、管住手”，通过在旁观察、等待，尊重幼儿的游戏挑战行为，时刻保持敏锐的状态，及时调整站位，为幼儿提供了良好的情感支持和心理环境。

李季湄、冯晓霞指出：“尽管没有成人的介入，幼儿也能在游戏中自我发展，但是有没有成人的介入和指导，幼儿的发展还是有区别的。”[①]当两名幼儿将木凳垒高并尝试站上木凳时，教师通过眼神肯定、语言鼓励，给予两名幼儿情感支持；当幼儿因为木凳摇晃而没办法继续挑战时，教师又适时抓住游戏契机，通过语言、动作支持幼儿成功站上木凳。

木凳初变楼梯二

游戏观察

在幼儿站到第四层木凳上后，新的问题出现了。“老师，我好害怕啊。”依辰站在木凳上感叹。教师说：“需要有人扶一下木凳。”“我来我来。”妮妮边说边和几名幼儿紧紧扶住下面的木凳。但怎么下来呢？依辰想要尝试直接跳下来，教师在旁边提醒：“可以等别人搭好楼梯吗？”妮妮从旁边搬来木凳放在第二层（见图 27.4）。教师询问：“可以了吗？”依辰说：“还要。”旁边的幼儿又搬来木凳放在第三层，用木凳搭建的“楼梯”很快搭好了。依辰有些紧张，妮妮说：“没事的。”旁边的幼儿一同说：“快下来！”“用脚踩下来。”在同伴的鼓励下，依辰迈出了勇敢的一步。走到第三层时，妮妮又拿来一把木凳放在第二层（见图 27.5），依辰顺利走了下来，游戏的成功让现场所有幼儿和教师不约而同地鼓起了掌，个个脸上洋溢着成功的喜悦。（见视频“木凳初变楼梯二”）

木凳初变楼梯二

① 李季湄，冯晓霞.《3—6 岁儿童学习与发展指南》解读［M］. 北京：人民教育出版社，2013.

图 27.4

图 27.5

游戏解读

经验解读

妮妮从旁边搬来木凳放在第二层，其他幼儿一起协助将旁边的木凳放在第三层。幼儿反复搬运、调整木凳位置的行为，让我们看到了小班幼儿在游戏中的搬运图式行为。在搬运木凳的过程中，3 岁多的幼儿逐渐构建起空间概念，感知在搭建楼梯的过程中木凳位置、高度的变化。

游戏是同伴交往的主要形式。妮妮在游戏中反复、多次地为依辰调整木凳的高度和位置，表现出她积极、自信、善于与同伴交往的个性特征。在帮助同伴的同时，妮妮也获得了归属感。

问题解读

依辰迁移生活中下楼梯的经验，产生了从“木凳楼梯”上走下来的新想法。妮妮和其他同伴的主动帮忙促使依辰成功走下“楼梯”，让其游戏行为持续并得到优化，这充分说明了游戏中同伴是重要的学习伙伴和学习资源。

游戏中教师对幼儿从多层木凳上走下来的行为没有制止，而是通过眼神、语言鼓励，让幼儿发现她们可以灵活调整木凳的位置和“楼梯”的高度，也充分体现了在游戏中幼儿有能力逐步解决问题。

需求解读

依辰站在摇晃的四层木凳上表达“我好害怕”的真实情感，说明幼儿园自主游戏的自由、平等、和谐的氛围为依辰营造了良好的心理安全感，使其在遇到困难时知道主动表达。妮妮“我来我来”的回应也印证了幼儿之间良好、和谐的同伴关系。

游戏支持

面对幼儿游戏中的需求，教师用“需要有人扶一下木凳”来提醒幼儿可以降低游戏的难度，使幼儿获得“扶住下面的木凳能保持平稳”的全新经验，同时也引发了妮妮对同伴的支持与帮助。

幼儿能与同伴协商、分工合作，主动承担任务，遇到问题能想办法解决。游戏中，妮妮和其他小朋友能主动提出帮忙扶住凳子，让依辰安全地从四层木凳上走下来，其乐于助人的学习品质和同伴支持既帮助了依辰，也让游戏挑战走向成功。

木凳摇身变马路

游戏观察

依辰的挑战成功，激发了更多幼儿对攀爬木凳的挑战欲和兴趣，越来越多的幼儿加入游戏。妮妮将旁边的木凳搬过来放在第一层，将第一层的木凳延伸（见图 27.6）。

旁边的幼儿提出“降低点难度”，并将钻洞玩具拿过来放在木凳“马路”前面，说：“又要开始变身了。”有了前面的经验，孩子们自发爬过木凳，一直向前爬，直到钻过洞（见图 27.7）。随着游戏的开展，幼儿独自在“马路”上自由行走。随后幼儿又添加了标志桶，从而让游戏更加丰富（见图 27.8）。（见视频“木凳摇身变马路”）

木凳摇身变马路

图 27.6

图 27.7

图 27.8

游戏解读

经验解读

3岁左右的幼儿喜欢模仿，模仿成为他们学习他人经验的过程。游戏中幼儿通过观察、模仿，习得了依辰在四层木凳上行走成功的游戏经验，并且挑战成功。同伴的榜样示范为幼儿的学习带来启发：通过调整和移动木凳，可以确保在攀爬、走动时保持平稳。

《指导要点》社会准备之“交往合作”的具体表现指出：“能与同伴分工合作共同完成任务，遇到困难互帮互助，发生冲突时尝试协商解决。”妮妮再次主动帮助其他幼儿调整木凳，体现了游戏中幼儿友好合作的同伴关系。而共同解决问题的过程，帮助他们建立起了良好的人际关系。

问题解读

对于木凳仍然摇晃的问题，妮妮按照观察—调整—实施的路径，与同伴合作调整木凳高度，动手解决问题，充分说明了幼儿在游戏中惊人的问题解决能力。“放手游戏”为他们解决问题提供了良好的契机。

幼儿表达“降低点难度”，说明他们在游戏中会根据自己的能力自发降低游戏难度，这种游戏行为和幼儿现有的发展水平相适应。正如华爱华教授所说：“每个幼儿都清楚自己能做什么、不能做什么，幼儿天生有一种自我防卫机制，面对难度过高的游戏时会恐惧和紧张。这时，他们就会降低难度，将其调整到自己能够接受的水平。”

需求解读

将钻洞玩具放在木凳前面，说明单一的游戏材料不再能满足幼儿的游戏需求。不同的材料经过组合，可以产生无穷无尽的玩法。游戏场地中可移动的各种材料为幼儿提供了选择。他们根据需求，将木凳、钻洞玩具、标志桶等几种材料进行组合、穿插，既降低了游戏难度，又丰富了游戏的内容和形式。

游戏支持

小班幼儿喜欢在反复的游戏情节中享受游戏过程带来的乐趣，当教师不规定材料的玩法时，幼儿自己就能玩出各种花样，有更多的游戏想法和玩法。游戏中，在没有“预设”的情况下，小班幼儿能够根据自己的生活经验进行假想和创作，生成简单的“过马路”游戏行为，这也说明低结构的材料支持幼儿创新游戏内容。

木凳变身小火车

游戏观察

4 月 27 日，在木凳区游戏的仍然主要是小班幼儿。随着游戏时间的推移，他们自发、自如地先将木凳摆放成两层，再在木凳上自主行走（见图 27.9）。随着游戏的推进，有幼儿将标志桶拿过来放在木凳上，“轰隆隆、轰隆隆”玩起了开火车的游戏（见图 27.10）。

图 27.9

图 27.10

游戏解读

经验解读

《评估指南》指出：“相信每一个幼儿都是积极主动、有能力的学习者。”游戏为幼儿提供了良好的学习机会。小班幼儿可以自发、自如地使用木凳，说明教师充分相信幼儿，尊重幼儿在游戏中向同伴学习的独特方式。

幼儿将木凳、标志桶等几种材料组合成小火车，这种以物代物的象征行为是幼儿游戏的重要特征，也是小班幼儿想象力和思维发展的典型表现。

问题解读

幼儿在游戏中体验到成功后，不满足于只使用木凳这一种材料，自主增加了标志桶，并将其与木凳进行组合。这告诉教师在游戏中要结合幼儿的游戏情况，投放丰富、适宜的低结构材料，以此来支持幼儿继续探索。

需求解读

小班幼儿以具体形象思维为主。在看到依辰自己动手搭建木凳并挑战成功后，其他幼儿也产生了自己动手体验的想法和行动，这充分验证和说明了小班幼儿主要通过直接感知、实际操作、亲身体验来进行学习。在后续的游戏中，他们需要教师为他们提供更多类似的机会。

游戏支持

游戏中，教师通过退后观察、眼神肯定等隐性支持方式，为幼儿营造了自主、宽松的精神环境，让幼儿有机会自己探索，并创造性地将材料玩出不同的玩法。

木凳再变小座椅

游戏观察

5 月 9 日，户外自主游戏时间，大班一名幼儿将木凳垒高，但因为没有同伴加入，逐渐放弃游戏。随后几名小班幼儿将标志桶放在木凳上，一个女孩将钻洞玩具围合在木凳周围（见图 27.11），将标志桶当作“冰激凌”，将木凳当作座椅，一边和同伴坐在木凳上玩“开火车”的游戏，一边叫卖“冰激凌”（见图 27.12）。而在另外一边，一个男孩和同伴将轮胎竖立起来，将另外的木凳平稳地放在轮胎上，木凳变身为轮胎上的“小座椅”（见图 27.13）。

图 27.11

图 27.12

图 27.13

游戏解读

经验解读

《认识婴幼儿的游戏图式——图式背后的秘密》中提到了不同的图式。大班幼儿将木凳垒高，让我们看到了游戏中的连接图式；将标志桶分别放置在木凳上和木凳周围，将钻洞玩具摆放在木凳周边有序排列，让我们看到了游戏中搬运、围合、定位图式可以同时产生；将轮胎竖立，将木凳放在轮胎上，让我们看到了搬运、定位图式。在这一系列的游戏行为中，参与图式游戏的经验帮助他们象征性地表达了想法。

问题解读

大班幼儿将木凳垒高至四层后就没有继续了，说明游戏中幼儿独自一人无法完成挑战，需要同伴的协助。小班幼儿看到大班幼儿游戏后，尝试着与同伴合作，说明小班幼儿具备在游戏中模仿他人并创新游戏玩法的能力。“坐座椅卖冰激凌”“坐座椅开火车”等情节，让我们看到了幼儿的创造性游戏——角色游戏。

需求解读

小班幼儿先后将标志桶、钻洞玩具、轮胎等几种材料进行创造性组合，由此可见，低结构的材料激发了他们更多的想象和创意。随着游戏的推进，他们将需要种类更加多样的低结构材料。

游戏支持

游戏中，教师始终以欣赏的态度和肯定的眼神提供隐性支持，为幼儿营造宽松、自主、自由的精神氛围。幼儿需要有充足的时间和心理空间尝试新事物，教师耐心地让幼儿以自己的方式获得经验。教师表面上的不支持、不干预，实质是一种颇具智慧的支持。

木凳升级为跳板

游戏观察

5 月 11 日，在雨天的木凳区，不仅有小班幼儿，还有中班幼儿。他们把三层木凳搭建好了，但在从第三层木凳跳到第一层木凳上时，第一层的木凳有些不稳定，并且木凳与木凳之间的空隙会变大。中班幼儿爬上木凳，指着蓝色垫子说：“我们可以用上它。”（见图 27.14）说完他便准备摆放，小班幼儿看到后加入帮忙。他们先是将第一层木凳进行了延伸，然后在上面铺上垫子（见图 27.15）。他们依次站到第三层木凳上，然后跳跃到蓝色地垫上，重复这一动作，乐此不疲。小班一名女生站上去蹲在三层木凳上说：“我有些害怕。”她想要从木凳上直接滑下来，但失败了。教师及时出现，将她抱了下来。看到有同伴害怕，小班一名男孩主动将木凳降低至两层。摆放中，他反复查看木凳的四个角是否与下面的凳面对齐了（见图 27.16）。随后，他们从木凳跳跃到蓝色地垫上，多次重复并兴趣盎然（见图 27.17）。（见视频“木凳升级为跳板”）

木凳升级为跳板

图 27.14

图 27.15

图 27.16

图 27.17

游戏解读

经验解读

游戏中，幼儿自主发现了问题，这时中班幼儿提出增加地垫来解决存在的问题。这表明，对于因木凳不平稳而影响跳跃的安全问题，幼儿进行了互动和思考。

小班的男孩反复检查木凳，体现了幼儿在进行冒险和挑战的同时，也在学习规避危险的发生，同时也说明了幼儿具有安全意识和自我保护能力。

问题解读

面对小班女生的害怕情绪和尝试后失败的结果，小班男孩主动将木凳调低高度，并反复确认木凳是平稳的。他们发现了木凳的四个角要对齐下面凳子的凳面才能保持平稳，并在同伴遇到困难时主动提供帮助。

需求解读

小班幼儿在遇到困难时能主动寻求帮助，大胆表达心中的恐惧，并尝试用滑下来的方式降低游戏难度。虽然尝试后失败了，但她在教师和同伴的帮助下仍然获得了往下跳跃时身体要保持平衡、双脚要并拢着地的经验。

游戏支持

小、中班幼儿同时参与从木凳上跳跃的游戏，教师退后观察，创设支持幼儿从木凳上跳跃的轻松的精神氛围，让不同幼儿在心理上获得安全感。小、中班幼儿在游戏中互相合作，游戏挑战成功，体现了“爱、投入、冒险、喜悦”。

* * *

在围绕小木凳展开的系列故事中，幼儿自发的游戏行为推动游戏不断发展，低结构的木凳材料让不同年龄段的幼儿都能拥有游戏的空间。基于对木凳的兴趣，幼儿迁移生活中的已有经验，相互观察、模仿、传递游戏经验，创造了不同的游戏情节。自“小木凳变形记”游戏开展以来，教师没有急于或盲目地让幼儿通过表征等方式对游戏进行深度挖掘，而是尊重不同群体幼儿对木凳的兴趣，持续追随他们，让他们自由地探索材料的玩法。从游戏的进度来看，幼儿有能力通过自我尝试、验证，以及与同伴相互学习，让游戏经验得以不断拓展。

（作者：湖南省长沙市芙蓉区教育局火炬幼儿园　伍盈；指导教师：钟明，谭湘府）

案例二十八　小餐厅

航航家开了一家餐厅，最近几天，航航总是和小朋友分享餐厅里发生的事情。他说："我们家开了一个小餐厅，每天有很多人来吃饭，有时候我会帮爸爸妈妈端盘子，有时候还给客人拿纸巾，但是我最喜欢收钱的工作。"每当这个时候，小朋友们都会被吸引过去。

这天，当航航向好朋友分享餐厅里发生的新鲜事时，小峰说："我昨天还和弟弟玩了开餐厅的游戏，我还会做菜，要不我们出去玩开餐厅的游戏吧！谁想加入我们，可以报名。"

随着讨论的逐渐深入，小朋友们对开餐厅游戏的呼声也越来越高，小餐厅的游戏就这样应运而生了！

小餐厅开在哪儿

游戏观察

"小花园这么大，我们的餐厅开在哪儿呢？"小宇对着航航和小峰说。"你们看，这里有很大一块空地，我觉得这里很好，我们可以建一个很大的餐厅，可以让许多客人来吃东西。"航航边说边指着小花园中间的一块平地（见图 28.1）。小峰说："我感觉那一把大伞下面的场地好一些（见图 28.2），虽然那里小一些，但是如果下雨了或者出太阳了，我们还可以继续玩，都不用将材料搬走。航航说的这个地方等下会有人

图 28.1

图 28.2

走来走去，还会有小班的弟弟妹妹过来，而且没有屋顶，如果我们选择这个地方，到时候肯定只能玩一会儿。”

小宇及旁边的几名幼儿都举手赞成小峰的想法，大家决定把美味餐厅开在那把大伞下面。航航点了点头，他转过头有点尴尬地望向教师，并向教师走了过去。教师抱了一下他，轻轻地说了句“去玩吧”，随后他又加入了游戏。

游戏解读

经验解读

《指导要点》学习准备之“学习习惯”的教育建议指出：“鼓励幼儿积极补充同伴的观点，并说明理由；对别人的观点有不同意见时敢于大胆提出质疑并陈述自己的观点。”在为小餐厅选址的过程中，幼儿根据自己的生活经验表达了自己的想法，同时能在认真倾听同伴的想法后提出质疑并说服同伴，这一过程体现了幼儿的沟通能力、表达能力以及自信心。

问题解读

在选择场地的过程中，幼儿说出了自己的想法，但也因此产生了分歧。最后航航被小峰说服，把餐厅地址选在大伞下面。这说明：一方面，两个人的生活经验不同，航航认为只要是开阔的场地就可以，而小峰认为不仅要考虑场地的大小，还要考虑场地是否能遮风挡雨；另一方面，小宇等几个小朋友赞同了小峰的看法，小峰在支持人数上占了优势。

需求解读

在确定场地后，航航点头对小峰的想法表示同意。但他从最开始兴高采烈地阐述自己的意见到后面的情绪低落，主动走向教师，说明他很需要教师的安慰和情感支持。

游戏支持

幼儿在选择小餐厅地址的过程中，产生了一些不同的想法。大家积极表达意见，并说出自己的理由。教师并没有过多干预，只在一旁观察记录。事实证明，幼儿可以自己发现问题并予以解决。另外，对于游戏场地，教师尽可能提供不同条件的场地来支持幼儿游戏，用隐性条件引导幼儿思考。

讨论后大家同意了小峰的观点，航航因为“落选”而显得情绪低落，这时教师马上转换角色，成为航航的共情者，及时给予其拥抱和鼓励，以维护他的游戏热情。

初建小餐厅

游戏观察

几名大班幼儿很快把小餐厅的基本结构搭好了，小班幼儿被吸引了过来，并拿着圆锥形积木和圆柱形木棍走来走去。小宇问：“你们也想玩吗？”小班幼儿回答：“是的。”小宇说：“那你们把小积木放在墙上吧。”小班幼儿说：“好！”他们来来回回一共搬了6次小积木（见图28.3）。

图 28.3

婷婷说：“我们的小餐厅建好了，但是还差桌子。我们可以用积木来搭桌子，肯定可以。”搭了10分钟，桌子还是没有搭起来。大家停了下来，看着对方，搭建活动停止了3分钟左右。

这时教师走了过去，蹲下来对他们说：“你们觉得还可以用什么材料来代替？”小峰说：“这个积木搭不稳，它们的大小不一样，样子也不一样，拼在一起还有洞。我们试一下装积木的篮子。”婷婷回应：“好吧。”“你们去把篮子推过来吧，我们把积木搬出去。要是有大的、平平的木板就好了。”小峰对着旁边的弟弟妹妹说。

图 28.4

最后他们选择将黄色篮子作为桌子（见图28.4），选用小积木做椅子，还邀请弟弟妹妹来试椅子的高度。

游戏解读

经验解读

《指南》社会领域“人际交往”子领域目标3的典型表现指出，3—4岁幼儿“喜欢承担一些小任务”。游戏中，小班幼儿想要加入游戏，很乐意地接受了大班幼儿安排的装饰墙体和推篮子的小任务，而且玩得非常开心，这正体现了《指南》中的合理期望。

游戏最后，大班幼儿邀请小班幼儿通过试坐椅子来确定是否需要增加或者减少积木，从而确定椅子的高度。这一过程也反映了《指南》科学领域“数学认知”子领域目标 2 的典型表现，即 5—6 岁幼儿能“借助于实际情境和操作（如合并或拿取）理解‘加’和‘减’的实际意义”。

问题解读

游戏中，针对桌子材料的选用问题，幼儿能够大胆地尝试，经过多次失败而不气馁，最后在教师的提示下重新寻找材料进行游戏。

需求解读

虽然在游戏最后幼儿选择用篮子来做小餐厅的桌子，但小峰在最后说：“要是有大的、平平的木板就好了。”从幼儿的话语中，我们能感受到幼儿需要更多材料的支持。

游戏支持

当幼儿发现材料不合适时，教师通过简单的提问启发他们选取不同的材料。在此过程中，幼儿会通过比较、观察，发现不同材料的特性，从而选择合适的材料。当然，提供大块木板也已经被列入幼儿园的计划。

当幼儿因为用积木拼搭桌子多次失败而导致游戏暂停时，教师并没有直接干预，而是用“你们觉得还可以用什么材料来代替？”等问题引导幼儿观察、发现，继而引发他们深度思考并进一步验证自己的想法。在这个过程中，幼儿积极思考，成为主动的学习者，积累解决问题的经验。

游戏结束后回到活动室，师幼对游戏过程进行了复盘。在一起观察游戏图片时（见图 28.5），教师通过关键性提问——“小餐厅建好了，我们还能玩一些什么呢？”，引导幼儿继续讨论。

图 28.5

再建小餐厅

游戏观察

这天游戏时，婷婷说："老师，我们想在活动室里画二维码（见图 28.6）和菜单（见图 28.7），他们先出去搭小餐厅，等我们弄好了就出去玩。"经过商量，曼曼老师留在活动室，其他教师带着小朋友们一起出去玩。

小峰、航航和其他几个男孩一来到场地就去拿材料，过了 10 分钟，小餐厅就搭好了。曼曼老师带着几个女孩来到游戏场地，她们把二维码和菜单放在餐桌上（见图 28.8），跳起来拍手说："小餐厅变得更好了。"（见图 28.9）

图 28.6

图 28.7

图 28.8

图 28.9

游戏解读

经验解读

盖伊·格朗兰德（Gaye Gronlund）提到“用表征来丰富游戏”[①]。当幼儿提出要绘画二维码和菜单时，教师及时允许并支持。透过表征，我们更直观地看见幼儿的思维及将要进行的活动。

问题解读

此阶段，一部分幼儿想要留在活动室游戏，一部分幼儿想要去户外游戏。幼儿的游戏出现了需求以及场地和人员安排的差异。这个过程体现了幼儿已经可以自主地制订计划并大胆地说出计划。

需求解读

“老师，我们想在活动室里画二维码和菜单。”幼儿提出要求。这说明幼儿能够自己规划游戏进程，并希望获得教师的认可与支持。

游戏支持

《规程》指出：“鼓励和支持幼儿根据自身兴趣、需要和经验水平，自主选择游戏内容、游戏材料和伙伴；支持幼儿自主选择和主动学习，激发幼儿学习的兴趣与探究的愿望。”当幼儿需要在活动室里绘画二维码和菜单的时候，教师经过权衡，妥善分工，支持幼儿的决定，从而实现室内游戏和室外游戏的有效联动。

小餐厅营业

游戏观察

航航说：“我来当收钱的收银员。”小峰说：“那我来当厨师，让大家尝尝我的手艺。”“我来端菜。”“那我在门口迎接客人。”“那我带人去捡可以作为饭菜的树叶，我去找弟弟妹妹一起，他们有小篮子。”只用了大概 5 分钟的时间，大家就商量好了自己要做的事情。

不到 2 分钟，很多“客人”就进来了，大多是小班幼儿，他们有的坐在餐桌旁点

---

① 格朗兰德．发展适宜性游戏：引导幼儿向更高水平发展［M］．严冷，译．北京：北京师范大学出版社，2014：111．

图 28.10

菜（见图 28.10），有的拿着木块“手机”扫码点餐（见图 28.11）。小峰把所有树叶都倒在锅里，“服务员”把菜端上餐桌，大家都开始吃起来（见图 28.12）。小峰大声喊：“菜不够了，还有没有其他的物品可以当菜？”同伴见状，又继续去寻找树叶。

图 28.11

图 28.12

游戏解读

经验解读

《指南》社会领域“人际交往”子领域目标 2 的典型表现指出，5—6 岁幼儿“活动时能与同伴分工合作，遇到困难能一起克服”。游戏中，幼儿在短时间内能自主地商量游戏角色并欣然接受，体现了这方面的合理期望。幼儿自主点菜、炒菜、端菜等一系列游戏行为，都与生活息息相关，说明生活经验是幼儿游戏的重要来源之一。小班幼儿选择跟着大班哥哥姐姐捡树叶、当小客人，在游戏中不仅明确了自己的职责，也积累了更多的游戏经验。

问题解读

小峰把所有树叶一次性用掉，导致后面没有充足的树叶继续游戏。他想到让同伴找其他物品来充当菜，却忽视了使用材料时应该有计划、把握好量。

需求解读

游戏中，幼儿只是简单地捡了一些树叶作为做饭的材料，小峰最后说：“菜不够了，还有没有其他的物品可以当菜？”由此可见，幼儿需要更多的材料来丰富游戏。

游戏支持

在幼儿自主分配角色和任务时，教师更多的是做一个安静的观察者，静待幼儿的游戏绽放精彩。也许有人会认为这种等待没有意义，但恰恰是这种等待使幼儿有了更多的机会去尝试和探索。

小餐厅外卖

游戏观察

“我们也帮别人送外卖吧！刚刚我看到路上有外卖员经过了。”乐乐对涛涛说。他们把小餐厅旁边的自行车骑出来，小餐厅的老板给了他们每人一份餐，他们一只手骑车一只手端着碗出发了。刚骑出去没多久，手里的碗就掉了，他们捡起来，再次出发，但是碗又掉了。涛涛说：“这样不行，碗一直掉。”“那我们去找一个小朋友拿碗。”于是，他们自行车的后座就载了一名小班幼儿，他的手里提了一个篮子，篮子里面装着外卖（见图 28.13）。“外卖员”转了一圈，送给了小房子里的小朋友。俊俊笑眯眯地跟教师分享：“我是爸爸，这两个小妹妹扮演我的女儿。”接着他便开心地喊道：“宝宝们快来吃饭啦！”（见图 28.14）

图 28.13

图 28.14

后来又有几个小朋友也开始送外卖。到了收材料的时间，教师播放收材料的音乐，小峰急忙跑过来说：“再等一下可以吗？我们还想玩一会儿。”教师马上反应过来问："那你们需要多长时间呢？""10 分钟，10 分钟就可以了。""行！"听到教师的肯定，他连蹦带跳地走开了。游戏结束，涛涛大声地和同伴分享："送外卖好累呀！"

游戏解读

经验解读

幼儿之间的游戏具有一定的模仿性，所以其他幼儿看到涛涛和乐乐送外卖后便纷纷扮演"外卖员"。同时，游戏中幼儿能够根据生活经验进行角色扮演——小班幼儿扮演孩子，大班幼儿扮演爸爸。

《指南》社会领域"人际交往"子领域目标 4 的教育建议指出："利用生活机会和角色游戏，帮助幼儿了解与自己关系密切的社会服务机构及其工作……体会这些机构给大家提供的便利和服务，懂得尊重工作人员的劳动，珍惜劳动成果。"游戏中，幼儿通过扮演外卖员的角色来体验送外卖的工作，涛涛的感慨说明他感知到了工作的不易。

问题解读

当骑车过程中出现碗总是掉的问题时，幼儿并没有表现出消极的情绪，而是通过与同伴商量来寻求解决办法，最后找到小班幼儿来加入游戏，使游戏更加有趣味性。

需求解读

在游戏即将结束时，幼儿提出希望延长一些时间继续游戏。这一方面说明他们在游戏前期的搭建过程中花费了较多时间；另一方面说明他们对游戏的兴趣很高，不断生发出新的游戏情境与内容。

游戏支持

轻松愉悦的游戏氛围有利于教师和幼儿建立亲密和谐的师幼关系。游戏中，当幼儿和教师分享游戏趣事时，教师总是蹲下来，专注地倾听，让他们感受到自己被认可和关注。

弹性、灵活的游戏时间是对幼儿游戏的有力支持。程学琴提出，为了让幼儿能投入真游戏，保障他们有足够的游戏时间至关重要，有了充足的游戏时间作为保障，儿童就有机会与环境、材料、同伴进行深度互动，从而满足他们各方面的学习与发展需要[1]。当幼儿想要继续游戏时，教师根据幼儿的游戏兴趣增加了游戏时间。

* * *

“小餐厅”的游戏从幼儿偶然的谈话开始，虽然持续了很长时间，但幼儿的游戏兴趣丝毫没有减弱。不仅如此，游戏还吸引了小班的幼儿。可能教师经常会走进一个误区：混龄游戏不就是让大年龄段的幼儿带着小年龄段的幼儿一起玩吗？其实不然。混龄游戏是幼儿根据游戏需要互相吸引的过程，它可以让不同班级、不同年龄段的幼儿集聚在一起，自主选择游戏主题、游戏角色、游戏同伴和游戏材料[2]。就如案例当中所提到的大班孩子当“爸爸”、小班孩子当“宝宝”一样，当游戏中出现了一定的需要，他们会自然而然地被吸引。大班幼儿在游戏中的分工合作、互相帮助、独立思考等表现，都在为小班的幼儿做榜样！

作为教师，我们应通过各种方式为幼儿提供支持，在游戏中观察、倾听幼儿，用欣赏的态度允许幼儿持续深入地探究，及时通过语言、行为等方式肯定并鼓励幼儿。

（作者：湖南省张家界市慈利县粮食幼儿园　王重阳；指导教师：李志英，王倩）

---

① 程学琴．放手游戏 发现儿童［M］．上海：华东师范大学出版社，2019：88．

② 庄晓青．户外混龄游戏与幼儿合作能力的发展［J］．学前教育研究，2021（6）：85-88．

案例二十九　玩转故事会

长乐抬阁故事会是湖南省岳阳市汨罗市的本土文化特色，作为湖南省“小而美”的国家级非物质文化遗产项目之一，这个活动与一般的故事讲述不同，而是以表演的形式呈现。表演者身着各种服装扮演各种角色，演绎经典故事如《西游记》等。从街头到街尾，参与者手举旌旗、敲锣打鼓，踩着数米高的高跷，推着彩车……每年春节前至元宵节期间，长乐古镇都充满了欢笑声、叫喊声、喝彩声。幼儿对长乐镇的故事会有感知，更有着浓厚的兴趣。于是，师幼共同创设了“玩转故事会”游戏场地，让非遗文化进入幼儿园，让幼儿在游戏中体验古老而独特的传统艺术，涵盖表演、彩绘、文学多种形式，感受民俗风情和时代精神。

走进长乐，萌生兴趣

游戏观察

中、大班家长带领幼儿走进长乐镇，观看长乐故事表演。幼儿在观看后有了诸多发现。冰冰说：“我妈妈在长乐上班，我每年过年的时候都会去长乐看故事会。”晨晨说：“老师，我也去过，那里有好多人表演，有些小朋友还站得好高，好厉害！”辰辰说：“老师，我知道他们都会化妆，还会穿上漂亮的表演用的衣服。”教师问：“他们表演的人物角色，你们都认识吗？”沐沐说：“我看到他们中间有几个人扮演《西游记》里面的唐僧、孙悟空、猪八戒、沙和尚。”辰辰说：“我看到他们中有些小朋友穿着五颜六色的唱戏用的服装。”教师问：“他们都穿着什么样的服装？他们的手上有道具吗？”恺恺说：“唐僧穿着和尚的服装，手上还有手杖；孙悟空穿着黄色的服装，手上拿着金箍棒。”芊芊说：“猪八戒穿着黑色的衣服，手上有个耙子；还有一些表演的小朋友拿着扇子。”

大家的讨论激发了游戏兴趣，幼儿自主选择并确定了游戏中的角色（见表 29.1）。

表 29.1 “玩转故事会”角色调查表

班级及人数	角色				
	服装师	化妆师	道具师	音响师	演员
中一班（15 人）	2 人	4 人	1 人	0 人	8 人
大八班（22 人）	3 人	10 人	2 人	2 人	5 人

游戏解读

经验解读

《纲要》指出：“幼儿园应与家庭、社区密切合作，与小学相互衔接，综合利用各种教育资源，共同为幼儿的发展创造良好的条件。”“玩转故事会”中，教师充分利用家长资源，请家长和幼儿一起参与长乐故事会的相关活动，丰富幼儿的游戏经验。这种合作模式，不仅能增进幼儿与家长的亲子关系，还能让幼儿更直观地了解长乐故事会，获得积极的体验（见图 29.1）。

图 29.1

问题解读

从调查表来看，大多数幼儿在游戏时倾向于选择扮演化妆师和演员这两个角色，说明幼儿对游戏角色有自己的偏好，但是也存在游戏角色选择不均衡的问题。

需求解读

在游戏准备阶段，幼儿表现出浓厚的游戏兴趣，积极表达自己的游戏想法。绝大多数幼儿都期望自主挑选他们的“任务”，如当小小化妆师或服装师等。这显示了他们对游戏的需求，并期待能有更多时间持续参与游戏，不断创造新的游戏情境和内容。

游戏支持

当幼儿准备开展“玩转故事会”游戏时，教师组织幼儿观看长乐故事表演，旨在进一步引导他们分享生活经验。同时，教师鼓励幼儿准备道具和针对人物角色进行讨论，这有助于幼儿熟悉各角色的责任和特点，并了解可能使用的道具，从而为实际的表演游戏做好准备。自主讨论后，幼儿乐意根据自己的想法制订游戏计划，并与同伴协商，明确各自的角色和任务。这种互动使幼儿更积极地投入游戏，也帮助教师更好地了解幼儿的游戏需求，提供相应的支持或做出相应的调整。

公平竞选，各展其才

游戏观察

在选择游戏角色时，大部分女孩倾向于当化妆师、扮演嫦娥，而男孩更倾向于选择孙悟空、红孩儿这样的角色。但同一次表演游戏中的角色名额是有限的，幼儿经过商议，决定在班级内举行角色竞选。

竞选一：化妆师竞选

教师问："谁想当化妆师？"婧婧说："我想当化妆师，我经常看妈妈化妆，也知道很多化妆品。"运运说："我也会，我也会！我还用过妈妈的化妆品。"汐汐说："妈妈给我买了小朋友可以用的化妆品，我也会化妆。"若妤说："我也想当化妆师，这样就可以把小朋友打扮得美美的。"……教师说："如果大家都当化妆师，那其他岗位上就会缺人，怎么办呢？"若妤说："可以通过竞选呀，我哥哥上次就是通过竞选才当上班长的。"教师问："怎样竞选呢？"婧婧说："我们可以选一名小朋友给他化妆，看谁化得漂亮就选谁呗。"

图 29.2

于是，幼儿自主开展了一场化妆师竞选游戏（见图 29.2）。每名参与的幼儿都展现了自己的特长，经过激烈的角逐、投票，8 名幼儿脱颖而出，成功当选为下一轮游戏的化妆师。

竞选二：最佳主角选拔

冰冰说："我喜欢看《齐天大圣》这部电影，里面的孙悟空有金箍棒，特别厉害，我想演孙悟空。"晨晨说："我家里有孙悟空的金箍棒，我想演孙悟空。"沐沐说："我想演红孩儿，他很可爱。"恺恺说："我也想当孙悟空。"晨晨说："孙悟空只有一个，这次我先当，下次你来当。"辰辰说："老师，我想演嫦娥仙子，她的衣服很漂亮。"教师说："每个角色的服饰都只有一套，每次只能有一个小朋友扮演角色，这怎么办？"晨晨说："谁会说孙悟空的话，谁就演孙悟空。"冰冰说："那还需要会做孙悟空的动作才可以。"

于是，幼儿的最佳主角选拔开始了（见图 29.3）。

图 29.3

游戏解读

经验解读

《指导要点》社会准备之"交往合作"的具体表现指出："能与同伴分工合作共同完成任务，遇到困难互帮互助，发生冲突时尝试协商解决。"随着越来越多的幼儿渴望当化妆师和上台表演，他们产生了分歧，并陷入僵持的状态。在这种情况下，幼儿利用已有经验，通过商量和竞选解决了分歧。

《指南》艺术领域"表现与创造"子领域目标 2 的典型表现指出，5—6 岁幼儿"能自编自演故事，并为表演选择和搭配简单的服饰、道具或布景"。第一轮游戏后，幼儿在互动中提出了自己的解决方案，如协商解决、分组轮流以及竞选，从中可以看出幼儿具有解决问题的经验和思考能力。

《指南》艺术领域"感受与欣赏"子领域目标 2 的典型表现指出，4—5 岁幼儿"能够专心地观看自己喜欢的文艺演出或艺术品，有模仿和参与的愿望"。幼儿仔细观察并模仿影视作品中主角的肢体动作，大胆塑造故事的角色形象，并在小舞台上展示，体现了以上目标提出的合理期望。

问题解读

在竞选小小化妆师、小演员阶段，出现了一些问题。首先是大部分女孩都想扮演化妆师，导致化妆师人数过多；其次是许多男孩想扮演孙悟空和红孩儿，因此出现了激烈的竞争局面。通过模仿表演、才艺展示和投票，幼儿自主竞选角色，解决问题，发展了表现力、审美力、动手能力、合作能力及交往能力。

需求解读

《指南》指出："幼儿的社会性主要是在日常生活和游戏中通过观察和模仿潜移默化地发展起来的。"幼儿希望通过参与角色竞选来实现自己模仿和表演的愿望，说明他们有角色扮演、展示自己和参与决策的需求。在这个过程中，他们能够独立展示有关角色扮演的经验，并在参与投票的过程中，体会属于自己的神圣的决策权。

游戏支持

经过调查发现，中、大班中有 14 名幼儿想要成为化妆师。为此，教师与幼儿共同讨论，决定在班级进行一场化妆游戏。所有预选化妆师角色的幼儿需要找一名同伴做模特，并在规定的时间内完成妆容，然后请其他小朋友投票。得票最多的前 8 名幼儿不仅可以获得化妆师角色，还可以设计自己的专属工作牌（见图 29.4、图 29.5）。

图 29.4

图 29.5

在游戏前，教师引导幼儿观看了一系列视频，以帮助幼儿从语言、动作、神态等方面模仿人物的特点。通过投票，幼儿扮演化妆师、道具师和演员等角色，选择熟悉的故事，尽情地演绎。

多次尝试，传承经验

游戏观察

逸逸说："老师，我觉得用易拉罐制作的高跷不够高，行走也不够迅速。"婧婧说："老师，用易拉罐制作的高跷踩着踩着容易变形，绳子也容易断。"文文说："我好想像长乐故事会里面的那些人一样，站在真正的高跷上表演。”

于是，幼儿从使用由易拉罐制作的高跷，转向了定制的长柄高跷，开始了新的尝试……然而，近 20 名幼儿不敢尝试站上长柄高跷。婧婧说：“我总是站不上去，又怕摔跤。”逸逸说：“老师，我先坐在椅子上，然后踩着高跷再站起来，可以吗？”教师说：“你试试看，用这种方法是不是可以站起来？”逸逸拿着高跷，坐在椅子上，快速地把两只脚踩在高跷上，准备站起来，可是怎么也使不上劲，人还是稳稳地坐在椅子上，根本站不起来。

文文站在旁边说：“你的这个方法不行，椅子太矮了，根本站不起来，还不如学我靠着墙壁踩高跷，那样容易站起来。”说完，他靠着墙壁先上左脚，再上右脚，稳稳当当地踩着高跷站起来了。有了这个方法，幼儿都开始尝试站上去，有的倚靠着墙壁站上高跷后，试着向前可以走两三步（见图 29.6 和视频“中、大班幼儿尝试踩长柄高跷”）。

中、大班幼儿尝试踩长柄高跷

图 29.6

游戏解读

经验解读

《指南》科学领域“科学探究”子领域目标 1 的典型表现指出，4—5 岁幼儿“常常动手动脑探索物体和材料，并乐在其中”。多次游戏后，幼儿发现自制的高跷容易损坏，前进速度也比较慢，因此希望能像长乐故事会里的表演者一样，站上真正的高跷。为满足幼儿的游戏需求，师幼共同讨论协商，定制了长柄高跷。幼儿动手动脑自主探索，极大地提高了问题解决能力和创造力，培养了团队合作意识，在亲身实践中学会了合作与沟通。这个过程既满足了幼儿对新鲜事物的好奇心，也增强了他们自主学习和独立思考的能力。

《指南》健康领域“动作发展”子领域目标 1 的教育建议强调：“利用多种活动发展身体平衡和协调能力。”当幼儿尝试站上长柄高跷并试着向前行走时，他们选择靠着墙壁来维持平衡。通过不断尝试，幼儿逐渐掌握了踩高跷的技巧，表明他们具备了一定的力量和耐力，身体动作的协调性和灵活性也得到了提高。

问题解读

几轮游戏后，幼儿发现自制的高跷容易损坏、不好用，影响了他们的游戏体验质量。这一发现反映了幼儿对游戏材料的要求和对游戏体验的关注。在共同讨论后，师幼针对问题制定了解决方案——定制具有更好的稳定性和耐用性的长柄高跷。

幼儿第一次尝试时倚靠着墙壁站上高跷，一些胆子较大的幼儿会试着向前走，快要摔倒时迅速向前跳下；还有一些幼儿站上去后，并不急着向前走，而是在原地小心翼翼地迈步，等到重心较为稳定后才试着朝前迈步。通过反复尝试，幼儿渐渐掌握了这项技能，有的甚至可以不借助于外力，独自行走相当远的距离。

需求解读

当幼儿在游戏中拿到长柄高跷时，其不敢尝试的行为可能源于他们对自身技能的不自信，或者对新事物的恐惧而导致的自我限制。这种情况可能需要成人的引导和鼓励，帮助幼儿克服内心的焦虑和恐惧，鼓励他们勇敢地探索和尝试新事物。教师应有意识地呈现积极、鼓励的态度并提供正确的引导，逐渐培养幼儿自信、勇敢和积极的态度。

游戏支持

游戏中，教师邀请家长和幼儿一同制作了游戏材料——易拉罐高跷，幼儿兴致勃勃地使用它们游戏。但玩了一段时间后，他们觉得易拉罐高跷不够高，也无法达到他们想要的速度，而且绳子容易断。因此，他们希望像长乐故事会里面的演员一样，使用真正的高跷。考虑到幼儿的身高，教师定制了长柄高跷，以支持幼儿游戏。

精彩演绎，绘制成书

游戏观察

幼儿掌握高跷技巧后，开始按照各自的角色分工合作，化妆、准备道具，“玩转故事会”的表演开始了（见视频“玩转故事会”）。

玩转故事会

晨晨蹦蹦跳跳地跑过去对化妆师说：“今天轮到我表演孙悟空，你们要帮我把眼睛化得金光闪闪的哦。”冰冰穿好服装后对晨晨说：“晨晨，你猜猜我今天要扮演谁。”晨晨说：“是红孩儿，你是牛魔王的儿子。”婧婧拿着扇子，踩着高跷走过来说：“冰冰，你瞧瞧，我比你高。”冰冰说：“婧婧，你好漂亮呀，你今天是踩着高跷演妖精吗？”

音乐起，孩子们全部装扮整齐，开始了巡演（见图 29.7、图 29.8）。

图 29.7

图 29.8

游戏结束，班级展开了讨论。晨晨说：“老师，今天小班的弟弟妹妹看见我们表演，也想玩，可是我不会教。”教师问：“那大家有什么好的方法帮帮他们？”婧婧忙说：“我画画很厉害，我可以将演出的内容画下来，拿给他们看，他们不就明白啦！”蹊蹊说：“我也可以把我们化妆的方法画下来，让他们知道化妆的方法。”沐沐说：“老师，你把我们表演的视频发给小班的老师，他们通过观看就学会玩啦。”文文说：“我可以去小班帮弟弟妹妹化妆，还可以帮他们穿表演的衣服。”于是，《玩转故事会》图画书诞生了（见图 29.9、图 29.10）。

图 29.9

图 29.10

游戏解读

经验解读

《指南》语言领域“阅读与书写准备”子领域目标 3 的典型表现指出，4—5 岁幼儿“愿意用图画和符号表达自己的愿望和想法”，5—6 岁幼儿“愿意用图画和符号表现事物或故事”。在游戏中，幼儿通过一次次表征游戏故事，逐渐培养了对视觉符号的认知和运用能力。这个阶段的幼儿在绘画和书写方面的表现差异开始显现，一些幼儿可能会用更为复杂的符号和图像表达，展现出对抽象概念的理解能力和想象力的发展，这为后续书写和阅读能力的提升奠定了基础。

问题解读

晨晨观察到表演过程中小班的弟弟妹妹也想参与游戏，但不知如何教他们。这个问题引起了其他幼儿的共鸣，于是教师将问题抛给幼儿。幼儿纷纷献计献策，想到以绘画记录、录制表演视频以及进班教授的方式来解决小班幼儿想参与表演的问题。教师通过提问、引导和鼓励等方式，帮助幼儿思考和解决游戏表演中的问题，促进他们认知和情感的发展。

需求解读

游戏分享中，孩子们提出了三种跨年龄段的学习与交流方式：通过绘画将表演内容视觉化、展示化妆方法、利用视频学习。这三种方式各有优势，但共同目的都是为了更好地满足小班幼儿的学习需求。总之，在这场讨论中，幼儿展现出了强烈的交流需求。通过游戏讨论，教师可以洞察到他们的心理需求和情感表达，进而为他们提供有针对性的支持和引导。

游戏支持

每次游戏后，教师都会鼓励幼儿表征并讲述游戏故事。教师抛出开放性问题，引导幼儿进行创造性思考，通过绘画和口头表述来表达他们对游戏故事的理解和想象。教师在听取幼儿的讲述后，会给予肯定和鼓励，同时帮助他们扩展想象，促进他们的语言表达能力和情感沟通能力的提升。

* * *

在汨罗市地域特色和非物质文化遗产的基础上，一个名为“玩转故事会”的游戏得以开展。游戏中幼儿成了故事会的主角，通过“发现问题—分析原因—提出设想—实践检验”的过程，丰富了游戏经验，同时发展了坚持、探究、合作、分享等学习品质。从易拉罐高跷进阶到长柄高跷，幼儿对高跷游戏保持着强烈的兴趣，这锻炼了他们的平衡和协调能力，促进了他们手脚的协调发育。同时，通过让幼儿切身感受长乐故事会这一民间传统文化艺术，教师将非遗文化引入幼儿园，实现了非遗文化与教育的有效融合。

一次次的游戏，一次次的经验累积，使幼儿的游戏故事慢慢变得更加丰富。故事不停歇，文化在延续，孩子们都是小小非遗传承人。

（作者：湖南省岳阳市汨罗市幼儿园　罗佳佳，刘庆；指导教师：谢梅）

案例三十 布里生花

在吃水果时间，幼儿自主拿取想吃的水果。乐乐选择了火龙果，边吃边和旁边的小明分享，结果一不小心，一块火龙果顺着他的衣服滚落到地上。“哎呀，火龙果把我的衣服搞脏了。”乐乐一声惊呼，吸引了大家的目光，只见他的白色T恤上留下了一条粉红色的印子。孩子们感到好奇，于是凑了过去，你一言我一语地说起来。婷婷说：“火龙果可以染色！”妮子说：“粉色是我最喜欢的颜色。”佳佳说：“这个印子好像一个蝴蝶结。”

这时，旁边的格格突然说：“我妈妈说，这个弄到衣服上是洗不掉的。”听到格格的话，乐乐的脸一下子沉了下来，小声地说：“那怎么办呀？”妮子安慰他：“没关系呀，我觉得这样也很好看。”妞妞忽然说：“要不，我们把它都染成粉色，这样它就变成一件粉色的衣服啦！”

孩子们眼睛一亮，觉得这是个好主意。这一小小的意外引发了幼儿对染布这件事的好奇，于是他们开始尝试用不同材料进行染色，探索花纹与折叠方式之间的关系，让白色的布生出美丽的“花”。

挖掘染料

游戏观察

班级的孩子开始对染布产生兴趣，于是教师在区域里投放了白色的布。

游戏时，妞妞在美工材料放置区拿了一块白布、一个托盘、一副一次性手套和当天的水果——火龙果。她先将火龙果放在托盘中捣成果泥，然后将手绢大小的白布覆盖在捣碎的火龙果泥上，果汁慢慢浸染白布，白布上出现了粉色图案。妞妞继续来回按压白布，让火龙果汁完全浸透白布，最后染出一块粉色方巾。

妞妞拿起粉色方巾向教师展示：“老师，你看，我染了一块粉色的手绢。”教师点头回应：“嗯，这个颜色很漂亮，而且你染得很均匀。”教师继续问：“只有火龙果可以染色吗？”沐沐听到后加入讨论：“老师，橘子可以染色吗？”（橘子也是当天幼儿吃的水果中的一种）教师鼓励道：“你可以尝试一下。”于是沐沐和妞妞拿来橘子，再次尝试染布。

“橘子也可以，而且它染的是黄色。”沐沐和妞妞大声说。教师肯定了幼儿后，问：“哦，火龙果和橘子都可以，那还有什么可以染色呢？”妞妞想了想说：“我觉得樱桃也可以，上次我在家里吃樱桃的时候也把汁水染到衣服上了。”教师继续追问：“还有呢？”牛牛说：“我知道菠菜也可以，我妈妈将菠菜榨成汁，做了绿色的菠菜面。”幼儿陆续说出草莓、杧果、葡萄、胡萝卜、黄瓜等他们认为可以染色的水果和蔬菜，大家决定一一尝试。

第二天游戏时，幼儿拿出准备好的水果和蔬菜，进行切分、榨汁、染色（见图30.1、图30.2），最后发现所有有颜色的水果和蔬菜都能染色，但有的水果和蔬菜（如火龙果、紫甘蓝、樱桃）染的颜色深，有的水果和蔬菜（如胡萝卜、黄瓜等）染的颜色浅，而且每个小朋友染的布的颜色和花纹都不一样，幼儿对此很好奇。

图 30.1

图 30.2

游戏解读

经验解读

美国美学家苏珊·K. 朗格（Susanne K. Langer）认为：“给儿童机会用已有的知识进行创造就是对其创造力的最好培养。艺术活动是幼儿喜闻乐见的活动形式，创造性是艺术活动的基本属性，不论是解读艺术作品，还是进行艺术创作，都离不开创造。”[①]幼儿在生活中积累了果汁滴在衣服上会将衣服染色、用蔬菜汁可以制作出彩色面团的经验。在染布游戏中，幼儿运用已有经验，并在此基础上对更多材料进行了探

① 朗格．情感与形式［M］．刘大基，等译．北京：中国社会科学出版社，1986．

索，从而发现不同水果和蔬菜的染色效果不同。他们总结现象后形成新经验：颜色深的材料染出的颜色更深，效果更明显。

问题解读

幼儿发现火龙果可以染色后，在游戏中提出了新问题——“橘子可以染色吗？”随后，他们通过猜想—实验—观察的方式验证想法并得出问题的答案。“还有什么可以染色呢？”幼儿尝试运用已有经验探索更多材料，从而获得新经验。

需求解读

游戏中，幼儿意外发现某一种水果有染色的特性，产生了探究的兴趣。他们需要更多的材料来完成猜测和验证，并在操作过程中发现了每个人染出的布的颜色都不一样，由此产生新的疑问，推动游戏继续开展。

游戏支持

当发现幼儿对染布感兴趣时，教师为幼儿提供了白布，支持和满足幼儿探索的兴趣。教师允许幼儿尝试用不同的水果和蔬菜染色，并通过提问“只有火龙果可以染色吗？”和追问“还有什么可以染色呢？”，引导幼儿思考其他可能的染色材料。这种提问方式激发了幼儿的探究欲望，鼓励他们尝试新的可能性，支持他们持续游戏。

此外，教师并没有立即告诉幼儿哪些水果和蔬菜可以染色，而是鼓励幼儿自己准备染色材料，自主尝试和发现。这种延时支持鼓励幼儿通过实践来学习，增强了幼儿的自主探究能力和问题解决能力。同时，教师在后续跟进中，提供染料以代替蔬果汁，从而支持幼儿的进一步探索。

探索纹样

游戏观察

妞妞走到晾晒方巾的区域，边看边说：“咦？每个人的布都不一样呀！”果果说：“因为我们用的颜色不一样呀。”“可是这两块布上都有粉色和绿色，也不一样啊。”妞妞指着其中的两块方巾说。在这两块方巾中，一块是一半粉色一半绿色，另一块是中间粉色、四周绿色。

果果也发现了不同，指着那块有圆形图案的方巾说：“这个好像太阳的图案，是怎么染出来的呢？”教师听到幼儿的谈话后加入其中：“这一条好像是汐汐的，我们可以去问问她。”

随后汐汐来到美工区，为其他小朋友做示范。她取出一块白色方巾，将其折成三角形后对折两次，说：“好了，就是这样的。”汐汐指着尖尖的一头说：“这边染粉色。”她又指着另一头说：“这边染绿色，我就是这样染的。”于是妞妞和果果也取来方巾，尝试先折叠再染色，果然染出了圆形的图案。随后他们又尝试了几种不同的叠法，染出了不同图案的花布。挂在外面的彩色方巾吸引了其他班级小朋友的注意，于是染布游戏由班级推向全园，在混龄游戏中持续开展。

周四下午混龄游戏时间，中班的朵朵和小豆子来到了大班说：“老师，我也想染布。”妞妞自觉扮演小老师的角色，带领弟弟妹妹拿取材料，如布、托盘、染料和一次性手套。妞妞问：“你们想染哪种图案？图案有圆形、正方形和长方形。”朵朵和小豆子分别选择了圆形和正方形，妞妞示范了两种不同的折叠方式，并教他们如何使用颜料。

“你看，我的布怎么是这样的呢？”原来小豆子虽然用的是和妞妞一样的折叠方式，但染出的布的颜色并不鲜艳：橙色和粉色混在一起，看不出明显的区别。教师问：“这是怎么回事呢？”妞妞摇摇头说：“我也不知道。”

教师看到后拿出一盒橡皮筋，坐在旁边，采用同样的折叠方式，并用橡皮筋在折好的布上进行捆扎。妞妞好奇地问：“老师，你在干什么？”教师回答：“我担心颜色会混在一起，所以想试一试用橡皮筋做分隔。”随后，教师在每节橡皮筋中间染上不同的颜色后把布打开晾晒。“哇！好漂亮的颜色，像彩虹一样。”妞妞发出惊呼。“我也要用橡皮筋。”小豆子说。

接下来，幼儿在游戏材料中加入了橡皮筋，并尝试通过折叠、捆扎和将多种颜色组合在一起，探索不同的花纹和样式（见图 30.3、图 30.4）。直到在一次游戏中一个

图 30.3

图 30.4

女孩只用了一种颜色进行扎染，孩子们不禁有了新问题："只用一种颜色还会有花纹出现吗？"

游戏解读

经验解读

马燕认为："维果茨基强调游戏对个体的情绪和认知发展都具有重要作用。"① 游戏是儿童与世界互动的方式，通过游戏，他们能够认识世界、发展自己的思维和创造力。同时，皮亚杰也指出，游戏是"个体为了将来从事的活动所做的准备性训练"②。

在这一阶段，幼儿积累了丰富的染布经验，这种经验来源于他们日常生活中的观察和实践。幼儿通过同伴学习、观察模仿等方式，发现和了解到折叠和捆扎会对花纹产生影响，尝试创造出独特的花纹，并将自己的游戏经验介绍给其他幼儿，实现不同年龄段幼儿间的同伴互助。

问题解读

游戏中，幼儿遇到了如何控制颜色分布、如何创造出更复杂的花纹等问题。这些问题促使他们不断思考、尝试和创新。通过同伴学习、观察模仿、反复实践，他们逐渐找到了解决这些问题的方法，并尝试加入新材料，使游戏变得更加丰富。

在游戏后期，当有幼儿使用一种颜色进行扎染时，幼儿又产生了新问题："只用一种颜色还会有花纹出现吗？"这个问题激励幼儿继续探索。

需求解读

随着游戏的深入开展，幼儿对扎染技术的探索欲望更加强烈。他们不仅想知道如何使用不同的颜色和技巧来染色，还想创造出属于自己的独特"花样"。

游戏支持

教师参与幼儿的讨论，并引导幼儿与同伴相互交流与学习，新经验的获得为后续混龄游戏中的同伴互助奠定了基础。当幼儿出现困难时，教师以平行介入方式给予幼儿适时的回应和指导，巧妙地增加游戏材料，引导幼儿在观察和模仿中找到解决问题的办法。

---

① 马燕．游戏与儿童心理发展［J］．牡丹江教育学院学报，2010（5）：100-101．

② 皮亚杰，英海尔德．儿童心理学［M］．吴福元，译．北京：商务印书馆，1980：48．

教师后续引导幼儿思考："只用一种颜色还会有花纹出现吗？"通过家园共育、共同寻找各种各样的模具和材料，教师引导幼儿尝试创造出更丰富的图案。同时，教师发现低年龄段幼儿在折叠技巧和橡皮筋捆扎方法两方面存在困难，因此在接下来的混龄游戏中增加了用喷壶喷色的玩法，给予幼儿更多难易不同的选择，满足具有不同能力的幼儿的游戏需求。

创设混龄游戏环境需要教师考虑不同年龄段孩子的身心发展特点和需求。在染布游戏中，虽然教师提供了不同层次的支持，但仍然有一些幼儿在游戏过程中遇到了挑战。对于年龄较小或能力较弱的幼儿，教师可能需要提供更多的指导和帮助，如针对橡皮筋缠绕方式的指导、出示不同花纹的扎染步骤图等，以更好地帮助他们参与游戏。因此，在下阶段的混龄游戏中，教师应更加关注不同年龄段幼儿的需求，提供更加贴合他们发展水平的活动和材料。

创意纹样

游戏观察

小米用橡皮筋捆扎好白布后，只选择了蓝色的染料进行染色（见图 30.5）。"你怎么只用一种颜色呀？"坐在小米旁边的多宝好奇地问。"我喜欢蓝色。"小米边操作边回答。"可是这样布上面就没有图案，布就不漂亮了呀！""会有的，一种颜色也会有。""我觉得不会，都是蓝色怎么会有图案呢？"在同一张桌子旁玩游戏的小朋友中，三个说有图案，两个说不会有图案，他们都想看看如果只用一种颜色，布上究竟会不会有图案。

图 30.5

图 30.6

当小米打开染好的布后（见图 30.6），她说："有图案呀，你看这里颜色比较浅，这里的线还是白白的。""为什么呢？"有的小朋友想不明白。这时教师给出解答："想一想，染色前为什么要用橡皮筋把布扎起来呢？嗯，是为了防止颜色混在一起。因为用橡皮筋扎起来的地方颜料不容易进入，所以这里的蓝色就会浅一些，这里甚至是白色的。这种扎染方式也叫作蓝染。”

于是有几个小朋友对蓝染产生了兴趣，在染布的过程中加入了小木棍、夹子、弹珠、各种形状的小木片，探索花纹的变化。

游戏解读

经验解读

游戏中，幼儿通过尝试不同的折叠、捆扎方法探索单一颜色的染色，展现出强烈的好奇心和探索欲望。游戏中的探索和发现，有助于培养幼儿的观察力、思维的灵活性和创新能力，同时幼儿的想象力和创造力也有不同程度的发展。

这一阶段，幼儿在游戏中表现出了主动性、独立性、社会性、语言表达能力，表明幼儿在游戏中能够进行有意义的学习。

问题解读

游戏中的疑问和争议激发了幼儿的好奇心和探究欲望。他们探讨了只用一种颜色能否产生花纹的问题，并通过实际操作寻找答案。这种基于问题的学习方式有助于培养幼儿的观察力、思维能力和解决问题的能力。

需求解读

幼儿在游戏中展现了对美的追求和对创造的渴望。他们不仅关注如何让花纹更美丽，还积极探索、创造独特的花纹。这种对美的追求和对创造的热情是幼儿在游戏中自我实现的需求，也是他们未来发展的重要驱动力。

游戏支持

教师在幼儿遇到疑问和困惑时，及时给予了解答和指导。例如：当小米只用一种颜色进行染色时，其他同伴对花纹的出现产生了疑问。这时教师及时给出了解释，帮助幼儿理解了颜色分布与捆扎方法之间的关系，促进幼儿更好地进行游戏和探索。

混龄游戏的设计需要教师考虑不同年龄段幼儿的兴趣和经验。在染布游戏中，一些幼儿可能对颜色和花纹的创造更感兴趣；而另一些幼儿可能更关注染色技巧和材料的运用。教师在设计混龄游戏时，应充分了解不同年龄段幼儿的兴趣和经验，提供多样化的活动和材料，以满足他们的需求。同时，教师还可以鼓励幼儿发挥自己的特长和创意，帮助他们在游戏中获得更多的成就感和自信心。

游戏中，教师给予了幼儿充足的时间和空间去探索和发现。教师没有直接告诉孩子如何操作，而是支持他们通过尝试和观察发现花纹的变化，引导他们自主探究和思考。教师还鼓励幼儿在游戏中进行创新和尝试，例如通过加入不同的材料来让幼儿探索花纹的变化等，有助于激发幼儿的想象力和创造力。

染布游戏中，幼儿与同伴互相学习和分享经验，给予彼此启发和帮助。然而，游戏中也出现了一些沟通上的障碍，如年龄差异导致的理解困难和合作上的不协调。因此，在组织混龄游戏时，教师需要引导幼儿建立良好的沟通机制，促进幼儿与同伴间的互动与合作。

* * *

整体来看，染布游戏在三个阶段中逐步深入，幼儿从初步感知基本原理到掌握基本技巧，再到深入探索和创造花纹的变化。幼儿在游戏中通过实践和观察，不断积累经验，拓展了思维和想象力。综上所述，混龄游戏在促进幼儿间的互动、合作与交流等方面具有独特的作用。通过不断地反思和改进，教师可以更好地组织和开展混龄游戏，使幼儿获得更加丰富、有趣、有益的游戏体验。

（作者：湖南省长沙市雨花区教育局第一幼儿园　张诗笛）

参考文献

期刊

[1] 陈文聪，邓瑶．我们不愿意当顾客：解读小班幼儿角色扮演行为背后的秘密［J］．学前教育（幼教版），2022（9）：25-27.

[2] 程超．以建构游戏支持幼儿深度学习的实践［J］．早期教育，2023（48）：44-45.

[3] 丁海东．游戏的教育价值及其在幼儿园课程中的实现路径［J］．学前教育研究，2006（12）：32-34.

[4] 丁海东．幼儿园优秀游戏活动案例：意义、类别、体例与特点［J］．福建教育，2019（42）：7-10+26.

[5] 段茂君，郑鸿颖．基于深度学习的高阶思维培养模型研究［J］．现代教育技术，2021，31（3）：5-11.

[6] 高梦璇，沈颖．英国《早期基础阶段法定框架》关于幼儿有效学习特征的解读与启示［J］．幼儿教育（教育科学），2023（增刊3）：93-96.

[7] 贾芮，甘少杰．安吉游戏中同伴互助行为的类型及价值分析［J］．教育观察，2023，12（24）：73-75+79.

[8] 吕晓，龙薇．维果茨基游戏理论述评［J］. 学前教育研究，2006（6）：53-55.

[9] 马娥，赵雪东．大班幼儿建构游戏中深度学习的支持策略［J］．教育导刊，2023（12）：83-92.

[10] 马燕．游戏与儿童心理发展［J］．牡丹江教育学院学报，2010（5）：100-101.

[11] 潘元丽．基于皮亚杰认知发展游戏理论的案例分析——以“担担乐”游戏材料引发的游戏活动为例［J］．山西教育（幼教），2023（10）：28-31.

[12] 王娜．不同年龄幼儿角色游戏的特点［J］．教育观察，2019，8（6）：47-49.

[13] 王小英．幼儿创造力发展的特点及其教育对策［J］．东北师大学报，2005（2）：

149–154.

[14] 王小英，刘思源．幼儿深度学习的基本特质与逻辑架构［J］．学前教育研究，2020（1）：3–10.

[15] 王永固，许家奇，丁继红．教育 4.0 全球框架：未来学校教育与模式转变——世界经济论坛《未来学校：为第四次工业革命定义新的教育模式》之报告解读［J］．远程教育杂志，2020，38（3）：3–14.

[16] 王振宇，程洁．什么是游戏——儿童发展与游戏理论探析［J］. 学前教育，2016（9）：3–7.

[17] 吴秀平，赵咏梅，凌静思．幼儿游戏深度学习行为的支持体系建构［J］．教育科学论坛，2024（2）：63–66.

[18] 项勇俊．让思维可见：KWL 模式在幼儿园游戏中的实践探索——以幼儿园大班主题建构游戏为例［J］．基础教育论坛，2023（17）：9–11.

[19] 杨江丁．教育——财富蕴藏其中——解读国际 21 世纪教育委员会向联合国教科文组织提交的报告［J］．现代教学，2009（4）：76–78.

[20] 杨雨．建构游戏中大班幼儿的合作行为特点和影响因素［J］．陕西学前师范学院学报，2021，37（10）：7–12.

[21] 虞永平．幼儿园课程建设与教师专业成长［J］．中国教师，2020（1）：81–85.

[22] 叶平枝，李晓娟．对幼儿深度学习的深度理解与现实审视及其促进［J］．学前教育研究，2023（7）：13–24.

[23] 张静，张争争．幼儿园室内外环境一体化的实践研究［J］．山东教育，2020（27）：11–12.

[24] 庄晓青．户外混龄游戏与幼儿合作能力的发展［J］．学前教育研究，2021（6）：85–88.

学位论文

[25] 郭龙果．安吉游戏故事分享环节大班幼儿的绘画表征研究［D］．石河子：石河子大学，2022.

[26] 梁欣洁．幼儿合作行为的发展与培养研究［D］．武汉：华中师范大学，2013.

[27] 刘旭．幼儿园大班安吉游戏中教师支持行为研究——以济南市 H 幼儿园为例

[D]. 西宁：青海师范大学，2023.
[28] 朱婷婷. 幼儿园户外自主游戏中教师介入行为研究[D]. 贵阳：贵州师范大学，2023.

普通图书

[29] 伍兹，等. 儿童发起的游戏和学习：为无限的可能性而规划[M]. 叶小红，译. 北京：中国轻工业出版社，2020：96.
[30] 艾希. 扩展幼儿的思维：父母与教师的合作[M]. 潘月娟，刘焱，译. 北京：北京师范大学出版社，2010.
[31] 安德森，等. 布卢姆教育目标分类学：分类学视野下的学与教及其测评：完整版：修订版[M]. 蒋小平，张琴美，罗晶晶，译. 北京：外语教学与研究出版社，2009.
[32] 别洛戈洛夫斯基，戴利. 让早期学习理论看得见[M]. 赵红霞，译. 南京：南京师范大学出版社，2018：35–54.
[33] 本特森. 观察儿童：儿童行为观察记录指南[M]. 于开莲，王银玲，译. 北京：人民教育出版社，2009：6.
[34] 曹先擢，苏培成. 新华多功能字典[M]. 北京：商务印书馆，2005：164–352.
[35] 陈帼眉. 学前心理学[M]. 北京：北京师范大学出版社，2015：6.
[36] 陈帼眉. 幼儿心理学[M]. 北京：北京师范大学出版社，2017：103–111.
[37] 陈向明. 质的研究方法与社会科学研究[M]. 北京：教育科学出版社，2000：28.
[38] 陈秀云，陈一飞. 陈鹤琴全集：第2卷[M]. 南京：江苏教育出版社，2008：29.
[39] 程学琴. 放手游戏 发现儿童[M]. 上海：华东师范大学出版社，2019：19–123.
[40] DAMON W，LERNER R M. 儿童心理学手册：第2卷：第6版[M]. 林崇德，李其维，董奇，译. 上海：华东师范大学出版社，2015：584.
[41] 董奇. 动作与心理发展[M]. 北京：北京师范大学出版社，2002：151.
[42] 董旭花. 幼儿园区域活动68问[M]. 武汉：长江文艺出版社，2020：74.

［43］董旭花，韩冰川，阎莉，等．自主游戏：成就幼儿快乐而有意义的童年［M］．北京：中国轻工业出版社，2021：234–236．

［44］董旭花，韩冰川，张海豫．幼儿园户外环境创设与活动指导［M］．北京：中国轻工业出版社，2018：130．

［45］读懂儿童研究院．观察儿童 解读儿童：3—6岁儿童关键发展性指标解析 I［M］．成都：天地出版社，2017：29．

［46］GARTRELL D．有效应对幼儿挑战性行为的策略：幼儿行为引导手册［M］．周念丽，等译．北京：中国轻工业出版社，2022：161．

［47］格朗兰德．发展适宜性游戏：引导幼儿向更高水平发展［M］．严冷，译．北京：北京师范大学出版社，2014：111．

［48］格里梅．观察婴幼儿的游戏图式：支持和拓展儿童的学习［M］．张晖，译．北京：中国轻工业出版社，2021：VI–91．

［49］黄瑾，田方．学前儿童数学学习与发展核心经验［M］．南京：南京师范大学出版社，2015：20．

［50］华爱华．幼儿游戏理论［M］．上海：上海教育出版社．2015：229–230．

［51］教育部基础教育司．游戏·学习·发展：全国幼儿园优秀游戏活动案例选编［M］．北京：人民教育出版社，2020：8–9．

［52］柯蒂斯，贾伯内塔．读懂儿童的思维：支持自主游戏中的图式探索［M］．张晖，译．北京：中国轻工业出版社，2022．

［53］朗格．情感与形式［M］．刘大基，等译．北京：中国社会科学出版社，1986．

［54］李季湄，冯晓霞．《3—6岁儿童学习与发展指南》解读［M］．北京：人民教育出版社，2013．

［55］李燕，赵燕．学前儿童发展心理学［M］．上海：华东师范大学出版社，2008：172．

［56］刘焱．儿童游戏通论［M］．福州：福建人民出版社，2015：459．

［57］刘焱．儿童游戏通论［M］．北京：北京师范大学出版社，2004．

［58］柳倩，周念丽，张晔．学前儿童健康学习与发展核心经验［M］．南京：南京师范大学出版社，2016：264．

［59］路易斯，贝斯威克，费瑟斯通，等．认识婴幼儿的游戏图式：图式背后的秘密

［M］. 张晖，范忆，时萍，译. 北京：中国轻工业出版社，2019：8-102.
［60］蒙台梭利. 蒙台梭利早教全书［M］. 周舒予，译. 北京：北京理工大学出版社，2013：11.
［61］PIAGET J. 儿童的道德判断［M］. 傅统先，陆有铨，译. 济南：山东教育出版社，1984：1.
［62］皮亚杰，英海尔德. 儿童心理学［M］. 吴福元，译. 北京：商务印书馆，1980：48.
［63］琼斯，瑞诺兹. 小游戏 大学问：教师在幼儿游戏中的作用［M］. 陶英琪，译. 南京：南京师范大学出版社，2006：57.
［64］SHAFFER D R，KIPP K. 发展心理学：第 9 版［M］. 邹泓，等译. 北京：中国轻工业出版社，2016：277.
［65］山香教师招聘考编考试命题研究中心. 教育理论基础（幼儿园）［M］. 北京：首都师范大学出版社，2021：311.
［66］施燕，何敏，张婕. 学前儿童科学学习与发展核心经验［M］. 南京：南京师范大学出版社，2021：8.
［67］孙培青，杜成宪. 中国教育史［M］. 3 版 . 上海：华东师范大学出版社，2009：474-479.
［68］WILSON R. 幼儿园户外创造性游戏与学习［M］. 陈欢，译. 北京：中国轻工业出版社，2020：82.
［69］谢弗. 儿童品格的由来：第 6 版［M］. 陈会昌，译. 北京：人民邮电出版社，2021：583-585.
［70］幸福新童年编写组. 幼儿园教育指导纲要（试行）及相关法规汇编［M］. 北京：首都师范大学出版社，2017：6.
［71］幸福新童年编写组.《3～6 岁儿童学习与发展指南》解读［M］. 北京：旅游教育出版社，2012：11.
［72］叶平枝，等. 幼儿深度学习课程设计与实施［M］. 北京：教育科学出版社，2022：10-97.
［73］张俊，等. 幼儿园科学领域教育精要：关键经验与活动指导［M］. 北京：教育科学出版社，2015：76-77.

[74] 张明红. 学前儿童社会学习与发展核心经验 [M]. 南京：南京师范大学出版社，2018：12.
[75] 中国社会科学院语言研究所词典编辑室. 现代汉语词典 [M]. 7 版 . 北京：商务印书馆，2016：669–1676.

报告

[76] World Economic Forum. Schools of the Future Defining New Models of Education for the Fourth Industrial Revolution [R]. WEF. Switzerland. 2020.